echt EMF

Über den Autor

Fabian Maysenhölder (*1985) ist evangelischer Theologe und hat nach seinem Studium mehrere Jahre bei einem großen Onlinemedium gearbeitet. Inzwischen ist er Pfarrer und nebenberuflich freier Journalist. Schon immer faszinierte ihn die Frage, warum Menschen bestimmte Dinge glauben – oder auch nicht glauben. Seit 2017 beschäftigt er sich in seinem Podcast „secta.fm“ mit sogenannten Sekten und neureligiösen Bewegungen. Dabei interessieren ihn vor allem die Fragen nach den Extremen: Wann wird Glaube gefährlich – und was kann man dagegen tun.

Fabian
Maysenhölder

DIE SPUR DES BÖSEN

WENN FANATISMUS
TÖDLICH ENDET

WAHRE
SEKTENVERBRECHEN

echt EMF

Die Ereignisse in diesem Buch sind größtenteils so geschehen wie hier wiedergegeben. Für den dramatischen Effekt und aus Gründen des Personenschutzes sind jedoch einige Namen und Ereignisse so verfremdet worden, dass die darin handelnden Personen nicht erkennbar sind.

echtEMF ist eine Marke der Edition Michael Fischer

1. Auflage
Originalausgabe

Covergestaltung: Michaela Zander, unter Verwendung eines Motivs von ©Jozef Micic via Shutterstock.com
Redaktion: Anna Sulik
Layout: Carolin Mayer
Satz: Michaela Zander
Gedruckt bei GGP Media GmbH, Karl-Marx-Str. 24, 07381 Pößneck
Printed in Germany

ISBN 978-3-7459-2247-9

www.emf-verlag.de

Für Reinhold Maysenhölder

INHALT

VORWORT

Als junger Kerl von elf Jahren stand ich bei klarem Wetter Abend für Abend mit meinem Vater im Garten, und wir bewunderten gemeinsam durch unser kleines Teleskop den blauen Schweif des Kometen Hale-Bopp. Welch beeindruckender Anblick! Es war zu jener Zeit, als eine Nachricht weltweit Schlagzeilen machte: Am 26. März 1997 wurden 39 Mitglieder des Ufo-Kultes „Heaven's Gate" tot in einer Villa im kalifornischen San Diego gefunden. Sie hatten sich das Leben genommen. Sie glaubten, dass sie durch ihren „Exit" in eine höhere Dimension aufsteigen würden und dass im Schatten von Hale-Bopp ein riesiges Ufo auf dem Weg zur Erde sei, das sie mitnehmen würde. Der elfjährige Fabian verstand das nicht. Warum um alles in der Welt nimmt man sich wegen eines Kometen das Leben? Was soll das denn bitte? Warum glauben Menschen so gefährliches Zeug?

Die Spur des Bösen. Das klingt irgendwie gespenstisch, angsteinflößend. Und doch: Es trifft nicht nur den Punkt, um den es in diesem Buch gehen soll. Es beschreibt auch – zumindest ansatzweise – meine Motivation, mich mit dem vielschichtigen, komplexen und faszinierenden Thema „Sekten" auseinanderzusetzen. Es wäre übertrieben zu sagen, dass mich schon damals, zu Hale-Bopps Zeiten, die Faszination gepackt hat, auf Spurensuche zu gehen. Aber es war sicherlich ein kleiner Mosaikstein, der mit dazu geführt hat, dass ich mich in den folgenden

Jahrzehnten auf die Suche nach Antworten gemacht habe. Antworten auf die Frage danach, warum Menschen das glauben, was sie glauben. Und natürlich stößt man dann schnell auf die Frage danach, wie es dazu kommt, dass manche Menschen überhaupt so extreme Dinge glauben, dass sie sich schließlich aufgrund ihres Glaubens das Leben nehmen oder tödliche Verbrechen begehen. Woher kommt ein todeswütiger Fanatismus gegenüber anderen oder sich selbst?

Jetzt, mehr als 25 Jahre später, bin ich schlauer als der kleine elfjährige Bub. Ich habe evangelische Theologie studiert und mich immer wieder eingehend mit Fragen der Religionswissenschaft, -psychologie und -soziologie beschäftigt. Heute arbeite ich im Hauptberuf als Pfarrer und nebenberuflich als freier Journalist. Seit 2017 befasse ich mich in meinem Podcast „secta.fm" intensiv mit sogenannten Sekten und neureligiösen Bewegungen und versuche, genau diese genannten Fragen zu beantworten. Um ein Fazit gleich vorwegzunehmen: Ich kann wahrlich nicht behaupten, dass ich inzwischen alles verstehe, was mein kindliches Ego nicht verstand. Aber die fachliche Auseinandersetzung hat mir doch geholfen, so manche Dinge nachvollziehen zu können.

Ein wenig möchte ich euch, liebe Leser*innen, auf diesen Weg mitnehmen. Natürlich ist die Welt der Verbrechen faszinierend – *True Crime* ist seit einigen Jahren in aller Munde, unzählige Podcasts, TV-Serien, Bücher und Magazine tun ihr Übriges dazu. Auch ich bin nicht davor gefeit und gebe zu, dass ich gerne schaurige Geschichten über die menschlichen Abgründe höre. Doch immer mehr bin ich inzwischen zu der Überzeugung gelangt, dass die Grenze zwischen Faszination und Voyeurismus fließend ist. True-Crime-Fälle sind eben nicht nur schaurige Krimigeschichten, die sich ein*e Autor*in ausgedacht hat. Mir fällt es inzwischen schwer, mich von diesen wahren Schreckens-Erzählungen unterhalten zu lassen. Ich glaube, damit die Auseinandersetzung mit True Crime nicht zum Voyeurismus wird, müssen die Ereignisse auf ihre Relevanz hin abgeklopft werden: auf die Frage hin nämlich, was wir von diesen Erzählungen lernen können, für uns persönlich und für uns als Gesellschaft. Dieses Buch ist ein Versuch, genau dies zu tun.

Damit dies gelingt, habe ich mich dazu entschlossen, in drei Teilen vorzugehen, die sich auch im Titel dieses Buches widerspiegeln. Ich glaube, es braucht ein paar grundlegende Gedanken vorab, bevor wir uns den Verbrechen widmen. Im ersten Teil möchte ich deshalb die Frage stellen: Was verbirgt sich eigentlich hinter dem vermeintlich *Bösen*? Was sind sogenannte „Sekten"? Im zweiten Teil geht es dann um die Konkretisierung anhand von *wahren Sektenverbrechen*. Wir schauen uns zehn Fälle an, so spannend wie tragisch – und doch ganz unterschiedlich. Im letzten Teil soll es auf dieser Grundlage um den *tödlichen Fanatismus* gehen. Was lässt sich aus diesen Fällen lernen? Was können wir als Einzelne und als Gesellschaft tun, um Fanatismus so weit wie möglich den Nährboden zu entziehen?

Eine intensive Reise mit vielen Geschichten – ich habe durch die Beschäftigung mit sogenannten „Sekten" viel gelernt. Und ich hoffe, euch geht es genauso. Ich freue mich, dass ihr mit mir in dieser zwar düsteren, aber lehrreichen und spannenden Welt auf Spurensuche geht. Für weitere gemeinsame Expeditionen schaut gerne bei meinem Podcast vorbei oder besucht mich bei Instagram unter @sectapodcast. Jetzt lasse ich euch aber erst einmal in Ruhe lesen.

Euer Fabian

TEIL 1:

DIE SPUR DES BÖSEN?

Der Blutmond naht. Für den keltischen Kult der „Druiden des Lebens“ ist das eine ganz besondere Nacht: Sie werden zu diesem Zeitpunkt ein Menschenopfer darbringen. Dafür haben sie zuvor zwei Frauen entführt, eine soll das Licht, die andere den Schatten symbolisieren. Mitten in Deutschland. Doch für die Opfer naht Rettung, denn die Polizei ist der fanatischen Sekte auf der Spur. Eine Polizei-Drohne durchfliegt den dichten Nebelschleier in einem alten Steinbruch nahe München, als sie plötzlich eine Gruppe von Gestalten mit ihrer Kamera einfängt: weiße Kutten von Kopf bis Fuß, furchterregende, schwarze Pestmasken auf dem Gesicht. Die Gestalten stehen im Kreis um ein keltisches Symbol herum, das mit Steinen auf den Boden gelegt wurde. In ihrer Mitte sitzen zwei gefesselte Frauen. Es ist an der Zeit. Der Opferritus beginnt. Im letzten Moment, als eine der Gestalten mit gezücktem Messer auf die beiden Gefangenen losgehen will, greifen die lauernden Kommissare ein. Gerade noch rechtzeitig retten sie die beiden Opfer.

Stopp – bevor nun Gerüchte über einen düsteren Kelten-Kult in Deutschland die Runde machen, der junge Frauen opfert: Den gibt es nicht. Was ich gerade beschrieben habe, ist die finale Szene der Folge „Blutmond" (2021) aus der fiktiven Pseudo-Doku-Serie „K11" – Kommissare im Einsatz. Die Serie ist kein Meisterwerk der TV-Geschichte, wohl eher das Gegenteil. Gerade deshalb zeigt diese kurze Sequenz aber besonders gut zwei Dinge. Zum einen, dass das Thema Sekten eines ist, das in der Popkultur in verschiedensten Kontexten gerne aufgegriffen wird. Immer wieder spielen in Filmen, Serien oder Romanen düstere Kulte eine Rolle, meist in Verbindung mit Verbrechen. Zum anderen zeigt diese Szene in extremer Weise, dass das Thema Sekten nicht nur populär, sondern auch mit sehr vielen Klischees behaftet und überfrachtet ist. Weiße Kutten, fanatische Gurus, geheimnisvolle Zirkel, Gehirnwäsche, Menschenopfer – das sind nur einige wenige Schlagworte, die exemplarisch für die düsteren Bilder stehen, die beim Wort „Sekte" vor dem inneren Auge flackern.

Und genau hier liegt ein Problem, denn die Wirklichkeit ist viel komplexer. Mit der Realität hat das kaum bis gar nichts zu tun. Der Begriff „Sekte" wird heute fast inflationär gebraucht. Für Querdenker, Reichsbürger, die AfD, für (christliche) Fundamentalisten und/oder Freikirchen, manchmal für die evangelische oder katholische Kirche, hin und wieder auch für Gruppen, deren Weltbild uns einfach fremd ist oder das wir nicht verstehen. Und dann gibt es sie natürlich: die Gruppen, die dem Klischee des Begriffs entsprechen, deren Mitglieder so stark in ihrer Ideologie verhaften, dass sie dafür Verbrechen begehen oder sogar ihr eigenes Leben beenden. Einige Beispiele davon werden wir in diesem Buch kennenlernen. Dabei ist mir wichtig zu sagen: Es geht hier um die Extreme. Denn während der Begriff „Sekte" in gewisser Weise dazu taugt, eine Gruppe als gefährlich zu brandmarken, so bildet er doch in keiner Weise die Vielfalt ab, in der sich problematische Gruppierungen zeigen. Und genau das ist ja das Spannende. Was macht bestimmte Gruppen eigentlich zu „Sekten"? Damit wir nicht in die ewig gleiche Klischee-Kerbe schlagen, die die Popkultur ohnehin schon zur Genüge ausgehöhlt hat, widmen wir uns also erst einmal der Frage, was eigentlich eine Gruppe zu einer sogenannten Sekte macht – was sie gefährlich macht, für ein Individuum und unter Umständen sogar für eine Gesellschaft.

JENSEITS DER KLISCHEES: WAS IST EINE „SEKTE"?

Ursprünglich war der Begriff „Sekte" in der Religionswissenschaft und Theologie eine neutrale Bezeichnung für Abspaltungen vom Christentum. Doch schon bald war das negativ behaftet. Spätestens seit den 60er-Jahren des 20. Jahrhunderts, als vor allem auch in Deutschland Gruppen mit hinduistischem Hintergrund Fuß fassten (z. B. Transzendentale Meditation, Osho, Hare Krishna), wurde der Sektenbegriff auf andere Religionen ausgedehnt und dezidiert in einem Kontext verwendet, in dem stets Gefahren für Individuen mitschwangen. Der auf diese Weise popularisierte Begriff „Sekte" war für eine differenzierte Betrachtung unbrauchbar geworden, weil er jegliche so beschriebene Gruppe sofort in eine ganz bestimmte Schublade steckte. So empfahl zum Beispiel auch die 1996 eingesetzte Arbeitsgruppe des Deutschen Bundestags „Sogenannte Sekten und Psychogruppen" in ihrem Abschlussbericht von 1998, auf den Begriff „Sekten" zu verzichten – alleine schon aus dem Grund, weil der Staat zu weltanschaulicher Neutralität verpflichtet ist.

Auch in der Religionswissenschaft und Theologie meidet man vor diesem Hintergrund schon lange den Begriff „Sekte“, wenn es um die Analyse potenziell problematischer Gruppierungen geht. Während vor allem Medien den Begriff lieben, weil er schön griffig ist und eine Gruppe sehr klar einordnet, ist der Ansatz bei seriösen Fachleuten, die sich mit dem Thema beschäftigen, ein anderer. Hier geht es darum, eine bestimmte Gruppe in einem ersten Schritt genau anzuschauen und zu beschreiben und anschließend herauszuarbeiten, welche Aspekte dieser Gruppe problematische Tendenzen haben. Diese können nämlich sehr unterschiedlich sein: Während in der einen Gruppierung strenge Hierarchien und ein strikter Gehorsam gegenüber der Obrigkeit problematisch sind, könnte es in einer anderen Gruppe mit „flachen Hierarchien“ eher die Abschottung gegenüber der Außenwelt sein, die zu Kontaktabbrüchen mit Familienangehörigen führt.

Um dem auch sprachlich gerecht zu werden, scheut man die Bezeichnung einer Gruppe als „Sekte“ – es gibt eben keine eine Schublade des Bösen, in die sich alle problematischen Gruppierungen stecken lassen. Stattdessen werden Alternativbegriffe benutzt, die jeweils unterschiedliche Aspekte betonen. Schauen wir einmal kurz auf die, die am häufigsten begegnen – zusammen mit der Frage, worauf sie sich jeweils fokussieren.

Neureligiöse Bewegungen/Gemeinschaften

Insbesondere außerhalb des christlichen Kontextes findet man häufig den Begriff „Neureligiöse Bewegung/Gemeinschaft“. Hierunter fallen vor allem Gruppen, die (vor allem im Vergleich mit den klassischen Weltreligionen) eine kürzere Geschichte haben, also deutlich später entstanden sind. Oft sind sie wenige Jahrzehnte, manchmal 100–200 Jahre alt. Häufig entstehen sie vor dem Hintergrund einer Mutterreligion, zum Teil entstehen sie aber auch aus einer zuweilen recht schwer einzuordnenden Vermischung verschiedenster (philosophischer, religiöser, esoterischer) Lehren und Weltanschauungen. In der Religionswissenschaft bezeichnet man das als „Synkretismus".

Fokus: Deutlich wird das Anliegen, eine Gruppe oder Bewegung mit diesem Begriff möglichst neutral zu beschreiben. Er enthält eine zeitlich-historische Komponente und eine Einordnung mit Blick auf die Ideologie der Gruppe, die als *religiös* gekennzeichnet wird. Ohne hier nun die Frage nach der Definition von Religion aufgreifen zu wollen, zeigen sich hier doch die Grenzen dieser Bezeichnung. Nicht jede Gruppe, die problematische Tendenzen welcher Art auch immer entwickelt, ist notwendigerweise religiös: Viele rechtsextreme Gemeinschaften, wie zum Beispiel die im September 2023 in Deutschland verbotene Neonazi-Gruppe „Hammerskins", definieren sich nicht vorrangig über eine religiös geprägte Ideologie.

Religiöse Sondergemeinschaften

Der Begriff „(Religiöse) Sondergemeinschaft" ist vor allem für Gruppen mit einem christlichen Hintergrund geläufig. In der Regel werden damit Gruppen bezeichnet, die sich aus einer Reaktion auf Missstände in der Mutterreligion heraus gründen, die aus Sicht der jeweiligen Gruppe existieren. Meist geht es dabei um theologische Fragen. Ein Beispiel wären die Zeugen Jehovas – sie werden heute oft mit dem Begriff „christliche Sondergemeinschaft" beschrieben. Sie entstanden unter Charles Taze Russell (damals unter dem Namen „Ernste Bibelforscher") aus dem Christentum heraus. Einer der Hauptbeweggründe für die Abspaltung von der damaligen Kirche war Russells Ablehnung der Lehre von einer Hölle.

Fokus: Die Bezeichnung „Sondergemeinschaft" versucht, die entsprechende Gruppe nicht abzuwerten, sondern ihr jeweils eigenes (theologisches) Profil zu kennzeichnen. Allerdings muss man so ehrlich sein und sagen: Das geschieht dann irgendwie doch in Abgrenzung zu einer – wie auch immer gesetzten – Norm.

High-Control-Groups

Vor allem im englischsprachigen Bereich begegnet häufig die Bezeichnung „High-Control-Groups": Gruppen, die ein hohes Maß an Kontrolle über ihre Mitglieder ausüben. Oft wird er synonym zum englischen Begriff „Cult" verwendet. Der Begriff hat mehrere Vorteile. Zunächst ist er offen für die Frage danach, welchen Ursprung die Kontrolle über die Mitglieder hat: Sind es die gruppeninternen Regeln? Ist es der autoritäre Guru? Ist es der Elite-Gedanke, der zur Abschottung gegenüber der Außenwelt führt? All das wird bewusst offengelassen und kann somit je nach konkretem Fall gefüllt werden. Zudem – und das ist wohl der größte Vorteil – werden hier explizit auch Gruppen aufgenommen, die nicht unbedingt *religiös* sind. Eine „High-Control-Group" kann in vielen denkbaren Kontexten verortet werden.

Fokus: Ob politische Partei, Neonazi-Bruderschaft oder eine kleine esoterische Gruppe, die an die gechannelten Jenseits-Botschaften eines Mediums glaubt: Die Bezeichnung „High-Control-Group" lässt Raum für die Vielfalt, die man finden kann. Der besondere Fokus liegt hier weniger auf den ideologischen/weltanschaulichen als vielmehr auf den soziologischen und psychologischen Gemeinsamkeiten. Kurz gesagt: auf den entsprechenden Mechanismen, die in den Gemeinschaften wirken und zur Kontrolle der Mitglieder führen bzw. ihnen dienen. Gerade dieser Fokus, so wichtig und gut er ist, kann aber auch zur Grenze werden. Insbesondere im englischsprachigen Bereich fällt mir auf, dass die Gruppenmechanismen häufig sehr stark im Vordergrund stehen und das einzelne Individuum/Mitglied kaum noch als solches wahrgenommen wird. Anders ausgedrückt: In entsprechenden Podcasts oder einschlägiger Literatur entsteht häufig der Eindruck, die einzelne Person habe überhaupt keine Entscheidungsmöglichkeit mehr und sei diesen Mechanismen schutzlos ausgeliefert – ein häufig damit verbundenes Stichwort ist „Mind Control" oder „Gehirnwäsche". Dabei begegnet mir auch immer wieder der Begriff „Mind-Control-Group". Inzwischen zeigen viele Studien, dass dies jedoch nicht zutrifft: „Gehirnwäsche" in dieser Form gibt es nicht. Es handelt sich immer um eine Mischung aus Gruppendynamik und Eigenverantwortung. Die Wahrheit liegt, wie so oft, in der Mitte.

Religiöse Intensivgruppen

Im deutschsprachigen Bereich ist immer mal wieder die Rede von *(religiösen) Intensivgruppen*. Damit sind – etwas vereinfacht gesagt – Gemeinschaften gemeint, die in mehrfacher Hinsicht eine Intensität bezwecken oder erfordern: Sie zielen auf ein intensives religiöses/spirituelles Erleben ab – häufig verbunden mit einem intensiven Einsatz der Mitglieder, der sich beispielsweise durch feste Regeln oder ein hohes Engagement äußert.

Fokus: Das Ziel ist hier, erst einmal sachlich zu beschreiben – und in der Tat wird in der einschlägigen Literatur auch immer gleich betont, dass eine Mitgliedschaft in einer Intensivgruppe auch nicht unbedingt negativ für das Individuum sein muss. Es gibt Menschen, denen klare Regeln und eine klare Struktur helfen, ihren Alltag zu meistern. Diese Bezeichnung umfasst explizit auch Gemeinschaften wie Mönchs- oder Nonnenorden, die gemeinhin nicht als „problematisch" für ihre Mitglieder angesehen werden. Aber auch sie fordern ein hohes Maß an

Einsatz, Regelkonformität und innerer Verbundenheit ihrer Mitglieder.

Es kommt auf die Details an

Jede sprachliche Bezeichnung hat ihren Fokus und ihre Tücken; sie schließen sich gegenseitig weder aus noch sind sie erschöpfend. Wichtig ist das Mindset, das im Hintergrund steht und mit dem man auf Gruppierungen aller Art schaut. Nur wenn man im Kopf hat, dass nicht alles, was irgendwie fremd, anders oder komisch wirkt, gleich böse ist, kann man sinnvoll auf Gemeinschaften schauen und, falls es sie gibt, ihre Gefahren und Probleme analysieren. Aus diesem Grund wird der Begriff „Sekte" oft abgelehnt, weil er eine Gruppe sofort brandmarkt und entsprechende Bilder hervorruft. Wenn man zunächst möglichst neutral über eine Gruppe spricht und schließlich genauer hinsieht, erst dann kann man detailliert herausarbeiten, unter welchen Gesichtspunkten eine Gemeinschaft vielleicht problematische Züge hat.

Ein Problem, das mir in zahlreichen Gesprächen immer wieder begegnet ist, ist die Frage danach, ob man durch die neutralen Bezeichnungen nicht Gefahr läuft, auf der anderen Seite vom Pferd zu fallen: Wenn alles nur noch „Sondergemeinschaft" oder „Neureligiöse Bewegung" ist – wie ordne ich dann Gefahren richtig ein? Die Antwort lautet auch hier: Es gibt keine einfachen Schubladen. Es braucht immer (!) mehr als ein oder zwei Worte, um eine Gruppe so zu beschreiben, dass es ihr auch gerecht wird. Und ich glaube, genau diese Komplexität der Realität ist der Grund dafür, dass der Begriff „Sekte" bis heute verbreitet ist. Es ist nun einmal eine griffige Bezeichnung, die klar einordnet. Das ist verständlich und nachvollziehbar. Man kann in der öffentlichen Berichterstattung nicht immer alles bis ins kleinste

Detail ausdifferenzieren. Und in der Tat hat sich in diesem Bereich auch der Begriff „Sekte“ noch einmal in die seriöse fachliche Auseinandersetzung eingeschlichen. Immer wieder ist die Rede von Gruppen mit „sektenhaften“ Zügen – das ist der Versuch, Gruppen kurz und prägnant einzuordnen, ohne sie pauschal als „Sekte“ abzustempeln.

Ich werde trotz aller Relativierungen, die ich gerade angeführt habe, in diesem Buch an einigen Stellen den Begriff „Sekte“ verwenden. Denn, wie schon gesagt: Hier geht es um die Extreme. Die Gruppen, die wir hier anschauen, vereinen sehr oft viele der problematischen Tendenzen, auf die ich gleich noch näher eingehen möchte. Und bei allen eskaliert es zu einem solchen Maß, dass Menschen dafür ihr Leben lassen müssen. Wenn ich auch sonst zurückhaltend bei der Verwendung bin, so glaube ich doch, die Gemeinschaften und Gruppen, die wir in diesem Buch genauer betrachten, entsprechen (auf unterschiedliche Arten und Weisen) so vielen Vorstellungen und tatsächlichen Eigenschaften problematischer Gruppen, sodass man hier bei aller nötigen Differenzierung dennoch verantwortbar von „Sekten“ sprechen kann.

Aber wir müssen noch einen Schritt weiter gehen und die Fragen stellen: Was verbirgt sich denn dahinter, wenn man von einer „sektenhaften“ oder „problematischen“ Gruppe spricht? Wie kann eine detaillierte Betrachtung einer Gemeinschaft aussehen? Was kann kritikwürdig an Gemeinschaften, Gruppen und Religionen sein, um sie differenziert einzuordnen und einzuschätzen, wie „problematisch“ sie für ein Individuum oder die Gesellschaft sein könnte?

ZWISCHEN MYTHEN UND REALITÄT: FÜNF DIMENSIONEN PROBLEMATISCHER GRUPPEN

In einer pluralistischen Welt kann keine Religion von sich behaupten, die einzige, absolut gültige Wahrheit zu besitzen. Und dennoch gibt es in fast jeder Weltanschauung Menschen und Gruppen, die genau dies tun. Wer hat nun also recht? Das werden wir niemals herausfinden; wir müssen mit der Pluralität leben und die Mehrdeutigkeit aushalten.

Für mich ist deshalb klar, dass Glaubenssätze zunächst einmal nicht Gegenstand der Kritik sind, wenn es um die Frage nach problematischen Zügen einer Gemeinschaft geht. Ob eine Gruppe an einen menschgewordenen und auferstandenen Gott glaubt, an Engelwesen, an eine außerirdische Instanz auf einem anderen Planeten – das spielt für die Problematisierung einer Gemeinschaft keine Rolle. Das heißt: Nicht in einem ersten Schritt. Doch dazu gleich mehr. Zunächst geht es um *soziale* und *psychologische* Aspekte. Welche Auswirkungen hat eine bestimmte Gruppe auf ihre Mitglieder, auf die Gemeinschaft in der Gruppe und schließlich auf die Gesellschaft? Hier entstehen die relevanten Konfliktsituationen, die genauer angeschaut werden müssen. Ich glaube, es ist problematisch, wenn die Mitgliedschaft in einer Gemeinschaft dazu führt, ...

- ... dass sich Familien und Freundschaften entzweien.
- ... dass jemand psychische oder physische Gewalterfahrungen macht.
- ... dass eine Person sich nicht frei entfalten kann, ihre Persönlichkeit unterdrückt wird und diese Person darunter leidet.
- ... dass Menschen in ständiger Angst – wovor auch immer – leben.

Dies sind einige wenige Beispiele dafür, was ich mit „problematischen Aspekten" meine. Und hier kommt nun doch wieder der Glaube ins Spiel: Denn natürlich kann es Glaubenssätze geben, die, wenn sie stark betont werden, auch ebensolche sozio-psychologische Auswirkungen haben *können*. Insofern werden sie dann auch wieder Teil einer kritischen Betrachtung. Das heißt: Der Glaube an einen Teufel muss nicht per se problematische Auswirkungen haben. Er kann im Hintergrund wabern, aber letztlich im Alltag der Mitglieder einer Glaubensgemeinschaft keine besonders große Rolle spielen (wie es zum Beispiel in vielen evangelikal geprägten Kreisen der Fall ist). Der Glaube an den Teufel kann aber durchaus, wenn er stark betont wird, dazu führen, dass Menschen immer und überall Angst vor dieser bösen satanischen Macht haben. Sie leben dann in einer ständigen Furcht. Das Problem, das sich hier ergibt, ist also ein *Symptom* eines Glaubenssatzes.

Problematische Tendenzen können in jeder Art von Gemeinschaft auftauchen. Ob es sich um eine Sondergemeinschaft mit islamischem Hintergrund, eine esoterische neureligiöse Gruppe oder auch eine lokale Ortsgemeinde der evangelischen oder katholischen Kirche handelt: Überall können unter bestimmten Umständen Konflikte entstehen. Das gilt auch außerhalb des religiösen Kontextes. Zum Beispiel können Vereine, Öko-Kommunen, Parteien oder sogar Unternehmensformen, wie sie im Multi-Level-Marketing vorkommen, durchaus „sektenhaft" werden.

Um nun herauszuarbeiten, welche Kriterien für eine problematische Gemeinschaft kennzeichnend sind, findet man bereits nach kurzem Googeln viele sogenannte „Sekten-Checklisten", die sich alle ähneln. Sie basieren auf vergleichbaren Überlegungen. Sinnvoller als eine „Checkliste" finde ich bei der Analyse von Gruppen die Betrachtung anhand eines Spektrums, das verschiedene Perspektiven auf eine Gruppe eröffnet. Darauf möchte ich gleich etwas detaillierter eingehen. Dabei gilt – natürlich –, dass eine Gruppe nicht sämtliche Aspekte erfüllen muss, um „problematisch" zu sein. Andersherum gilt auch nicht: Wenn eine Gruppe nur einen oder zwei Aspekte erfüllt, ist sie unbedingt problematisch. Vielmehr geht es darum, aufzuzeigen, in welchen Bereichen Probleme entstehen können. Es ist wichtig, genau hinzuschauen, niemals zu pauschalisieren und jede Gruppierung immer wieder aufs Neue zu betrachten. Ebenso wie sich Gruppen *versekten* können (= über einen längeren Zeitraum hinweg mehr und mehr problematische Tendenzen entwickeln), können sie sich auch wieder *entsekten* (= nach und nach problematische Tendenzen abbauen). Eine Gruppierung ist schließlich kein statisches Gebilde, sondern sie verändert sich mit ihren wechselnden Mitgliedern. Ein Beispiel für eine positive Entwicklung ist die Neuapostolische Kirche, die Anfang des neuen Jahrtausends noch weitgehend aufgrund ihrer elitär-exklusivistischen Weltsicht und ihrer Ablehnung ökumenischer Zusammenarbeit kritisiert wurde. Ohne zu sehr ins Detail zu gehen, kann man sagen: Seitdem hat sich viel getan. Die Lehre der Kirche ist weltoffener geworden, vielerorts gibt es ökumenische Zusammenarbeit auf lokaler Ebene mit anderen Gemeinden. Heute wird die Neuapostolische Kirche – immerhin die größte Weltanschauungsgemeinschaft in Deutschland nach der römisch-katholischen, der evangelischen und den orthodoxen Kirchen – weithin als positives Beispiel für eine sogenannte „Entsektung" herangezogen.

Die Bereiche, die nun im Folgenden genauer betrachtet werden sollen, basieren grob auf einer Ausführung des Psychologen Werner Gross, der für den Arbeitskreis „Psychomarkt und Religion" des Berufsverbands Deutscher Psychologinnen und

Psychologen sechs „Psychologische Kriterien zur Beurteilung von destruktiven Gruppierungen“ herausgearbeitet hat (Gross, 1996). In einer veränderten Form und mit zusätzlichen Definitionen bildet dies die Grundlage für das hier präsentierte Raster. Die fünf Perspektiven, die bei der Betrachtung und Analyse von (potenziell problematischen) Gruppen herangezogen werden können, können aufgegliedert werden in: *Ideologie, Leitung, Lebenskontrolle, Gruppenstruktur, Kritik & Selbstreflexion.*

Ich führe bei den einzelnen Punkten im Folgenden bewusst mögliche Extrempositionen auf, um zu verdeutlichen, welcher Gedanke dahintersteht. Sie sind jedoch als Spektrum zu verstehen: Natürlich gibt es unendlich viele Abstufungen. Wie jedes Modell kann auch ein solches Raster nur als grobe Orientierung dienen. Und selbstverständlich ist nicht immer alles so klar zu trennen, wie es im Folgenden gleich aufgelistet wird. Die Bereiche verschwimmen, eines hat oft mit dem anderen zu tun. In der Praxis lässt sich also nicht klar auflösen, was ich versuche, hier aufzuschlüsseln.

Perspektive 1: Ideologie

Bei der Frage nach der Ideologie geht es in erster Linie um die Frage, was eine Gruppe glaubt und welches Weltbild sie vertritt. Dies hängt eng mit der Frage zusammen, wie intensiv eine Gemeinschaft bestimmte Glaubenssätze vertritt. In vielen christlichen Religionsgemeinschaften findet sich zum Beispiel die Erwartung der Wiederkehr Jesu, die von Gläubigen geteilt wird. Allerdings rückt diese Vorstellung oft in den Hintergrund und wird nicht sonderlich stark betont.

Es gibt mehrere Stichpunkte, die bei der Ideologie einer Gruppe problematisch sein können. Ein Beispiel ist ein *exklusivistisches Weltbild*, bei dem die Gruppe davon überzeugt ist, den einzig wahren Glauben zu besitzen. Alle Erklärungen der Welt, die nicht dem eigenen Bild entsprechen, werden rigoros abgelehnt und verteufelt. Dies geht oft einher mit einem *Schwarz-Weiß-Denken*, bei dem keine Grautöne existieren: Eine Person steht entweder auf der richtigen Seite oder auf der falschen, es gibt keinen Mittelweg und keine Grautöne – und deshalb auch keine Notwendigkeit, von Andersdenkenden zu lernen. Schließlich ist man aus der Sicht der Gruppe bereits im Besitz der alleinigen und absoluten Wahrheit. Daraus folgt (unter Umständen, aber nicht immer) ein *Missionsanspruch*, dem die Motivation zugrunde liegt, andere zum Beispiel vor der ewigen Verdammnis oder der Hölle zu retten. Der Austausch mit Anders- oder Nichtgläubigen dient – wenn er stattfindet – nur dem Zweck der Missionierung hin zur eigenen Gruppe. Optimalerweise, aus Sicht der Gruppe, geht damit ein *Machtanspruch* einher, um die Welt zu „retten".

Häufig findet man in den Ideologien problematischer Gruppierungen auch *Ankündigungen einer nahenden Endzeit, des Weltendes oder einer bevorstehenden Transformation*. Kurz: Die Welt, wie wir sie kennen, wird bald aufhören zu existieren. Unmittelbar damit verbunden ist der *Heilsplan*, den die jeweilige Gruppierung ihren Gläubigen anbietet. Dieser Plan verspricht die Rettung entweder in der bevorstehenden Endzeit oder nach dem eigenen Tod, falls die Endzeit doch nicht zu Lebzeiten eintritt. Ein weiteres Motiv in diesem Kontext ist die Idee, dass man durch die Methoden einer Gruppe entweder ein Paradies auf Erden erreichen oder sich persönlich verbessern kann, vorausgesetzt, man folgt ihren Lehren und Wegen. Damit verbunden sind oft *manipulative Methoden der Anwerbung*, die potenziellen Interessenten unrealistische Versprechungen machen. Nicht selten werden detaillierte Erkenntnisse, die die Gruppe angeblich besitzt, erst nach und nach preisgegeben. Ein neues Gruppenmitglied wird also erst in die „wahre Lehre" eingewiesen, wenn es entsprechende „Erkenntnisstufen" in der Gruppe erreicht hat.

Perspektive 2: Leitung

Die Perspektive der Leitung schaut auf Aspekte, die mit der Führung einer Gruppe zu tun haben. Natürlich gibt es hier unzählige Möglichkeiten, wie das konkret gestaltet sein kann. Dennoch lassen sich bestimmte Punkte als potenziell problematisch kennzeichnen. Dazu gehört zum Beispiel die Frage, ob es in einer Gemeinschaft eine Art *Führungskult* gibt, in der die Gründungs- oder Leitungspersönlichkeit wie ein Heiliger verehrt wird, als Sprachrohr Gottes (oder „Channel" eines höheren Wesens) oder vielleicht sogar als Gott selbst. Welche Fähigkeiten werden mit dieser Person verbunden, welche Adjektive für sie verwendet? Wird dieser Person zum Beispiel auch die Fähigkeit zugeschrieben, Wunder zu vollbringen oder Dinge zu wissen, die sonst niemand weiß?

Damit einher geht auch die Beobachtung, dass gerade im Rahmen einer solchen extremen Verehrung der Leitungspersönlichkeit auch eine *Legendenbildung* stattfindet. Die Biografie wird idealisiert, es ranken sich Mythen um die Geburt oder die Vergangenheit der Anführer*in. Häufig finden sich in solchen Biografien auch Visionen oder Erweckungserlebnisse, die eine Art Initialzündung darstellen und letztlich der Grund dafür sind, dass die Person eine Gemeinschaft gegründet hat. Diese Aussagen sind jedoch nicht durch externe und unabhängige Quellen überprüfbar.

Die Frage nach dem *Führungsstil* schließt sich unmittelbar daran an. Aus dieser Überhöhung der Leitungsebene einer Gemeinschaft (natürlich kann es sich dabei statt um Einzelpersonen auch um ein Leitungsgremium handeln) führt dies häufig dazu, dass Kritik an der „Obrigkeit“ in der Gruppe kaum möglich ist. Die Leitung beansprucht für sich ein absolutes Wahrheitsmonopol, das sich aus ihrer besonderen Stellung als Sprachrohr Gottes, als Medium oder Gott ergibt. Was von der Leitung kommt, muss loyal befolgt werden – schließlich handelt es sich im Verständnis der Gruppe um eine Anweisung mit höchster denkbarer Autorität. Hinterfragt ist nicht gestattet.

Perspektive 3: Lebenskontrolle

Eine Perspektive, die für Außenstehende sicherlich besonders deutlich sichtbar ist, ist die Frage danach, wie stark eine Gemeinschaft das Leben ihrer Mitglieder reguliert und kontrolliert. Zugleich ist es einer der Bereiche, in dem die Einflussnahme sehr vielschichtig und unterschiedlich sein kann. Lebenskontrolle ist dabei ein Schlagwort, das sehr breit gefächert ist. Zunächst ist damit das gemeint, was am offensichtlichsten ist: der Einfluss der Gruppe auf die alltägliche *Lebensgestaltung*. Gibt es strenge Regeln für Kleidung oder Essen? Wird Mitgliedern vorgeschrieben, mit wem sie reden dürfen und mit wem nicht? Häufig gibt es auch strenge Vorschriften im (sexual-)ethischen Bereich, möglicherweise sogar Vorgaben oder

Zuweisungen für partnerschaftliche Beziehungen. Auch die Frage, wie stark der Alltag schlicht durch Aktivitäten in der Gruppe geprägt ist, fällt hierunter.

An dieser Schnittstelle zeigt sich jedoch ein spannender Aspekt. Natürlich kann die Mitgliedschaft in Vereinen den Alltag erheblich prägen, und der freiwillige Eintritt in einen Mönchsorden geht mit sehr streng regulierten Bedingungen einher. Wann etwas problematisch wird und wo Grenzen zu ziehen sind, ist von Fall zu Fall unterschiedlich. Dabei spielt wiederum eine Rolle, unter welchen Umständen diese Regeln aufgestellt, eingeführt, durchgesetzt und wie Regelverstöße geahndet werden.

Die Lebenskontrolle umfasst jedoch weitaus mehr. Es geht auch um die Frage der *Abhängigkeit*. So kann es beispielsweise sein, dass Mitglieder einer Gruppe ihr komplettes Vermögen überschreiben und ihren ganzen Besitz aufgeben. Im Falle eines Bruchs mit einer Gemeinschaft stehen die (Ex-)Mitglieder dann mit nichts da. Es gibt auch Fälle von schlecht oder völlig unbezahlter Arbeit für eine Gruppe, die weit über das „normale" Maß ehrenamtlichen Engagements hinausgehen. Unter Umständen kann auch deshalb nicht von ehrenamtlichem Engagement gesprochen werden, weil ein hoher Erwartungsdruck existiert, sich intensiv einzubringen, dem sich die Mitglieder kaum entziehen können, ohne in Konfliktsituationen zu geraten. Auch der *Kontaktabbruch* fällt unter die Kategorie der Abhängigkeit: Beziehungen und Kontakte zu Menschen, die einst wichtig waren, werden nicht mehr gepflegt oder gar aktiv beendet. Die Mitgliedschaft in anderen Gruppen wird beendet, Ausbildung oder Studium hingeschmissen – zugunsten des Engagements in der Gemeinschaft.

Nicht selten begegnet man auch einer *Entindividualisierung*, die Konsequenzen nach sich zieht. Zum einen wird eine totale Hingabe an die Gruppe gefordert, wobei die Bedürfnisse und Wünsche des einzelnen Mitglieds immer hinter den Zielen der Gruppe zurückstehen müssen. Zum anderen entsteht hier eine psychische Abhängigkeit, da das Individuum nach einer gewissen Zeit in einer problematischen Gruppe oft kaum mehr in der Lage ist, außerhalb der Gemeinschaft zu leben. Dies liegt daran, dass es sich von der Außenwelt entfremdet hat und in einer Gruppe wie in einer Parallelwelt lebt, deren Wertvorstellungen und Alltag nur wenig mit der „Welt da draußen“ gemeinsam haben.

Perspektive 4: Gruppenstruktur

Eine weitere Perspektive, die bei der Betrachtung von Gemeinschaften berücksichtigt werden sollte, ist die Frage nach der Struktur der jeweiligen Gruppe. Was denkt eine Gruppe über sich selbst und welche Konsequenzen zieht sie daraus? Insbesondere im Hinblick auf die ideologische Perspektive – Stichwort Exklusivismus – stößt man hier auf ein erstes Merkmal von Gruppen, das Konfliktpotenzial birgt: Wenn sich eine Gemeinschaft nämlich als eine exklusive *Elitegemeinschaft* versteht. Man selbst versteht sich dann als Teil einer kleinen Menge von Erleuchteten. Damit wird jegliche Kritik von außerhalb unmöglich gemacht. Oft wird behauptet, Kritik erfolge nur deshalb, weil Menschen außerhalb der Gruppe noch nicht so erleuchtet seien wie die Mitglieder der Gruppe. Das kann zu einer *Abschottung* beitragen. Klar ist dabei immer, dass es ein „Drinnen“ und ein „Draußen“ gibt, diejenigen, die auf der richtigen Seite stehen, und die, die auf der falschen Seite stehen.

Diese eingeschworene und klar abgegrenzte Elitegemeinschaft zeigt zudem einen starken inneren Zusammenhalt (der Fachbegriff hierfür lautet *Kohäsion*). Auch hier gilt wieder, dass sich das auf unterschiedlichste Arten und Weisen darlegen kann: von gegenseitiger Unterstützung in allen möglichen Belangen über Hilfeleistungen (wie sie auch in vielen völlig unverdächtigen Gemeinschaften zu finden sind) bis hin zur gegenseitigen sozialen Kontrolle, ob die Regeln der Gruppe eingehalten werden – beobachtete Verfehlungen werden dann an die Gruppenleitung gemeldet. Solch ein Verhalten wird von der Leitung oft gefördert. Konkret kann sich das zum Beispiel darin äußern, dass man häufig ein anderes Gruppenmitglied an die Seite gestellt bekommt oder dazu angehalten wird, regelmäßig anderen gegenüber zu beichten oder Bericht zu erstatten.

Perspektive 5: Kritik & Selbstreflexion

Eine letzte Perspektive betrifft den Umgang mit Kritik, unabhängig davon, ob sie von innerhalb oder von außerhalb der Gemeinschaft kommt. Was passiert, wenn ein Mitglied Zweifel an der Gruppe oder an ihrer Lehre hegt? Inwiefern ermöglicht die Gruppe in solchen Fällen Selbstreflexion auf allen Ebenen? Nicht selten herrscht in problematischen Gemeinschaften *eine Atmosphäre, die keine Zweifel zulässt*. Eine Stimmung, in der sich die Individuen nicht trauen, ehrliche Fragen zu stellen, insbesondere in Bezug auf den Glauben der Gruppe. Eine gute Atmosphäre zeichnet sich dadurch aus, dass sie alle Fragen und Zweifel einer Person konstruktiv aufnimmt und sie nicht von vorneherein als destruktiv, schlecht, verführerisch oder gar „teuflisch" abwertet – das sind Adjektive, die man in problematischen Gruppen oft im Zusammenhang mit eigenen Glaubenszweifeln hört.

Es geht aber noch weiter – denn natürlich ist die Frage nach der Atmosphäre nicht alles. Was passiert, wenn eine Person Kritik äußert? Der Extremfall wäre sicherlich ein Ausschluss aus der Gemeinschaft in Verbindung mit einem *Kontaktabbruch*. Dieser kann auch erfolgen, wenn eine Person von sich aus die Gruppe verlässt – legitime Gründe dafür gibt es in destruktiven Gemeinschaften nicht, schließlich befindet man sich selbst auf dem einzig richtigen Weg. Dahinter steht häufig der Gedanke der *Reinheit*: Die eigene Gruppe soll nicht durch die schlechten Gedanken oder das schlechte Verhalten der ausgeschlossenen Person kontaminiert werden. Im Extremfall kann es auch zu Erpressungen von Personen kommen, die sie daran hindern, aus einer Gruppe auszusteigen und eventuell öffentlich Kritik an ihr zu üben. Als Mittel der Erpressung können zum Beispiel Informationen dienen, die die Person im Rahmen einer Beichte anderen Gruppenmitgliedern oder der Gruppenleitung anvertraut hat.

Auch die Frage nach dem *Umgang mit Kritik von außen* spielt bei der Beurteilung einer Gruppe eine wichtige Rolle. Wie reagiert man nach außen auf solche Kritik? Und wie reagiert die Gruppe bzw. die Leitung? In problematischen Gruppierungen wird häufig nicht auf einer Sachebene entgegnet, sondern Kritikern werden sofort persönliche Motive unterstellt. Das gilt auch für Ex-Mitglieder, die nun angeblich einen persönlichen Rachefeldzug gegen die Gruppe führen. Mit sachlicher Kritik setzt man sich in der Regel nicht konstruktiv auseinander, indem man etwa nachfragt, was davon zutreffen könnte oder wo Entwicklungspotenzial besteht. Deshalb werden Kritiker der Gruppe nicht argumentativ entkräftet, sondern sie werden vielmehr öffentlich diffamiert und diskreditiert. Dieser Punkt lässt sich häufig öffentlich nachvollziehen: Kommt auf sachliche

Kritik ein sachliches Argument zurück, oder begibt man sich sofort auf die Ebene der (persönlichen) Diffamation, die sich nicht angemessen mit der Sachebene auseinandersetzt?

Diese Perspektiven zeigen zwei Dinge sehr deutlich: Zum einen ist es völlig unabhängig von der konkreten Frage nach der Religion, ob es sich um eine problematische Gruppe handelt oder nicht. Destruktive Tendenzen können in allen möglichen Gruppen auftauchen – sei es in christlichen Kirchen, islamischen Gemeinschaften, buddhistischen Yoga-Gruppen, esoterischen Reiki-Gruppen oder auch atheistischen politischen Parteien oder Hardcore-Fußballfan-Vereinigungen. Zum anderen kann man auch große Religionsgemeinschaften auf diese Weise differenziert betrachten. Um zu konkretisieren, was ich meine, ziehen wir als Beispiel die am weitesten verbreitete Religion in Deutschland heran: das Christentum. Es macht insbesondere angesichts der Größe und Verbreitung wenig Sinn, diese Dimensionen auf die kompletten Institutionen (z. B. die Großkirchen) anzuwenden oder gar auf etwas wie „das Christentum" insgesamt (das es in einer homogenen Form genauso wenig gibt wie „den Islam", „den Buddhismus", „den Hinduismus" oder „das Judentum"). Das Zauberwort ist schon gefallen, und es heißt: Differenzierung. Denn natürlich gibt es im Christentum zahllose Gruppierungen, die bei der Betrachtung einer oder mehrerer Dimensionen problematisch sind. Und diese finden sich in evangelischen, katholischen und freikirchlichen Gemeinden. Man muss also immer genau hinschauen: Eine Ortsgemeinde kann durchaus problematische Züge aufweisen, wenn beispielsweise eine sehr starke ethische Ausrichtung für eine hohe Lebenskontrolle sorgt oder der örtliche Geistliche als eine Art unhinterfragbarer Guru auftritt. Die Frage nach sektenhaften Zügen ist deshalb eine, die keine Grenzen kennt. Das dargelegte Raster kann auf *jegliche* Art von Gemeinschaft angewendet werden.

Wer wissen will, was es mit einer Gemeinschaft oder Gemeinde auf sich hat, muss sich die Mühe machen und genau hinschauen. Das ist mühsam, aber nötig. Ein Patentrezept bieten dabei auch die genannten Perspektiven nicht. Ob eine Gruppe problematisch ist oder nicht, hängt nicht nur mit der Gruppe zusammen, sondern auch mit dem jeweiligen Individuum.

WARUM TRETEN MENSCHEN EINER „SEKTE“ BEI?

Während meines Studiums in Berlin habe ich für unsere damalige Studierendenzeitschrift der theologischen Fakultät an einer Ausgabe zum Thema „Sekten“ mitgearbeitet. Einer meiner Beiträge sollte ein Erfahrungsbericht werden: Ich wollte zur Scientology-Zentrale in Berlin und mal schauen, wie lange ich bei Scientology „mitmachen“ kann, ohne Geld zu bezahlen. Es war also ein kleines Langzeit-Projekt, das jedoch schnell endete. Nach zwei Besuchen, bei denen ich zunächst einen Persönlichkeitstest machte und dann an einer kostenlosen Probe-Auditing-Sitzung teilnahm, versuchte man mir einen kostenpflichtigen Kurs anzudrehen. Als ich ablehnte, wurde mir ein weiteres kostenloses Probe-Auditing angeboten. Mir haben allerdings die Erfahrungen beim ersten Mal gereicht, und ich habe das Langzeit- zu einem Kurzzeit-Projekt gemacht und die Sache nach drei Wochen abgebrochen (ungefähr so lange lagen Kontaktaufnahme und der letzte Termin auseinander). Während dieser drei Wochen habe ich in unterschiedlichen Kontexten mit Mitstudierenden und Freunden darüber gesprochen, dass ich gerade bei Scientology unterwegs bin. Die Reaktion war immer die gleiche – und sie war mir auch nicht fremd, weil ich selbst ein ähnliches Bild hatte, bevor ich zum ersten Mal in Kontakt mit der Gruppe gekommen bin. Scientology gilt in den Köpfen vieler Menschen gewissermaßen als Prototyp einer Psycho-Sekte in Deutschland. Aussteiger erzählen schaurige Geschichten von Stalking und Gewaltandrohungen, nachdem sie die Gruppe verlassen haben. Immer wieder hört man von Ex-Scientolog*innen und Anti-Scientology-Aktivist*innen von Manipulationsmethoden in der Gruppe, die einer Gehirnwäsche gleichkommen sollen. Entsprechend geprägt ist das Bild, das man von der Gruppe und ihren Mitgliedern hat. Und das prägte nun auch die Reaktionen, die mir entgegenschlugen: Gefahr! Wenn du auch nur in die Nähe eines Scientologen oder einer Scientologin kommst, kommst du so schnell nicht mehr weg! Gib ihnen ja nicht deine richtigen Daten! Pass auf dich auf, sag uns immer, wo du bist und wenn du hingehst!

Es ist nicht mein Anliegen, Scientology zu verharmlosen. Ich halte die Ideologie für sehr gefährlich, immerhin wird die Gruppe in Deutschland aufgrund ihrer Lehre vom Verfassungsschutz beobachtet. Ich bin der Ansicht, dass es sich bei Scientology weniger um eine Kirche als um ein gewinnorientiertes Unternehmen handelt, das mit (pseudowissenschaftlichen) Psycho-Kursen Geld verdienen will. Worauf ich hier aber hinausmöchte: Trotz aller Besorgnis meiner Gesprächspartner*innen stand ich nicht eine Sekunde lang in der Gefahr, „in die Fänge von Scientology" zu geraten. Denn die Frage danach, warum Menschen religiösen Gruppierungen beitreten, ist nicht so einfach zu beantworten; sie hat viel mit (Religions-)Psychologie und -Soziologie zu tun. Und es gibt keine Liste von Faktoren, die man einfach abhaken kann, um zu sagen: Person X tritt sicher Gruppe Y bei.

Hinter der Besorgnis meiner Freunde und Mitstudierenden steckte jedoch ein Bild, das mir heute auch immer wieder begegnet, vor allem im US-amerikanischen Kontext in entsprechenden Blogs, Podcasts oder Büchern. Dort spielt das Thema „Cults"/„Sekten" eine deutlich prominentere Rolle als auf dem europäischen Kontinent. In diesen Medien wird sehr häufig ein ähnliches Bild vermittelt. Der Fokus liegt sehr stark auf Gruppendynamiken und darauf, dass Führer*innen und Mitglieder einer Gruppe bewusst bestimmte Techniken und Mechanismen anwenden, denen man sich als Individuum nicht entziehen kann. Das prominenteste Beispiel ist das sogenannte „BITE"-Modell des Psychologen und ehemaligen Mitglieds der Moon-Bewegung Steven Hassan. Er versucht mit diesem prägnanten Akronym darzulegen, wie Gruppen ihre Mitglieder an sich binden. Es sind vier Bereiche der Kontrolle, die Gruppen seiner Ansicht nach ausüben:

1. **Behavior (Verhaltenskontrolle):** Kleiderregeln vorschreiben, Schlafmangel, strenge Tagespläne.
2. **Information (Informationskontrolle):** Zugang zu Medien kontrollieren und limitieren, externe Kontakte einschränken, Falschinformationen verbreiten.
3. **Thought (Gedankenkontrolle):** Dogmen ständig wiederholen, bestimmte Gedanken als böse kennzeichnen, Selbstzweifel säen.
4. **Emotion (Emotionskontrolle):** Liebesentzug, Angst vor Ausschluss schüren, Schuldgefühle erzeugen, extreme emotionale Höhen und Tiefen.

In all diesen Bereichen, so Hassan, gelinge es der Gruppe durch bestimmte Mechanismen, absolute Kontrolle über ein Individuum auszuüben. Dies führe dazu, dass es bei Mitgliedern eine „Sekten-Persönlichkeit" gebe, die die jeweils „reale Persönlichkeit" überlagere. Mitglieder von sogenannten Sekten hätten ihm zufolge also gar keinen Zugriff auf ihr „reales Ich", solange sie unter dem Einfluss einer solchen High-Control- oder Mind-Control-Gruppe stehen. Wie auch der Titel seines Buches „Combating Cult Mind Control" zeigt, steht er stellvertretend für viele, die von einer wie auch immer gearteten Gehirnwäsche ausgehen („Mind Control", „Gedankenkontrolle", „Gehirnwäsche"). Auch heute noch ist in vielen Kreisen die Ansicht weit verbreitet, dass man sich als Individuum einer solchen Gruppe, wenn sie die richtigen Mechanismen anwendet, gar nicht entziehen kann. Es ist das gleiche Bild, die gleiche Furcht, die auch mir entgegenschlug, als ich anderen erzählte, ich würde zu Scientology gehen.

Doch so einfach ist es nicht. Natürlich existieren die von Steven Hassan aufgeführten Mechanismen. Und in der Tat spielen die Gruppendynamiken, aus denen sie hervorgehen, eine wichtige Rolle – wer genau hinschaut, findet auch durchaus viele Parallelen zu den bereits dargestellten fünf Dimensionen. Allerdings zeigt die Forschung inzwischen, dass sie nicht so mächtig sind, wie viele Menschen glauben. „Gehirnwäsche" – Mind Control – gibt es in dieser Form nicht. Dana Buchzik, die sich in ihrem Buch „Warum wir Freunde und Familie an radikale Ideologien verlieren" tiefgehend unter anderem mit der Frage nach Radikalisierung beschäftigt hat, schreibt sehr treffend, dass Gehirnwäsche eine quasi magische Zuschreibung sei, die Opfer von jeder Verantwortung freispreche und Täter*innen zu finsteren Zauberern mache.

Die Gründe, warum Menschen sich problematischen Gruppen zuwenden und unter Umständen dort verbleiben oder sie wieder verlassen, sind vielfältig. Sie lassen sich nicht auf ein einfaches Schema herunterbrechen. Zudem muss man noch eine weitere Unterscheidung anführen, die oft unterschlagen wird: Es macht einen Unterschied, ob wir über Konvertiten reden oder über Menschen, die in eine problematische Gruppe hineingeboren wurden. Letztere kennen oft keine andere Welt und sind stärker den von Hassan beschriebenen Gruppendynamiken ausgesetzt. Bei Konvertiten hingegen ist die Frage eine andere. Denn bei ihnen muss es eine bewusste Entscheidung geben – eine Entscheidung für das Leben in einer Gemeinschaft oder nach den Lehren einer bestimmten Weltanschauung. Und hier hat sich insbesondere im deutschsprachigen Bereich seit Ende der 90er-Jahre ein Erklärungsmodell etabliert, das im Hinblick auf problematische Gruppierungen deutlich realitätsnäher zu sein scheint.

Das Modell der „Kult-Bedürfnis-Passung" in der Religionspsychologie

Das religionspsychologische Modell, das auf der Suche nach den Gründen für eine Konversion weiterhelfen kann, nennt sich „Passung". Darunter versteht man das, was der Name auch schon vermuten lässt: Die Gruppe, zu der hinkonvertiert wird, spricht die Bedürfnisse an, die die jeweilige Person in ihrer biografischen oder psychologischen Situation hat. Ein selbstunsicherer, antiautoritär erzogener Mensch könnte zum Beispiel im exakt durchstrukturierten Alltag und in der strengen Hierarchie einer (religiösen) Gemeinschaft Halt, Sicherheit und Sinn finden.

Im Modell der Passung spielen die sogenannten „Lebensthemen" eine wichtige Rolle. Ob eine Person zu einer Gruppe hinkonvertiert oder nicht, hängt viel mit der Frage zusammen, ob diese Gruppe die Lebensthemen dieses Menschen (scheinbar) besser bearbeitet als die sozialen Strukturen, in denen sich diese Person zuvor bewegte. Bevor wir das an einem Beispiel konkret machen – was sind denn „Lebensthemen"? Darunter können vielfältige Dinge fallen, die individuell sehr unterschiedlich und auch sehr komplex sein können. Sie ändern sich auch im Laufe eines Lebens immer wieder. Bei jungen Erwachsenen drehen sich diese Lebensthemen zum Beispiel häufig um den Bereich „Partnerschaft“, während genau dieser Themenbereich zum Beispiel bei Mittfünfzigern (durchschnittlich) eine geringere Rolle spielt. Bei anderen kann zum Beispiel „Wohlstand“ zu einem Lebensthema werden – aus unterschiedlichsten Gründen, etwa, weil man selbst in erdrückender Armut aufgewachsen ist.

Um das zu verdeutlichen, hilft der Blick auf ein Fallbeispiel, das die Arbeitsgruppe des Deutschen Bundestags „Sogenannte Sekten und Psychogruppen“ 1998 in ihrem Forschungsbericht aufgeführt hat: Es geht um die Konversion der Studentin Maria hin zur Vereinigungskirche um den „lebenden Messias“ Mun (auch bekannt als Moon-Bewegung oder Moonies). Ein Kennzeichen dieser Gruppe ist, dass Mun und seine Frau als die wahren, göttlichen Eltern betrachtet werden. Mun sucht für seine Mitglieder Ehepartner*innen heraus, die oft aus anderen Kulturen und aus weit entfernten Ländern stammen. Im Rahmen von großen Massenhochzeiten werden diese Menschen, die sich häufig erst kurz zuvor kennengelernt haben, dann verheiratet.

Die Forscher haben Maria interviewt und viel über sie erfahren: Marias Eltern haben sich wohl bereits mit Maria zusammen von Mun segnen lassen. Sie hat eine ältere Schwester, die Teil der Vereinigungskirche ist, sowie zwei Brüder, die der Gemeinschaft kritisch und distanziert gegenüberstehen. Ihre Schwester lebt in München – dort zieht es Maria nach dem Abitur zum Medizinstudium auch hin. Sie bricht ihr Studium allerdings ab und beginnt eine Ausbildung als Heilpraktikerin. Sie lebt in München zusammen mit Gleichgesinnten in einer WG der Vereinigungskirche. In dem Interview, das die Forscher mit Maria geführt haben, zieht sich das Thema Partnerschaft wie ein roter Faden durch.

Das liegt nicht nur daran, dass Maria kurz vor dem Gespräch durch Mun einen Partner zugewiesen bekommen hat – in Marias Biografie ist dieses Thema schon lange stark präsent. Bereits mit 16, so sagt sie, hat sie sich einen Partner gewünscht, der ihr durch die Gottesmutter Maria vermittelt werden sollte. Sie war überzeugte Christin. Partnerschaft heißt für Maria aber noch mehr: Sie ist auf der Suche nach einem Helden, dessen Einzigartigkeit und Größe sie direkt miterleben kann. Eine wichtige Rolle spielt da auch die bei ihr sehr sexuell aufgeladene Jesus-Frömmigkeit. Alle Sinnfragen, so glaubt sie, wären durch einen solchen Mann auf einen Schlag gelöst. Ihre ursprüngliche Vorstellung transformiert sich mit der Zeit: In Mun findet sie nun diesen übernatürlichen „Vater", der ihr anstelle Marias einen Partner zuweisen soll. Maria wechselt also von der Nachfolge Jesu zur Nachfolge Muns, weil dieser am ehesten ihren Wunschvorstellungen entspricht.

Das ist ein sehr spezielles Beispiel mit einer besonderen Ausprägung. Aber es zeigt: Die Frage nach der „Kult-Bedürfnis-Passung" ist keine, die mal eben rasch küchenpsychologisch beantwortet werden kann. Dahinter stehen oft tiefgehende biografische Prägungen und Persönlichkeitsstrukturen.

Gekommen, um zu bleiben?

Die Kombination des Lebensthemas der Suchenden bietet auch eine Erklärung für die Beobachtung, warum manche Menschen sich einer Gemeinschaft anschließen und bis zum Lebensende darin bleiben und zufrieden sind, andere zu anderen Gemeinschaften konvertieren und wieder andere jeglichen Gemeinschaften den Rücken kehren. Man darf schließlich nicht vergessen – das wird häufig nicht beachtet –, dass viele neureligiöse Bewegungen einer sehr großen Fluktuation unterliegen. Menschen stoßen hinzu, verlassen aber die Gruppe auch nach relativ kurzer Zeit wieder. Vielleicht, weil das Angebot, das die Gruppe auf den ersten Blick zu haben schien, sich als nicht zufriedenstellend für das eigene Lebensthema erweist.

Lebensthemen aber können sich jedoch, wie gesagt, ändern. Und wenn das passiert, verändert sich unter Umständen auch die Passung zwischen einem Individuum und der Gruppe, in der es sich bewegt: Für das neue Lebensthema bietet diese Gemeinschaft kein entsprechendes Angebot. So wenden sich Menschen dann auch wieder ab. Das kann unter Umständen zu einer konfliktträchtigen Situation führen, je nachdem, um welche Gruppe es sich handelt.

Die Betrachtungsweise der sogenannten „Kult-Passung" ermöglicht genau jenen differenzierten Blick, den man mit Blick auf neureligiöse Bewegungen haben sollte. *„In die Fänge einer Sekte geraten"* – das ist ein geflügeltes Wort, das mit der Realität nur wenig zu tun hat. Natürlich haben Gruppen mit Konfliktpotenzial häufig auch einen starken missionarischen Anspruch. Aber nicht jeder ist deshalb in einer solchen Gemeinschaft gleich gefangen und ihr ausgeliefert wie eine hilflose Stubenfliege der Spinne, der sie ins Netz gegangen ist. Und genau das wird meiner Wahrnehmung nach in den Modellen der sogenannten „Mind Control" häufig suggeriert.

Und doch ist es nicht ganz so harmlos, wie das jetzt klingen mag. Denn gerade aufgrund ihres missionarischen Anspruchs nutzen entsprechende Gruppen häufig manipulative Anwerbe-Methoden. Damit sprechen sie entweder gezielt menschliche Bedürfnisse an und suggerieren, sie hätten ein passendes Angebot dafür. Oder sie reden Menschen ein, Bedarf für ein bestimmtes

Angebot zu haben. Als ich mein Scientology-Experiment durchgeführt habe, wurde ich Zielscheibe des letzteren: Im ersten Persönlichkeitstest kam natürlich heraus, dass ich gewisse Defizite in manchen Bereichen hätte. In den Kursen, die man mir angeboten hat, wäre natürlich genau das Ziel gewesen, meine Persönlichkeit in den Bereichen zu verbessern. Ein weiteres sehr verbreitetes Mittel ist das sogenannte „Love-Bombing". Damit ist gemeint, dass man, wenn man neu zu einer Gruppe hinzustößt, sofort mit überschwänglicher Freundlichkeit empfangen wird. Schnell wird man zu Aktivitäten eingeladen, in die Gruppe integriert – man fühlt sich sofort, als hätte man Dutzende neue Freunde gefunden. So erging es mir zum Beispiel, als ich zu Recherche-Zwecken einen Undercover-Abend bei den Zeugen Jehovas verbracht habe. Kaum hatte ich einen Fuß in den Königreichssaal gesetzt, schon kannte ich die Namen von mindestens sieben anwesenden Personen, eine davon setzte sich während der Versammlung neben mich, um mir Fragen zu beantworten, falls ich welche hätte. Wenn jemand, der gerade zum Beispiel in einen neuen Ort gezogen ist und Anschluss sucht, in so einer Gruppe aufgenommen wird, dann besteht durchaus die Gefahr, aufgrund solcher Mechanismen in eine destruktive Gruppe hineinzugeraten.

Ganz perfide wird es, wenn Gruppen nicht offenlegen, wer sie sind. Ralf (Name geändert) schrieb mir eine E-Mail, in der er mir seine Geschichte erzählte. Er habe erst nach drei Monaten gemerkt, dass die Gemeinde, in die er gehe, keine gewöhnliche christliche Freikirche sei. Nun habe er realisiert, dass er an Shincheonji geraten sei, eine südkoreanische Neureligion, die einen sehr strengen Dualismus vertritt und unbedingte Verpflichtung seiner Mitglieder fordert. Er war glücklicherweise in der Lage, trotz der Androhungen ewiger Höllenqual, die ihn in der Ewigkeit erwarten würde, die Gruppe zu verlassen.

Ob man sich einer Gruppe anschließt, in ihr zufrieden ist oder den Entschluss fasst, sie zu verlassen, hängt also nicht nur von den eigenen sich verändernden Bedürfnissen ab, sondern auch von den Methoden, die die Gruppe einsetzt, um Mitglieder zu gewinnen und zu halten. Dieser Mix aus persönlichen Bedürfnissen, dem Angebot der Gruppe und deren manipulativen Techniken (die mal mehr, mal weniger bewusst eingesetzt werden) macht die Beziehung zwischen Individuen und solchen Gemeinschaften besonders komplex.

Man könnte mehrere Bücher über jede einzelne dieser Fragen schreiben, die ich jetzt in drei kurzen Abschnitten abgehandelt habe. Mir geht es an dieser Stelle aber nicht um eine erschöpfende Behandlung, sondern um eine Sensibilisierung. Denn wir schauen uns nun die Extreme an. Wir blicken in die Abgründe, auf die Fälle, in denen die beschriebenen Dynamiken so fatal waren, dass sie am Ende in einer Katastrophe endeten.

TEIL 2:

DIE VERBRECHEN

Folter, Mordrausch, Exorzismus, Massensuizid: Welchen Sinn hat es eigentlich, in diese Tiefen der menschlichen Abgründe einzutauchen? Man könnte ein Buch wie dieses nüchtern und analytisch schreiben, ohne dass man lange Geschichten erzählt. Ich habe mich dagegen entschieden. Ich glaube, dass sich gerade anhand extremer Geschichten beispielhaft gut lernen lässt, weil sie potenzielle Konsequenzen radikal vor Augen führen.

Geschichten von Sekten-Verbrechen sind immer Geschichten von Eskalation. Von Prozessen, Momenten, oder Dynamiken, in denen der Glaube einer Gruppe von Menschen so sehr abdriftete, dass es zu einer Katastrophe kam und Menschen darunter gelitten haben oder sogar – 1 000-fach – gestorben sind. Gerade deshalb eignen sie sich gut dafür, genauer hinzuschauen und sie zu analysieren: Was genau ist da passiert? In welchem Kontext ist diese sogenannte Sekte entstanden und was hat dazu geführt, dass am Ende passiert ist, was passiert ist? Es geht dabei nicht um Voyeurismus, ich denke, das wird im Folgenden auch deutlich werden. Mir geht es nicht darum, die Geschichten um ihrer selbst willen zu erzählen und den Fokus auf das Leid der Opfer zu legen. Mir geht es immer um diese Fragen im Hintergrund. Denn mit dieser Perspektive – und nur mit ihr – können wir uns am Ende im letzten Teil der Frage widmen, was wir daraus lernen können.

Nach jedem Fall habe ich einen kurzen Abschnitt mit der Überschrift „Was war da los?" formuliert. In diesem Abschnitt gebe ich meine persönliche Einschätzung dazu ab, welche Faktoren letztlich die entscheidende Rolle für den jeweiligen Ausgang gespielt haben. Es sind kleine persönliche Gedankenfetzen, die nicht erschöpfend sein wollen, sondern die für mich wesentlichen Punkte zusammenfassen. Ich lade euch, liebe Leser*innen, ein, euch daran zu reiben und selbst Gedanken zu machen: Was waren aus eurer Sicht die maßgeblichen Punkte, die zur Katastrophe geführt haben?

BELCHER ISLAND MURDERS: WENN „JESUS“ DAS TÖTEN BEFIEHLT

Wir reisen zurück in den Winter des Jahres 1941. Der Zweite Weltkrieg ist in vollem Gange. Doch während die Augen der Welt auf Europa gerichtet waren, spielte sich in einer abgelegenen Gegend in Kanada eine grausige Geschichte ab. In Rekordzeit entfaltet sich hier das tödliche Potenzial von religiösem Fanatismus – und zwar in Form einer kleinen religiösen Gemeinschaft, die so schnell wieder verschwinden wird, wie sie entsteht.

Die Belcher Islands sind eine kleine Inselgruppe in Kanada. Sie liegen weit abgeschlagen rund 130 Kilometer vor der Küste Quebecs im Südosten der Hudson Bay, gerade noch unter dem Polarkreis. Wer diese Gegend einmal mit Google Maps in der Satellitenansicht aufsucht, bekommt schon einen Eindruck von der Abgelegenheit dieser Ecke der Welt. Im Jahr 1941 existierte hier fast kein Kontakt zur Außenwelt, und tatsächlich fand er nur sehr sporadisch statt. Selbst unter guten Bedingungen war es damals nicht einfach, dorthin zu gelangen.

Heute leben dort rund 700 Menschen; über die Ereignisse von vor 80 Jahren spricht kaum einer. Dünn ist also auch die Quellenlage zu diesem Fall – wer die Ereignisse nachvollziehen will, muss sich vor allem auf die Vor-Ort-Recherchen des Reisejournalisten Lawrence Millman verlassen, der sich in einem Buch ausführlich mit dem Fall beschäftigt hat. Zudem gibt es einen kanadischen Rechtsanwalt, der den Fall auf seinem Blog aufgrund der gerichtlichen Fallakten nachvollzieht.

Aber zurück ins Jahr 1941: Der Winter 1941 war hart, selbst für die Verhältnisse in Nordkanada. Unter dem eisigen Winter litten auch die Inuit auf den Belcher Islands. Dort gibt es ohnehin kaum Vegetation, nicht einmal in den wärmeren Monaten. In diesem Winter kommt noch dazu, dass es nur wenige Robben, Walrosse oder Schneehasen gab, die die Inuit jagen konnten. Es ist ein hartes Leben mit Außentemperaturen von bis zu minus 40 Grad; das höchste der Gefühle sind rund 15 Grad, auf die die Temperaturen in den Iglus durch Körperwärme und Öllampen steigen können.

In diesem Winter 1941 also erreichte ein Telegramm das Hauptquartier der „Royal Canadian Mounted Police" in Ottawa, der Nationalpolizei Kanadas. Abgesetzt hat das Telegramm ein Mann namens Ernest Riddell. Riddell ist zu dieser Zeit Manager des Außenpostens einer Firma auf den Belcher Islands, die in der Hudson Bay tätig war. „Drei Morde begangen während eines Ausbruchs an religiösem Fanatismus. Empfehle sofortige Ermittlungen, um weitere Ausbrüche zu verhindern." Diese knappen Zeichen alarmierten die Behörden.

Was der Telegramm-Schreiber Riddell zu diesem Zeitpunkt noch nicht wusste: Seine Angaben sind falsch. Bereits neun Menschen, darunter ein Teenager und vier Kinder, haben ihr Leben verloren.

Jesus kommt mit den Sternschnuppen

Was genau ist also in dieser abgelegenen Gegend passiert? Um das zu verstehen, müssen wir einige Wochen in der Zeit zurückspringen. Riddell, der Mann, der später das Telegramm absetzen sollte, war für die rund 150 Menschen, die vor knapp 80 Jahren auf den Belcher Islands gelebt haben, quasi der einzige Kontakt zur Außenwelt. Die Inuit auf den Belcher Islands waren ständig auf der Suche nach Nahrung, lebten im Sommer in Zelten aus Robbenleder und im Winter in Iglus. Als begabte Jäger und Kajak-Fahrer haben sie mit Riddell und seiner Firma Felle getauscht – gegen Waffen, Munition und Tabak.

Das Überleben auf den Belcher Islands war zur damaligen Zeit hart. Eine Gruppe von Familien hatte ihr Lager ganz im Süden der Inseln aufgeschlagen. In den dunklen Tagen und Nächten kauerten sie sich häufig zusammen in ihren Iglus. Hoffnung und Trost suchten sie unter anderem in den Ausgaben des Neuen Testaments, des zweiten Teils der christlichen Bibel, die sie einige Jahre zuvor vom Festland bekommen hatten. Diese Übersetzungen in die Silbensprache der Inuit stammten von anglikanischen Missionaren.

In den Geschichten, die sie lasen, gab es einen entscheidenden Punkt, der bei ihnen offenbar einen Nerv traf, weil er ihre Situation ansprach: Rettung. Jesus, so stand da, würde wiederkommen auf die Erde und ihre Seelen erlösen. Es ist gut vorstellbar, dass dies für diese Menschen eine Botschaft war, die sie in ihrer Situation dankbar angenommen haben.

Einer der Männer, der sich damals intensiv mit der Bibel beschäftigte, war Charlie Ouyerack. Er war damals 27 Jahre alt und war wohl auch schon häufiger als eine Art Schamane in der Gruppe aufgetreten, als jemand, der mit der geistigen Welt in gutem Kontakt stand. Er war körperlich etwas schmächtig, Berichten zufolge war dies etwas, was ihm zu schaffen machte – sein Selbstwertgefühl litt stark darunter. Die Gruppe dieser Familien im Süden bestand aus gut 40 Personen.

Und dann kamen die Sterne – und das Unheil nahm seinen Lauf: Eines Nachts, im Januar 1941, als ein Sternschnuppen-Schauer am Himmel erschien, erklärte Ouyerack während einer Bibelstunde, dass er selbst Jesus Christus sei und die Menschen ihm folgen sollten. Der Sternschnuppen-Schauer sei Beweis dafür, dass das Warten auf Jesus nun ein Ende habe. Als Beweis führte er Mk 13,24–27 an, wo es heißt: *„Aber in jenen Tagen, nach jener Bedrängnis, wird die Sonne sich verfinstern und der Mond seinen Schein verlieren, und die Sterne werden vom Himmel fallen, und die Kräfte der Himmel werden ins Wanken kommen. Und dann werden sie sehen den Menschensohn kommen in den Wolken mit großer Kraft und Herrlichkeit. Und dann wird er die Engel senden* *und wird seine Auserwählten versammeln von den vier Winden, vom Ende der Erde bis zum Ende des Himmels.“*

Um seinen Standpunkt und seine Position zu festigen, erklärte er einen Mann aus der Gruppe namens Peter Sala gleichzeitig zu „Gott“. Sala war 34 Jahre alt, charismatisch und sehr respektiert in der Gruppe, da er als der beste Jäger und mutigster Mann galt. Doch das war nicht alles: Sala war auch derjenige, der den Kontakt zur Außenwelt pflegte. Er stand regelmäßig wegen Tauschgeschäften mit Ernest Riddell in Kontakt. Selbst ohne den nun verliehenen „Gott-Status“ war er also bereits einer der wichtigsten Männer im Familienverbund.

Es ist wohl der Sehnsucht und der schwierigen Situation der Menschen dort zuzuschreiben, dass die allermeisten derjenigen, die Ouyeracks Botschaft hörten, dieser Glauben schenkten. Sie akzeptierten, als er verkündete, dass das Warten auf Jesus vorüber sei. Das eröffnete auch eine neue Perspektive: Das mühsame, andauernde Suchen nach Nahrung war vorbei, und eine bessere Zeit schien anzubrechen. Die Qual hatte ein Ende, die Rettung war nahe.

Eine religiöse Gruppe war entstanden, angeführt von Charlie Ouyerack und Peter Sala. Anfänglich herrschte eine große Euphorie – es wird überliefert, dass manche sogar ihre Schlittenhunde töteten, in der Annahme, dass sie diese nun nicht mehr brauchen würden.

Tödlicher Widerspruch

Aber es gab auch Zweifelnde. Nicht alle glaubten so recht an das, was der selbstproklamierte Jesus da erzählte. Ein 15-jähriges Mädchen namens Sara war die erste, die ungefähr eine Woche später widersprach. Ihr Bruder Alec wiederum war einer der größten Anhänger von Ouyerack und absolut überzeugt von allem, was dieser verkündete. Bei einer weiteren religiösen Zusammenkunft in einem großen Iglu in der Nacht vom 26. Januar 1941 erklärte Sara der Gruppe öffentlich ihre Zweifel. Sie sagte, dass sie davon überzeugt sei, dass sie alle falschlägen. Jesus, so sagte Sara, sei noch nicht auf die Erde zurückgekehrt. Folglich könne Ouyerack auch nicht Jesus sein.

Alec, ihr Bruder, war wutentbrannt, als er von den Zweifeln seiner Schwester hörte. Er zog Sara an den Haaren und begann, sie mit einem Stock zu prügeln, der normalerweise dafür benutzt wurde, den Schnee von den Kleidern zu schlagen. Ein Zeuge sagte später gegenüber der Polizei, er habe gehört, wie Alec gesagt habe, dass er ihr mit einem Messer den Kopf abschneiden würde. Jemand hielt schließlich einen Campingkocher nahe an Saras Gesicht, um zu sehen, ob sie „der Satan" sei. Saras Schicksal war besiegelt, denn die Menge schaukelte sich offenbar in ihrem Wahn hoch. Alec schlug sie wieder und wieder, bis sie ohnmächtig auf dem Boden lag. Andere beteiligten sich, zogen sie aus dem Iglu heraus. Dort schlug ein 17-jähriges Mädchen namens Akeenik mit dem Griff eines Gewehrs auf Saras Kopf ein, bis sie starb. Als Akeenik wieder in das Iglu kam, herrschte dort – so berichten Zeugen später – keineswegs Entsetzen oder auch nur Traurigkeit. Vielmehr waren alle zufrieden und froh, dass „der Satan" besiegt wurde.

Nur ein Mann äußerte sich anders. Dieser Mann hieß Keytowieack, er war 47 Jahre alt und schockiert von dem, was vorgefallen war. Er begann, mit Ouyerack und Sala zu streiten. Er forderte, dass sie das, was sie verkündeten, beenden mussten. Doch sie ließen sich nicht umstimmen: Die beiden Anführer erklärten daraufhin auch Keytowieack zu einem Dämon. Es gab eine kurze Rauferei, und der Zweifler zog sich schließlich in sein eigenes Iglu zurück.

Doch auch Keytowieacks Schicksal war durch seinen Aufstand besiegelt. Am nächsten Morgen wurde er von Ouyerack,

Sala und einem weiteren Anhänger der beiden namens Adlaykok ermordet. Die drei Männer attackierten ihn durch das Fenster seines Iglus: Während er alleine drinnen saß, warf Sala, der gute Jäger, zuerst eine Harpune auf ihn. Dann erschoss ihn Adlaykok mit zwei Pistolenschüssen.

Nach diesen beiden Morden kehrte zunächst Ruhe ein. Doch diese währte nur wenige Tage. Die Gruppe traf auf eine andere Familie, die nun nach Ouyeracks Willen ebenfalls missioniert werden sollte. Die Botschaft, dass er der wiedergekehrte Jesus sei, sollte weiterverbreitet werden. Mit diesem Vorhaben waren die Anhänger*innen erfolgreich: Es gab nur einen Mann namens Ekpuk, der Ouyerack die Folgschaft verweigerte. Am 9. Februar gab es schließlich einen heftigen Wortwechsel zwischen Ouyerack und Ekpuk. Und die Szenen wiederholten sich: Ouyerack erklärte auch Ekpuk zu einem Dämon. Er befahl Quarack – er war einer der Frischbekehrten und zugleich Epkuks Schwiegervater –, Ekpuk zu erschießen. Quarack folgte dem Befehl und erschoss seinen Schwiegersohn kaltblütig.

Drei Wochen nach diesem Mord wurde Peter Sala, der „Gott", von Ernest Riddell angeheuert – dem Mann, der das Telegramm an die Polizei geschickt hat. Riddell war auf der Suche nach jemandem, der ihn auf einer geschäftlichen Routine-Tour auf das Festland begleitete. Von den Morden weiß Riddell zu diesem Zeitpunkt noch nichts. Offenbar war jedoch das Verhältnis der beiden so gut, dass sich Sala ihm anvertraute: Auf der gemeinsamen Reise erzählte er ihm, was passiert war.

Riddell informierte daraufhin per Telegramm den Hauptsitz seiner Firma, die das Telegramm wiederum an die Polizei weiterleitete. *„Drei Morde begangen während eines Ausbruchs an religiösem Fanatismus. Empfehle sofortige Ermittlungen, um weitere Ausbrüche zu verhindern."* Doch bei diesen drei Morden blieb es nicht. Während Sala und Riddell nämlich unterwegs waren, nahmen auf den Belcher Islands weitere tragische Ereignisse ihren Lauf.

Salas Schwester Mina, 25 Jahre alt, war offenbar völlig dem religiösen Wahn verfallen. In einer Nacht rannte sie von Iglu zu Iglu, weckte die Menschen auf, schrie und gestikulierte, dass Jesus kommen und die Menschen in den Himmel entrücken würde. So ganz schlau wird man aus den Quellen nicht – denn eigentlich klingt das nach einem logischen Fehler: Hatte nicht Ouyerack sich als wiedergekommener Jesus erklärt? Möglicherweise ist diese Szene so zu deuten, dass Ouyerack sich als „Inuit-Jesus" verstand, der auf die Wiederkunft des „echten Jesus" hinweist. Doch möglicherweise zeigt diese Szene auch, dass Logik hier nur eine untergeordnete Rolle spielte.

Fakt ist: Mina hat ein Dutzend Frauen und Kinder derart eingeschüchtert, dass sie in bitterkaltem Wetter ihre Iglus verlassen haben. Sie hatte offenbar auch eine Hundepeitsche bei sich. Hundepeitschen können als Waffe sehr angsteinflößend sein – damit kann man Ohren abschlagen oder auch Augen schwer verletzen.

Es war eine windige Nacht. Die Temperaturen betrugen, so liest man, um die 30 Grad Celsius unter null. Mina führte die Gruppe auf einen gefrorenen See, dort sollten sie ihren Erlöser treffen. Obwohl sie selbst ihren Parka anhatte – und auch anließ –, befahl sie der eingeschüchterten Gruppe, ihre Kleidung abzunehmen. Mina rann wie verrückt durch die Gruppe und riss den Kindern die Klamotten vom Leib.

Nach ein paar Minuten realisierten manche Mütter den Wahnsinn und befahlen den Kindern, sich wieder anzuziehen. Sie machten sich so gut sie konnten wieder auf den Rückweg – für einige kam das jedoch zu spät, die Temperaturen waren tödlich. Sechs Menschen sterben in dieser Nacht, darunter vier Kinder: Minas Mutter (55), Minas Schwester (32) und die Kinder Moses (13), Alec (8), Johnny (7) und Johnasie (6). Alec war der Sohn des selbst ernannten Gottes Peter Sala. Sala verlor also, ohne es zu diesem Zeitpunkt zu wissen, seinen Sohn, eine seiner Schwestern und seine Mutter.

Ein kurioses Gerichtsverfahren

Erst als Riddell und Sala zurückkehrten, erfuhren sie von dieser unfassbaren Tragödie. Riddell wurde regelrecht verzweifelt, weil er auf Hilfe der Polizei wartete. Es gab nur ein Problem: Die Polizei hatte Schwierigkeiten, zu den Belcher Islands zu kommen. Alle Flugzeuge waren wegen des Krieges für die Armee vereinnahmt worden. Mit mehreren Wochen Verspätung konnte die Polizei schließlich ein altes Flugzeug reparieren und einen Piloten engagieren. Die ersten Ermittler trafen ein. Mehrere Tage lang verbrachten sie auf den Belcher Islands, um nach und nach das zusammenzupuzzeln, was geschehen war. Die Inuit auf den Belcher Islands haben offenbar anstandslos mit den Ermittlern kooperiert. Niemand versuchte, die Verbrechen zu verheimlichen oder einer möglichen Verhaftung zu entgehen.

Am 16. April verließ die Polizei die Belcher Islands mit drei Personen an Bord ihres Flugzeuges, die in Gewahrsam genommen wurden: Quarack, Adlaykok und Mina. Was ist mit den beiden Anführern Ouyerack und Sala? Was mit Akeenik, der Mörderin von Sarah? Es bleibt im Dunkeln, warum diese Personen zu diesem Zeitpunkt nicht verhaftet wurden, da es in den wenigen Quellen keine Informationen dazu gibt. Sie wurden jedoch später angeklagt .

Auf dem Festland angekommen, begann nun der Prozess. Und der gestaltete sich durchaus kurios. Denn die Verantwortlichen gelangten recht schnell zu der Ansicht, dass der Prozess nicht in einer fernen Stadt durchgeführt werden sollte. Man wollte das Gerichtsverfahren auf den Belcher Islands abhalten, dort, wo die Verbrechen passiert waren. Der Gedanke dahinter war: Man wollte den Bewohner*innen vor Ort zeigen, was es heißt, wenn das kanadische Justizsystem eingreift. Man wollte, dass die Menschen dort das Gerichtsverfahren mitbekommen – imperialistische Gedanken lagen da recht nahe.

Das Verfahren wurde also sorgfältig geplant. Es begann am 19. August 1941, rund vier Monate nach der Abreise der Polizei. Der Richter, ein Staatsanwalt und ein Verteidiger und zwei Zeitungs-Journalisten reisten auf die Belcher Islands. Und was sie dort erwartete, war zunächst – sagen wir – überraschend. Berichten zufolge war die Stimmung dort nämlich blendend.

Einer der Journalisten berichtete: „Rund 50 Menschen begrüßten die Strafverfolger bei ihrer Ankunft – bestens gelaunt und mit einem Lächeln im Gesicht. Unter ihnen waren auch diejenigen, deren Leben bei dem Verfahren auf dem Spiel stand. Adlaykok, einer der Angeklagten, begrüßte einen der Beamten der kanadischen Nationalpolizei, indem er ihn herzlich umarmte."

Es gab zudem Schwierigkeiten, eine Jury für das Verfahren zu finden. Die beiden Journalisten wurden somit als Jury berufen wie auch Ernest Riddell, der den Fall der Polizei gemeldet hatte. Die übrigen Jury-Mitglieder wurden mit geologischen Forschern „aufgefüllt", deren Schiff eine Woche vor dem Verfahren in den Belcher Islands einen Zwischenstopp eingelegt hatte.

In dem Verfahren waren sieben Menschen angeklagt:

- Alec Apawkok und Akeenik, gemeinsam angeklagt wegen des Mordes an Sara Apawkok (1. Mord)
- Peter Sala und Adlaykok, gemeinsam angeklagt wegen des Mordes an Keytowieack (2. Mord)
- Charlie Ouyerack und Quarack, jeder angeklagt wegen des Mordes an Alex Ekpuk (3. Mord)
- Auch Mina wurde angeklagt. Sie wurde für den Mord des sechs Jahre alten Johnasie angeklagt, stellvertretend für die sechs Personen, die insgesamt in dieser Tragödie auf dem Eis

gestorben sind. Mina wurde allerdings bereits vor dem Verfahren als „insane" eingestuft, heute würde man sagen: nicht zurechnungsfähig. Ihr wurde eine psychische Krankheit bescheinigt. Während des Verfahrens wurde sie offenbar aufgrund diverser „Ausbrüche" auf einer Bahre festgeschnallt.

Abgesehen von Minas Zustand war es offenbar insgesamt ein ordentlich verlaufendes Verfahren. Die Angeklagten machten keinen Hehl aus ihren Taten und gestanden alles, was sie getan hatten. Ein Ausschnitt aus einem Dialog zwischen dem Verteidiger und Quarack, der seinen eigenen Schwiegersohn erschossen hatte, war folgender:

„Hat dir irgendjemand gesagt, dass du Alex (Epkuk) erschießen sollst?"

„Ja."

„Wer?"

„Charlie (Ouyerack)."

„Hattest du Streit mit Alex?"

„Nein."

„Warum hast du ihn dann erschossen?"

„Charlie hat gesagt, er sei Satan."

„Hast du ihm das geglaubt?"

„Ich habe ihm geglaubt. Er hat gesagt, dass Jesus bald kommen würde und dass er keine bösen Menschen sehen wollte."

Dann fragte der Anwalt Ouyerack:

„Warum hast du Quarack gesagt, er soll Alex töten?"

„Ich war nicht bei Sinnen. Wenn ich das gewesen wäre, hätte ich ihm nicht gesagt, den Kerl umzubringen."

Schon aus diesem kurzen Ausschnitt wird deutlich: Die Angeklagten präsentieren sich als recht „einfache" Leute. Ob das Taktik oder Tatsache war, ist natürlich aus heutiger Perspektive schwer zu beurteilen. Fakt ist jedoch, dass sowohl die Jury als auch das Gericht sehr milde geurteilt haben. Die Angeklagten schoben letztlich alles auf ein „Missverständnis" der Bibel – sie behaupteten also, dass sie missverstanden hätten, was darin steht. Zur Milde der folgenden Urteile trug auch bei, dass das Gericht erschüttert war von den Umständen, unter denen die Inuit lebten: in eisiger Kälte, ständig auf der Suche nach Nahrung, fernab von allem, was sie als „Zivilisation" bezeichnet hätten.

Schließlich rückte selbst der Staatsanwalt von der Forderung der Todesstrafe ab, die den Verurteilten gedroht hätte. Er änderte sogar seine Meinung hinsichtlich des Verfahrens an sich: Es sei ein Fehler gewesen, das Verfahren hier oben abzuhalten, weil es keinen abschreckenden Effekt auf die Menschen hier habe. Dies war auch ein Grund, warum er von der Todesstrafe abrückte: Weil er auch hier annahm, dass auch das keinen abschreckenden Effekt gehabt hätte. Zudem kam er zu der Ansicht, dass „weiße", „kanadische" Gerechtigkeit an so einem fremden Ort wie den Belcher Islands nicht vernünftig angewendet werden könne.

Der Richter stimmte dieser Ansicht im Verfahren zu. Er sprach von einer „düsteren Trübsal ", die er in dieser Insel-Steppe wahrnehme: *„Leben in dieser trostlosen Region, den grausamsten Bedingungen ausgesetzt und immer auf der Schwelle zur Vernichtung, das ist einer überschwänglichen Freundlichkeit nicht besonders zuträglich."*

Angesichts der Schwere der Verbrechen fallen die Urteile am Ende in der Tat sehr milde aus: Alec Apawkok und Akeenik, die Sara getötet hatten, wurden freigesprochen wegen „temporären Wahnsinns" (Unzurechnungsfähigkeit). Auch Mina wurde als unzurechnungsfähig angesehen und nicht verurteilt.

Für die Tötung von Keytowieack und Ekpuk wurden Peter Sala, Adlaykok, Charlie Ouyerack und Quarack jeweils wegen Totschlags verurteilt. Sala und Ouyerack, „Gott" und „Jesus", wurden dabei jeweils zu zwei Jahren Haft verurteilt. Adlaykok wurde zu einem Jahr verurteilt. Mina und Akeenik wurden auf unbestimmte Zeit in Gewahrsam genommen, weil man ihnen psychische Krankheiten bescheinigte. Die Verurteilten und in Gewahrsam genommenen Personen wurden schließlich auf ein Gelände der Nationalpolizei in Moose Factory gebracht, einer Stadt in Ontario an der Küste der James Bay, die mit der Hudson Bay verbunden ist. Nur Quarack durfte trotz seiner Verurteilung vor Ort in Freiheit bleiben und wurde damit beauftragt, die Familien der exilierten Männer mit Nahrung zu versorgen und sich um sie zu kümmern.

Die übrigen Verurteilten lebten und arbeiteten in Moose Factory unter Bewachung, allerdings nur für ein Jahr. Ouyerack – der „Jesus", der alles angefangen hatte, starb rund neun Monate nach dem Verfahren im Mai 1942 an Tuberkulose. Im Herbst desselben Jahres, also ein Jahr nach dem Verfahren, wurden Peter Sala, Adlaykok, Akeenik und Mina (die sich offenbar erholt hatte und sich wieder „normal" verhielt) entlassen. Sie zogen an die Küste wieder nach Norden, Richtung Belcher Islands. Sie blieben allerdings auf dem Festland in einer Gegend namens „Great Whale River" – für ihre vorzeitige Entlassung gab es nämlich eine Auflage: Sie durften zeitlebens nicht mehr auf die Belcher Islands zurückkehren.

Der Einzige, der schließlich in hohem Alter doch noch auf die Belcher Islands zurückkehrte, war Peter Sala. Ihm wurde später dann doch wieder eine Rückkehr in seine Heimat erlaubt. Er war auch derjenige, der seine Rolle in den Geschehnissen von 1941 am meisten von allen bereute – hatte er doch zahlreiche Familienmitglieder verloren. In einem Bericht der Nationalpolizei heißt es:

„Er hat betont, dass er für die Misere der anderen Verhafteten verantwortlich sei. Nicht, weil er zu den Verbrechen angestiftet hätte, sondern aufgrund seiner Führungsaufgabe. Er sagt, deshalb hätte

er sie daran hindern sollen, die Verbrechen zu begehen. Der Verlust seiner Mutter, Schwester, Tochter und seines Kindes belastet sein Gewissen sehr schwer.“

Was war da los?

Der Fall auf den Belcher Islands ist in mehrfacher Hinsicht sehr faszinierend – auch wenn man sagen muss, dass uns heute vermutlich viele Details der Ereignisse nur lückenhaft oder gar nicht korrekt zugänglich sind. Es ist ein Paradebeispiel, wie sich hier Fanatismus in einer Gruppe von Menschen innerhalb kürzester Zeit entfaltet, um genauso schnell wieder zu verschwinden. Die Gruppe um Ouyerack und Sala entsteht rasend schnell, radikalisiert sich binnen Tagen, entflammt eine Serie tödlicher Gewalt und verschwindet wieder. Durch die brutalen ersten Morde entstand sofort ein Klima der Angst. Anschließend wagte niemand mehr, „Jesus“ und „Gott“ zu widersprechen, weil sie – wohl zu Recht – fürchten mussten, dann ebenfalls ins Visier zu geraten.

Natürlich ist es aufgrund einer so hohen zeitlichen wie kulturellen Distanz schwer zu sagen, was genau zu dieser Tragödie auf den Belcher Islands geführt hat. Vielleicht war es vor allem die Verzweiflung über die eigenen, schwierigen Lebensumstände, die zu dieser fanatischen Mordserie geführt hat – zu sehr wollte man (anfangs) an die Erlösung glauben, um Zweifler zu dulden.

Spannend wird es, wenn man auf die Faktoren schaut, die man in sogenannten Sekten häufiger findet und die hier auf einer ideologischen Ebene letztlich mit zu der tödlichen Gewalt beigetragen haben. Insbesondere zwei Dinge stechen dabei ins

Auge: Zum einen ist da der strenge Dualismus in Kombination mit der Ablehnung von Kritik. Kritik ist kein legitimes Mittel, in der Gruppe zu diskutieren. Es ist vielmehr ein Angriff, und zwar einer, der von außen kommt – in diesem Fall (und in den meisten Fällen in solch geschlossenen Gruppen) vom Satan. Zum anderen ist aber auch das ein Faktor, was das Unheil erst ins Rollen gebracht hat: das Versprechen einer besseren Welt. Diese Sehnsucht, die angesichts der harten Lebensrealität durchaus nachvollziehbar ist, war offenbar so stark, dass man dafür selbst nahestehende Menschen opferte.

Das Neue Testament, das die Menschen unbedarft gelesen haben, hat schließlich augenscheinlich wie eine Art Katalysator gewirkt – denn natürlich kamen die Vorstellungen, dass die Gegner von „Jesus" und „Gott" der personifizierte „Satan" aus dem christlich-antiken Weltbild seien, aus dem die biblischen Texte stammen.

Auch wenn man nicht weiß, was ohne den christlichen Überbau auf den Belcher Islands passiert wäre, ob es auch zu einem solchen Ausbruch der Gewalt gekommen wäre: Es bleibt mindestens ein fahler Beigeschmack. Es ist ein trauriges Beispiel dafür, was die Folgen von Imperialismus in Verbindung mit (meines Erachtens falsch verstandener) christlicher Mission bewirken können. Nicht nur auf den Belcher Islands hat dieses Vorgehen schweren Schaden angerichtet – und leider gibt es das bis heute.

DIE MANSON FAMILY: „HELTER SKELTER“ BRINGT DEN TOD

Es ist der Abend des 8. August 1969. Sharon Tate, Ehefrau von Star-Regisseur Roman Polański und selbst erfolgreiche Hollywood-Schauspielerin, kehrt mit drei Freunden nach einem üppigen Abendessen in ihr Haus im Cielo Drive in Beverly Hills zurück. Tate ist hochschwanger, in zwei Wochen soll ihr Baby auf die Welt kommen. Doch sie wird diese Nacht nicht überleben. Um Mitternacht verschaffen sich vier Personen – ein Mann und drei Frauen – Zutritt zu der Villa in Beverly Hills. Sie sind gekommen, um zu töten. Sie fesseln alle anwesenden Personen, jeder Widerstand ist zwecklos. Sie kennen keine Gnade. Mit Messern und einer Pistole ermorden die Einbrecher alle anwesenden Personen. Es gibt keine Überlebenden.

Die Mörder waren Mitglieder einer kleinen Hippie-Gruppe. Sie wurden geschickt von ihrem Guru, dem sie bedingungslos folgten. Doch was war das Motiv der Morde? Und wieso wurden gerade diese Opfer ausgewählt? Die Geschichte, die in diesen grausamen Ereignissen vom August 1969 ihren Höhepunkt findet, beginnt 35 Jahre zuvor mit der Geburt eines Mannes namens Charles Manson .

Charles Manson: Ein Leben im Gefängnis

Charles Manson wurde am 12. November 1934 geboren. Es gibt viele Klischees über die Kindheit von Menschen, die später zu Schwerverbrechern oder gar Mördern werden: Auf die Kindheit von Charles Manson treffen die meisten von ihnen zu. Mir ist wichtig zu betonen, dass das Sprechen über die „schwierige Kindheit“ von Schwerverbrechern nicht dazu dient, ihre Taten zu entschuldigen, sondern mögliche Ursachen zu klären. Nicht jeder mit einer harten Vergangenheit wird kriminell – und umgekehrt. Was man sagen kann: Die Umstände für eine Person wie Charles Manson waren besonders ungünstig. Dies rechtfertigt seine späteren Verbrechen nicht. Es kann aber helfen zu verstehen, wie es dazu kam, dass er diesen Weg einschlug. Charles Manson beispielsweise wusste von klein auf nicht, was es heißt, in stabilen und sicheren Verhältnissen zu leben.

Seine Mutter Kathleen war 15 Jahre alt, als sie mit Charles schwanger war. Sein Vater war ein One-Night-Stand, und so bekam Charles den Nachnamen seines Stiefvaters: Manson. Sein Stiefvater allerdings blieb nicht lange mit der jungen Kathleen zusammen, er verließ sie, als Charles zwei oder drei Jahre alt war. Diese Trennung führte dazu, dass Kathleen und Charles keine feste Bleibe mehr hatten. Sie mussten schauen, wo sie unterkommen konnten: Mal waren es Verwandte, mal Freunde. Kathleen war, so sagt man, keine besonders verantwortungsvolle Mutter. Sie ließ ihren Sohn oft alleine, während sie zum Beispiel auf Partys durch die Stadt zog.

Zudem beging Kathleen gemeinsam mit ihrem Bruder einen bewaffneten Raubüberfall und einen Autodiebstahl, wofür sie fünf Jahre im Gefängnis landete. Charles wuchs also ohne Vater und mit einer Mutter auf, die ihn nicht nur oft vernachlässigte, sondern auch jahrelang überhaupt nicht da war. In dieser Zeit kam er zu seiner Tante und ihrem Mann. Dort erging es ihm aber auch nicht besser: Er wurde gedemütigt, weil er den Ansprüchen des Paares nicht genügte. Seinem Onkel war er „zu weiblich“, also demütigte der ihn, indem er den sieben- oder achtjährigen Jungen zwang, in der Schule ein Kleid zu tragen. Es gab allerdings eine Zuflucht für den jungen Charles Manson: die Musik. Insbesondere das Klavierspielen eröffnete ihm eine Welt, in der er sich zurückziehen konnte, in der alles für ihn in Ordnung war. 1942 kam Charles wieder zu seiner Mutter, nachdem Kathleen aufgrund guter Führung aus dem Gefängnis entlassen worden war. Damit endeten zwar die Demütigungen, doch ein unstetes Leben begann erneut.

Charles selbst wurde auch früh kriminell. Diebstähle und Ladeneinbrüche gehörten bei ihm zum Standard-Repertoire, und im Alter von 13 Jahren verübte er seinen ersten – bewaffneten! – Raubüberfall. Es verwundert also nicht, dass er bereits als Teenager mit dem Gefängnis vertraut war, er wurde aufgrund seiner Taten regelmäßig in Jugendstrafanstalten oder Erziehungsanstalten untergebracht. Die Berichte, die es von dort gibt, werfen bereits ein Schlaglicht auf das, was Manson zeitlebens faszinierte. Er hat beispielsweise einen anderen Jungen sexuell missbraucht, während er ihm ein Rasiermesser an den Hals gehalten hat. Was ihn dabei offenbar antrieb, war – so kann man zumindest aus seinem späteren Leben schließen – weniger die sexuelle Komponente, sondern vielmehr die Macht, die absolute Kontrolle über andere Menschen auszuüben.

1954, im Alter von 20 Jahren, wurde er auf freien Fuß gesetzt, nachdem er einen großen Teils seines Lebens weggeschlossen verbracht hatte. Ein Jahr später heiratete und schwängerte er eine junge Frau namens Rosalie. Um finanziell über die Runden zu kommen, begann Charles, Autos zu stehlen. Mit seiner Frau floh er in einem gestohlenen Auto nach Los Angeles, nur um dort von der Polizei gefasst zu werden. Trotz seiner Vorgeschichte ließen die Richter Gnade walten: Wegen seiner schwangeren Frau wurde er nur zu einer Bewährungsstrafe verurteilt. Doch das ging nicht lange gut. Sein Sohn, Charles Manson Jr., kam zur Welt – und der Senior verstieß gegen seine Bewährungsauflagen. So musste er erneut hinter Gitter.

Während dieser Zeit erfolgte eine schwere Kränkung, die sicherlich ein weiterer Mosaikstein war, der die Zukunft von Manson prägte: Seine Frau verließ ihn mit seinem Sohn. Das kränkte ihn so sehr, dass er Frauen fortan als minderwertig betrachtete.

Im Gefängnis lernte er Zuhälter kennen, mit denen er immer wieder ins Gespräch kam. Besonders interessierte ihn, welche Methoden und Manipulationen sie nutzen, um ihre Prostituierten zu kontrollieren. Offenbar beschäftigte es ihn sehr, dass er es nicht geschafft hatte, Rosalie so zu kontrollieren, wie er wollte.

Der weltbekannte Autor und Kommunikationstrainer Dale Carnegie hatte wohl ebenfalls Einfluss auf das Denken von Charles Manson. Carnegie veröffentlichte 1936 einen Bestseller, der bis heute weltweit verlegt wird: „How to win friends and influence people". In diesem Buch gibt er Ratschläge, wie man positivere soziale Beziehungen aufbauen, Einfluss gewinnen und andere überzeugen kann. Zum Beispiel: Gib den Menschen ehrliche und aufrichtige Wertschätzung; Interessiere dich ernsthaft für andere Menschen; Höre gut zu und ermutige andere, über sich zu erzählen. Für Manson waren besonders zwei Punkte wichtig: „Rede darüber, was der andere will, und zeige ihm, wie er es bekommen kann" und „Lass den anderen denken, dass es seine Idee war" – Carnegie dachte bei diesen Techniken an einen positiv geprägten sozialen Umgang; für Manson waren sie jedoch ein gefundenes Fressen, wenn es um die Frage ging, wie man andere Menschen manipulieren kann.

Als er schließlich 1958 im Alter von 24 Jahren aus dem Gefängnis entlassen wurde, versuchte er sich auch gleich in der Zuhälterei. Doch besonders lange ging das nicht gut. Wegen Scheckbetrugs und Zuhälterei wurde er nur drei Jahre später wieder verhaftet, diesmal zu zehn Jahren Haft. Während dieser Zeit vertiefte er nicht nur seine Dale-Carnegie-Studien, sondern kam auch mit Scientology in Kontakt, weil einige seiner Mithäftlinge Anhänger von Scientology waren. Damals war Scientology noch recht neu, das Buch „Dianetik" erschien nur wenige Jahre zuvor im Jahr 1950.

In dieser Phase wurde er auch zum großen Fan der Beatles, die während seiner Haftzeit weltbekannt wurden. Mithäftlinge erzählten, dass Manson regelrecht besessen von den Beatles gewesen sei. Dabei ging es ihm nicht nur um die Musik, sondern vor allem auch um den Superstar-Status, den die Band zu dieser Zeit erlangte. Als jemand, der nie den Respekt und die Bewunderung erhalten hatte, die er aus seiner Sicht verdient hatte, war es für ihn besonders beeindruckend, wie viel Einfluss die Beatles auf Millionen Menschen hatten. Man kann wohl sagen, dass diese Phase in ihm das unauslöschbare Verlangen weckte, einen ähnlichen Status wie die Beatles zu erlangen.

1967 wurde er vorzeitig entlassen, und Charles zog es anschließend nach San Francisco. Sein Ziel war klar: Er wollte den Beatles nacheifern und ein weltbekannter Musikstar werden. Dort, an der Westküste Kaliforniens, traf er auf eine Hippie-Kultur, deren Grundstimmung ihm entgegenkam und die er auszunutzen wusste. Psychedelische Drogen, freie Liebe, die Suche nach gesellschaftlichen Veränderungen und neuen Führungsfiguren waren der optimale Nährboden für Charles Manson, um damit zu beginnen, Anhänger*innen um sich zu scharen.

Absolute Hörigkeit: Die Manson Family formiert sich

Auf diesem fruchtbaren Boden entstand nun die Gruppe um Charles Manson, die sich selbst erst einmal nur „The Family" nannte – von anderen wurde sie oft als „The Manson Family" bezeichnet. Zu seinen Anhänger*innen zählten vor allem junge Frauen. Die Anzahl variierte stark, es herrschte zu der meisten Zeit ein Kommen und Gehen, es gab wohl einen festen Kern von rund 20 Personen.

Manson nutzte seine Fähigkeiten, die er sich im Gefängnis angelesen hatte. Er verstand es wie kaum ein Zweiter, seine Jünger an sich zu binden. Er zeigte ihnen Wertschätzung, er gab ihnen das Gefühl, wichtig und wertvoll zu sein. Er schenkte ihnen seine Aufmerksamkeit. All das hatte einen hohen Wert für die, die Manson anhingen: Viele kamen wie Manson selbst aus zerbrochenen Familien und zerrütteten Verhältnissen. Manson verlangte von seinen Mitgliedern, sich ihm voll und ganz zu unterwerfen, er führte seine „Family" sehr autoritär. Auch Drogen spielten eine wichtige Rolle, immer wieder machte er seine Anhänger*innen mittels LSD oder anderer Drogen gefügig. Er war es, der in der Gruppe die Entscheidungen traf – bis zum intimsten Leben. Manson legte fest, wer mit wem Sex haben durfte und wann welche Frau mit ihm schlafen *musste*. Es war ein kleines, aber festes System der totalen Kontrolle. Frauen waren für ihn Dienerinnen der Männer, eine andere Funktion, als zu tun, was man ihnen sagte, hatten sie für Manson nicht.

Dennoch gab es einen großen Andrang auf die Manson Family. Manson musste wohl zeitweise sogar losen, wer bei ihm bleiben durfte, weil es zu viele waren. Dies schuf natürlich den Eindruck, dass man zu einem elitären Kreis von Auserwählten gehörte. Manson wollte nur diejenigen, die ihm hörig waren, alles taten, was er wollte, und ihn nicht hinterfragten. Das führte zu einer Art „Selbstreinigung" in der Gruppe. Er ließ gnadenlos die fallen, die seine Autorität hinterfragten – potenzielle Nachfolger*innen gab es ja genug. Er wollte nur die, die ihn kritiklos akzeptierten.

Charles Manson war ein übler Rassist und Antisemit. Als Mitglieder der Gruppe wurden grundsätzlich nur *weiße* Menschen akzeptiert, das Hören von sogenannter „N****musik" war strikt verboten. Auf Bildern ist zu sehen, dass Manson sich ein Hakenkreuz auf die Stirn eingeritzt hatte, was wohl während des späteren Gerichtsverfahrens geschah. Manson war auch ein glühender Verehrer von Adolf Hitler. Er war der Ansicht, Hitler habe das „Karma der Juden ausgeglichen".

Im August 1968 zogen alle Mitglieder der Family auf die sogenannte „Spahn Ranch". Die Ranch war ein ehemaliges Set für Westernfilme und Fernsehproduktionen. Die Family konnte dort umsonst leben. Zum einen, weil sie bei der Instandhaltung der Ranch mithalfen, und zum anderen, weil Manson einigen weiblichen Mitgliedern der Family befahl, immer mal wieder mit dem 80-jährigen Besitzer George Spahn Sex zu haben.

Manson, der rassistische Beatles-Prophet

Was sich bis zu dieser Stelle nun bereits zeigt, ist: Sektenhafte und hochproblematische Gruppen entstehen nicht unbedingt aus dem ideologischen Überbau, den sie haben. Bei der Manson Family spielten andere Faktoren eine Rolle, insbesondere die Person Manson selbst. Der ideologische Überbau war Beiwerk. So liegt auch die Bewertung dieses Falles in diesem Bereich. Viele gehen davon aus, dass Manson im Prinzip nur ein Betrüger war, ein Schwerverbrecher, dem es um die Kontrolle über andere Menschen und die Anerkennung von anderen ging, um seinen Narzissmus zu befriedigen.

Dennoch gab es einen rassistisch-ideologischen Überbau, und er trug nicht unwesentlich dazu bei, dass am Ende Menschen starben, weil Manson es wollte. Charles Manson verstand sich durchaus als eine Art Prophet und nutzte seine Prophezeiungen, um seine Anhänger*innen stärker an sich zu binden. Er prophezeite einen kommenden „Rassenkrieg“, den er nach einem Beatles-Song „Helter Skelter“ nannte. Er kündigte an, dass im Jahr 1969 in Amerika Schwarze Menschen rebellieren und die *weiße* Oberschicht in Amerika brutal ermorden würden. Darüber würde dann ein Rassenkrieg ausbrechen, den die Schwarzen gewinnen und alle *weißen* Menschen ermorden würden. Es gab nur einen Weg, das zu überleben: Man müsse sich ihm und seiner Family anschließen. Er war in seinem verqueren Weltbild der Ansicht, dass die Schwarzen Menschen unfähig seien, sich selbst zu führen. Nachdem sie also alle *weißen* Menschen ausgelöscht hätten, würden sie aus ihrer Not heraus irgendwann ihn (und damit auch seine Anhänger*innen) zu ihrem Anführer wählen. Überleben wollte er mit seiner Family, indem er sich während des „Rassenkrieges" in einer angeblichen Höhle unter dem Death Valley versteckt hielt.

Es ist dieser „Rassenkrieg", der eine grundlegende Motivation für die durchgeführten Morde war. Denn: Natürlich passierte 1969 in dieser Hinsicht nichts. Es brach kein „Helter Skelter" aus. Das führte dazu, dass Manson meinte, dass die Schwarzen den Aufstand einfach nicht fertiggebracht hätten und Hilfe bräuchten. Dadurch, dass die Manson Family dann später gezielt weiße Reiche ermordete, erhoffte er sich, den von ihm gewünschten Krieg auszulösen.

Manson war, so kann man ihn glaube ich bezeichnen, ein „Beatles-Prophet". Seine Ideologie lässt sich zu einem guten Teil auf Beatles-Songs zurückführen oder mit ihnen verdeutlichen. Eine besondere Rolle spielte dabei das „White Album", das im November 1968 erschienen war. Die Beatles sah er als Verbündete an. Er glaubte, sie seien auf seiner Seite und sangen nur über das, was er schon lange prophezeite. Das zeigt auch, wie verdreht seine Selbstwahrnehmung war: Er sah sich nicht als den kleinen Hippie-Prediger, der er nun einmal war. Er sah sich als jemand, dessen Prophezeiungen sogar Weltstars ein Album widmen.

Schauen wir auf zwei Beispiele, auch um einen Eindruck dafür zu gewinnen, wie weit hergeholt Mansons „Interpretationen" sind. Im Lied „Honey Pie" singen die Beatles: *„Oh, honey pie, my position is tragic / Come and show me the magic / Of your Hollywood song."* Manson deutete diese Zeilen so: Die Beatles wüssten, dass Jesus Christus wieder auf der Erde sei und er sich in Hollywood befinde. Er selbst, so glaubte Manson, sei Jesus, auf den hier Bezug genommen würde. Er verstand das also als Beweis dafür, dass die Beatles ihn als Jesus anerkennen und in ihrer Musik das verkünden würden, was er lehrte.

Im Lied „Piggies“ auf dem White Album heißt es in einer Liedzeile: *„What they need's a damn good whacking“*. „They“ beziehe sich dabei, so Manson, auf die „Piggies“, unter denen er das *weiße* Establishment verstand. Er interpretierte da also rein: Die Schwarzen Menschen würden den *weißen* Menschen ganz im Sinne seiner „Helter Skelter“-Prophezeiung im wahrsten Sinne die Hölle heißmachen. An den Manson-Tatorten wurde später auch das Wort „Pig“ in Blut geschrieben gefunden – es bezieht sich genau auf diese Vorstellung.

Manson hat das im November 1968 erschienene Album immer wieder gehört und ganz in seinem Sinne gedeutet. Die Superstars sah er als Verbündete an. Anfang 1969 versuchte er sogar, Briefkontakt mit der Band aufzunehmen, um sie zu überzeugen, sich ihm anzuschließen und mit an den geheimen Ort unter dem Death Valley zu kommen. Er wollte, dass sie den kommenden Rassenkrieg überleben würden.

Eine wichtige Rolle in seinem Weltbild spielte auch ein Kapitel aus dem biblischen Buch der Offenbarung und einzelne wenige Verse aus anderen Kapiteln der Offenbarung. Die ehemaligen Manson-Family-Mitglieder Tex Watson und Paul Watkins berichten später in autobiografischen Berichten, dass Manson oft stundenlang Verse aus diesem Kapitel der Bibel ausgelegt habe, auch wenn die Bibel ansonsten keinerlei Rolle für ihn gespielt habe. Man habe als Family-Mitglied auch einfach gewusst, dass Manson mit Jesus Christus identisch sei, denn er habe sich selbst als Jesus und Satan in einer Person bezeichnet. Es wird auch berichtet, dass er sich für die Reinkarnation des weltbekannten Okkultisten Aleister Crowley hielt. Auch hier zeigt sich wieder: All das ist ziemlich wirr und undurchschaubar.

Um auch hier ein Beispiel zu bringen, auf welchem Niveau sich Mansons Auslegungen der biblischen Verse bewegten, möchte ich kurz aus Offb 9, V. 2–3 zitieren: *„Und er tat den Brunnen* *des Abgrunds auf, und es stieg Rauch empor aus dem Brunnen wie der Rauch eines großen Ofens, und es wurden verfinstert die Sonne und die Luft von dem Rauch des Brunnens. Und aus dem Rauch kamen Heuschrecken auf die Erde, und ihnen wurde Macht gegeben, wie die Skorpione auf Erden Macht haben.“* Die Heuschrecken waren für Manson die Beatles, denn: einige Verse später steht (in der englischen Bibelübersetzung), dass die Heuschrecken „Gesichter wie Männer“ haben und „Haare wie Frauen“. Er schloss also vom Erscheinungsbild der Beatles auf diese Identifikation. Er selbst, vom Sternzeichen Skorpion, identifizierte sich mit denen, die Macht auf der Erde haben. Und der „Brunnen des Abgrunds“ war für ihn besagte Höhle unter dem Death Valley: der Ort, an dem die Manson Family nicht nur „Helter Skelter“ überleben, sondern anschließend auch aufsteigen würde, um Macht über die Erde auszuüben. Alleine diese Art der Bibelauslegung zeigt, wie willkürlich und wirr Manson hier vorgegangen ist – außerhalb seines Weltbildes macht all das überhaupt keinen Sinn. Es zeigt auch, dass für Manson die Beatles und die Offenbarung eng verwoben waren, er verstand die Beatles als göttliche Boten, die in ihren Texten prophetische Botschaften vermitteln, die Charles Manson nun entschlüsselt – weil es andersherum wieder Botschaften waren, die er selbst bereits verkündete.

Man kann sich – zu Recht – fragen, inwieweit Manson von alldem tatsächlich überzeugt war. War er vielleicht nur ein klassischer Betrüger, der den Leuten irgendwas erzählt hat – Hauptsache, er konnte sie kontrollieren? Auf den ersten Blick wirkt alles, was er so von sich gab, in der Tat sehr oberflächlich und nicht sonderlich tiefsinnig. Dennoch wäre ich zurückhaltend bei der Frage, inwieweit er das selbst geglaubt hat. Es gibt auch heutzutage krude Verschwörungsmythen, von denen Menschen tatsächlich überzeugt sind, andere aber gar nicht glauben können, dass jemand ernsthaft daran festhalten würde. Es steht außer Frage, dass Manson nach allem, was man von ihm weiß, vor allem davon getrieben war, Macht über Menschen auszuüben. Wenn man sich aber Interviews mit ihm anschaut, dann bekommt man den Eindruck von einem eher verwirrten Mann, bei dem man sich durchaus vorstellen kann, dass er solche Sachen zumindest bis zu einem gewissen Grad wirklich geglaubt hat. Letztlich waren aber sicherlich die entscheidenden Faktoren psychologische: seine Fähigkeit, andere Menschen emotional zu manipulieren, sein völlig ins Extreme übersteigerter Narzissmus. Und sein stetiges Bedürfnis nach Bestätigung, wenn ihm beispielsweise seine Anhänger*innen ständig erklären mussten, dass sie alles für ihn tun würden. Und dass sie dazu bereit waren, bewiesen sie in einer kurzen, aber dafür umso brutaleren Mordserie.

„Helter Skelter" kommt

Das Jahr 1969 kam – und nichts passierte. Der von Manson prophezeite „Rassenkrieg" trat nicht ein. Manson wollte die Sache schließlich selbst in die Hand nehmen: Er glaubte, die Schwarzen würden es nicht auf die Reihe kriegen, sich gegen die *weißen* Menschen aufzustemmen und sie zu ermorden. Seiner Ansicht nach brauchte es also eine Art Initialzündung, die schließlich dazu führen sollte, dass „Helter Skelter" ausgelöst wurde. Dafür plante er, privilegierte *weiße* Reiche zu ermorden, um solch einen Konflikt herbeizuführen.

Eine erste Eskalation ereignete sich am 1. Juli 1969. Das Opfer war jedoch niemand aus der *weißen* Oberschicht, sondern ein schwarzer Drogendealer namens Bernard Crowe, der gedroht hatte, alle Mitglieder der Family umzubringen, nachdem er von ihnen finanziell hintergangen wurde. Charles Manson sah sich gezwungen, diese Gefahr aus der Welt zu schaffen, und marschierte in dessen Apartment, um den Mann niederzuschießen. Er nahm an, ihn getötet zu haben, aber Crowe überlebte die Attacke. Manson glaubte, dieser Mord, der keiner war, würde eine Vergeltungsaktion der „Black Panther Party" nach sich ziehen, einer sozialistischen Bürgerrechtsbewegung Schwarzer Nationalisten. Er verschanzte sich deshalb mit seiner Family auf der Spahn Ranch. Er ordnete Rund-um-die-Uhr-Patrouillen an und begann, die Ranch wie eine Festung zu sichern. Manson vermittelte seinen Anhänger*innen das Framing: Diese Situation war für sie ein Beweis dafür, dass „Helter Skelter" unmittelbar bevorstand.

Dann folgte der erste tatsächliche Mord der Manson Family. Er hatte noch nichts mit dem Herbeiführen des „Rassenkrieges" zu tun, vielmehr ging es um Geld. Das Opfer war Gary Hinman, ein Musiklehrer. Manson dachte, Hinman hätte Geld geerbt, und schickte drei seiner Anhänger*innen zu ihm: Bobby Beausoleil, Susan Atkins und Mary Brunner. Sie sollten ihn überreden, der Family das Geld zu überlassen. Als er das nicht tat, hielten sie ihn in seinem Haus gefangen, um ihn dazu zu bringen, das Geld zu übergeben. Nach zwei Tagen ordnete Manson dann an, Hinman umzubringen. Am 27. Juli 1969 griff Bobby zum Messer und ermordete Hinman. Die Mördertruppe schrieb anschließend mit Hinmans Blut „Political Piggy" an die Wand und hinterließ außerdem eine Panthertatze – das Symbol der „Black Panther Party". Auch wenn der Mord also aus finanziellen Motiven geschah, ist die Intention deutlich: Man wollte den Mord in einen politischen Kontext stellen und die Schuldigen klar benennen.

Der Mörder Bobby Beausoleil wurde am 6. August 1969 festgenommen, weil er mit dem gestohlenen Auto von Hinman durch die Gegend fuhr. Darin lag dummerweise auch noch die Tatwaffe. Nach der Festnahme seines Jüngers war für Manson nun klar, dass die Luft dünner wurde. Es war die Zeit gekommen, „Helter Skelter" einzuläuten. Und das geschah zwei Tage später, am 8. August 1969.

Manson befahl seinen Anhänger*innen in der Nacht vom 8. auf den 9. August, in eine Villa zu gehen. Es war die Villa eines Musikproduzenten namens Terry Melcher – auf ihn war Manson sauer, weil er ihm zuvor einen Plattenvertrag verweigert hatte. Allerdings lebte Melcher zu dieser Zeit nicht mehr in diesem Haus, es war inzwischen das Haus des Regisseurs Roman Polański. Polański lebte dort mit seiner hochschwangeren Frau Sharon Tate. Polański selbst war zu dieser Zeit gerade für Dreharbeiten in Europa unterwegs. Seine Frau hatte ihn zwar begleitet, war aber einige Wochen früher zurückgereist. Manson hatte seinen Anhänger*innen befohlen, alle, die dort im Haus waren, möglichst grausam zu vernichten, und seine Jünger Tex Watson, Susan Atkins, Patricia Krenwinkel und Linda Kasabian taten genau dies.

Sharon Tate war zuvor mit drei Freunden nach einem üppigen Abendessen in ihr Haus zurückgekehrt. Sie hatten keine Chance. Die Eindringlinge zwangen sie, sich im Wohnzimmer zu versammeln, fesselten sie und schlugen sofort jeglichen Widerstand nieder. Dann begann ein Mordrausch. Mit Messern töteten sie alle Anwesenden. Besonders grausam war der Tod von Sharon Tate und ihrem ungeborenen Kind. Sie bat noch darum, wenigstens so lange am Leben bleiben zu dürfen, bis ihr Baby geboren war, aber das verweigerten ihr die Manson-Anhänger. Mit 16 Messerstichen wurde die Frau entweder von Susan Atkins oder Tex Watson ermordet. Die späteren Aussagen sind unterschiedlich: Zuerst sagte Susan Atkins, sie hätte Tate ermordet. Später dann gab sie an, Watson habe sie erstochen. Watson wiederum sagte, er habe sie erstochen. Es ist unklar, welche Version letztlich stimmt. In einem Interview, das Susan Atkins sieben Jahre nach den Taten gab, beschrieb sie Ausschnitte der Tatnacht. Zu dieser Zeit behauptete sie bereits, dass Watson die Menschen in der Tate-Polański-Villa getötet habe.

Insgesamt ermordete die Family in dieser Nacht sechs Menschen: Sharon Tate und ihr ungeborenes Baby, ihren Bekannten Jay Sebring, Polańskis Freund Wojciech Frykowski und dessen Lebensgefährtin Abigail Folger und Steven Parent, der ein Freund des Hausmeisters der Villa und zufällig gerade zu Besuch war. Ausgeführt wurden die Morde von dreien der vier Manson-Family-Mitglieder, die vor Ort waren. Eine der Frauen, Linda Kasabian, sollte draußen Wache halten. Als sie schließlich mitbekam, was drinnen passierte, rannte sie ins Haus und sagte den anderen, sie müssten stoppen, da weitere Personen kämen. Offensichtlich versuchte sie, die anderen noch aufzuhalten. Es war jedoch zu spät. Bevor die Mörder die Villa verließen, schrieb Susan Atkins dann mit Blut „Pig" an die Haustür – ebenfalls auf Befehl von Manson, der gesagt hatte, sie sollten ein Zeichen hinterlassen.

Die Morde erregten in den darauffolgenden Tagen eine enorme Aufmerksamkeit, nicht nur, aber vor allem in den USA. Zunächst tappte die Polizei im Dunkeln, es gab keine Anhaltspunkte dafür, wer die Morde begangen hatte. Manson hingegen war davon überzeugt, dass er weitermachen musste – er wollte schließlich den großen Endkampf provozieren. In der folgenden Nacht ging Manson dann mit sechs seiner Anhänger*innen, darunter die vier, die die vorherige Tat begangen hatten, zum Haus des Supermarkt-Managers Leno LaBianca und dessen Frau Rosemary. Manson war diesmal persönlich anwesend, ging auch mit in das Haus. Nachdem er den Befehl ausgesprochen hatte, die beiden zu fesseln und zu töten, verließ er den Tatort. Die Mörder schritten erneut zur Tat: Sie massakrierten das Paar ebenso grausam wie in der Nacht zuvor die Anwesenden in der Tate-Polański-Villa. Auch hier hinterließen sie anschließend Botschaften aus Blut: „Helter Skelter", „Rise" (= „Aufstand") und „Death to pigs". Leno LaBianca wurde zudem das Wort „War" in den Bauch geritzt.

Auch hier konnten die Mörder*innen entkommen, die Leichen des Ehepaares wurden erst rund 19 Stunden nach der Tat entdeckt. Eine Verbindung zu den Morden in der Nacht zuvor stellten die ermittelnden Behörden zunächst nicht her. Es mutet fast kurios an, dass es nur sechs Tage nach diesen letzten Morden eine Durchsuchung auf der Spahn Ranch gab und alle Mitglieder der Manson Family festgenommen wurden – allerdings wurden sie wieder auf freien Fuß gesetzt. Die Durchsuchungen und Festnahmen fanden nämlich nicht wegen der Morde statt, sondern im Zusammenhang mit Ermittlungen zu Autodiebstählen. Wegen eines formalen Fehlers – auf dem Untersuchungsbefehl war ein falsches Datum angegeben – musste die Family wieder freigelassen werden.

Von der Spahn Ranch verabschiedete sich Mansons Sekte anschließend und zog auf ein anderes Gelände im Death Valley. Rund zwei Monate später, am 12. Oktober 1969, wurden sie dann wieder verhaftet – erneut nicht wegen der Morde, sondern diesmal wegen Brandstiftung, weil sie eine Baumaschine angezündet hatten. Nun verplapperte sich jedoch Susan Atkins in der Untersuchungshaft. Sie prahlte vor Mithäftlingen mit ihrer Beteiligung an den Morden. Und das erst brachte für die Polizei den Durchbruch in den Ermittlungen – sie hatte endlich ihre Mörderbande gefunden.

Wenn Manson in den Medien als „Serienmörder" betitelt wird, ist das nicht ganz korrekt. Manson selbst hat – soweit wir wissen – nie einen Menschen getötet. Das einzige dieser Verbrechen, bei dem Manson selbst versucht hat zu morden, war die Attacke auf den Drogendealer Crowe – ansonsten hat er sich im Hintergrund gehalten oder den Tatort vor den Taten verlassen. Es sollte aber deutlich geworden sein: Die Rolle, die er bei den Taten gespielt hat, ist nicht weniger bedeutend. Nur weil er nicht selbst Hand angelegt hat, ist er nicht weniger verantwortlich.

Das Verfahren

1970 begann das Verfahren gegen Mitglieder der Manson Family. Vor Gericht mussten sich wegen der Morde Charles Manson, Susan Atkins, Patricia Krenwinkel und Leslie Van Houten verantworten. Tex Watson wurde in einem separaten Verfahren angeklagt, weil sich seine Anwälte dadurch Vorteile versprachen. Letztlich half das aber nichts, sie alle bekamen die Höchststrafe. Alle fünf Angeklagten der Family wurden zum Tode in der Gaskammer verurteilt.

Hingerichtet wurde aber keiner und keine von ihnen, da im Jahr 1972 die Todesstrafe in Kalifornien als verfassungswidrig erklärt wurde. Daraufhin wurden alle Urteile in lebenslänglich umgewandelt. In den Jahren danach wurde die Todesstrafe zwar wieder eingeführt, aber die lebenslangen Urteile blieben bestehen.

Was ist mit den Verurteilten schließlich passiert? Susan Atkins starb am 24. September 2009 in Haft an einem Hirntumor. Patricia Krenwinkel sitzt bis heute in Haft, mehrfache Gesuche auf Bewährung wurden abgelehnt. Seit dem Tod von Atkins ist sie die am längsten einsitzende Gefängnisinsassin der Vereinigten Staaten. Tex Watson lebt ebenfalls noch, auch er sitzt noch in Haft – und auch ihm wurden bisher jegliche Gesuche auf Bewährung verwehrt.

Leslie Van Houten ist inzwischen auf freiem Fuß: Am 30. Mai 2023 kassierte ein Berufungsgericht in Los Angeles die Entscheidung von Gouverneur Newsom, der ihr die Bewährung (nach mehrfachen vorhergehenden Versuchen) erneut verweigerte. So wurde Van Houten zum ersten Mitglied der Gruppe, dem die Bewährung gewährt wurde. Am 11. Juli 2023 wurde sie dann unter Auflagen aus der Haft entlassen. Inzwischen haben sich alle von ihrer Zeit in der Manson Family abgekehrt. Sie zeigten in den Berufungsverfahren immer wieder Reue über ihre Taten und baten um Vergebung.

Charles Manson selbst litt unter zunehmend schlechter Gesundheit. Er wurde im Januar 2017 aus der Haft heraus wegen Magenblutungen in einem Krankenhaus behandelt. Nach wenigen Tagen wurde er wieder auf seine Zelle gebracht. Doch noch im selben Jahr musste er erneut in die Klinik, und diesmal kehrte er nicht mehr zurück: Er starb am 19. November 2017 im Alter von 83 Jahren an den Folgen von Darmkrebs.

Was war da los?

Die Manson Family war eine äußerst brutale und skrupellose Gruppe. Interessant ist, dass man hier starke sektenhafte Strukturen findet – aber ohne einen fixen ideologischen Überbau. Natürlich gab es die Vision vom „Helter Skelter" – und das hatte sicherlich einen gewissen Effekt. Es gab ein unbedingtes Ziel, eine Vision, auf die Manson hingearbeitet hat. Aber abgesehen davon scheint es tatsächlich so, als wäre Mansons Ideologie im Großen und Ganzen ziemlich wirr und ungefestigt gewesen. Manson als Jesus, Manson als Satan: Man merkt, dass da Drogen im Spiel waren.

Die einzelnen Verse aus der Offenbarung dienten oberflächlich dazu, Mansons sehr krude Thesen zu untermauern und das Ganze mit seinem Beatles-Wahn zu vermengen. Charles Manson war vor allem ein Beatles-Prophet. Wenn man sich Interviews von Charles Manson anschaut, merkt man, dass er sich vor allem selbst inszenieren wollte. Fatal war also hier nicht eine bestimmte Weltanschauung, sondern Manson selbst, der eine enorme Anziehungskraft auf seine Anhänger*innen ausübte und sie mit seinen wirren Thesen vom Rassenkrieg genau dahin brachte, wo er sie haben wollte. Dass sie alles für ihn tun und bis zum Äußersten gehen. Man kann in dieser Erzählung viel auf einen Punkt herunterbrechen: Es ging Manson schlicht darum, uneingeschränkte und tödliche Macht über Menschen zu haben.

Geschafft hat er das vor allem auch mit Mechanismen, die man in Abstufungen in sektenhaften Gruppierungen findet: Er hat ein System der totalen Kontrolle und Demütigung aufgebaut, verbunden mit einer Selbstreinigung der Gruppe. Diejenigen, die sich diesem System nicht gefügt haben, wurden von ihm fallen gelassen, er entzog ihnen seine Zuneigung. Das führte auch zu einer hohen Fluktuation – es blieben am Ende nur die, die ihm wirklich völlig hörig waren.

Und natürlich lässt sich eines nicht abstreiten: Manson hat sich unsterblich gemacht, so traurig das ist. Er hat am Ende das erreicht, was er immer erreichen wollte – wenn auch auf eine etwas andere Art. Er ist nicht als Rockstar in die Geschichte eingegangen, sondern wurde durch seine Taten zur düsteren Ikone der Popkultur, die bis heute durch ihre Taten Faszination und Schrecken auslöst.

PEOPLES TEMPLE: DIE HÖLLE IM PARADIES?

Am 18. November 1978 fielen Schüsse auf dem Rollfeld des kleinen Flughafens Port Kaituma in Guyana, einem kleinen Land östlich von Venezuela. Es war jener Moment, der eine Tragödie unfassbaren Ausmaßes besiegelte: Mitglieder einer Gemeinschaft namens „Peoples Temple“ eröffneten das Feuer auf die Delegation des US-Kongressabgeordneten Leo Ryan, der kurz zuvor die Kommune der Gruppe namens Jonestown besucht hatte. Er wollte zurück in die Heimat reisen – zusammen mit einigen Mitgliedern, die die Gruppierung verlassen wollten. Fünf Menschen starben bei dieser Attacke: der Kongressabgeordnete selbst, drei Journalisten und ein ehemaliges Peoples-Temple-Mitglied.

Der Tod eines US-Abgeordneten verbreitete sich wie ein Lauffeuer. Schnell waren die Sicherheitsbehörden des südamerikanischen Landes informiert. Sie machten sich auf den Weg nach Jonestown, benötigten allerdings einen Tag Zeit, bis sie das abgelegene Grundstück der Kommune wenige Kilometer von der Grenze Venezuelas entfernt erreichten. Was sie dort vorfanden, wird Peoples Temple – bis heute – zu einer weltbekannten Gruppierung machen: Hunderte Leichen stapelten sich dort. Frauen, Kinder, alte Menschen. Sie lagen auf dem Boden, überall verteilt. Gestorben waren sie, weil sie ein tödliches Gemisch aus Grapefruit-Getränkepulver, Zyanid und Valium getrunken haben.

Die anfänglichen Zahlen, die um die Welt gingen, waren bereits schockierend genug: 400 Menschen sollen gestorben sein. Doch was sich bei den grauenvollen Bergungsarbeiten in den kommenden Tagen zeigte, sprengte jede Vorstellungskraft. Die Zahl stieg immer weiter. Am Ende lautet die traurige Bilanz: 909 Menschen starben am 18. November 1978 in Jonestown. Darunter waren mehr als 300 Kinder oder Minderjährige. Fast alle von ihnen waren US-Bürger. Abgesehen vom 11. September 2001 haben bis zum heutigen Tag noch nie mehr US-Amerikaner auf einmal in einer gezielten und bewussten Aktion ihr Leben verloren.

Was die ermittelnden Behörden in Jonestown entdeckten, war das tragische Ende einer Bewegung, die das Paradies auf Erden errichten wollte. Geleitet und befohlen wurde die Tötung all dieser Menschen von Jim Jones, dem Anführer der kommunistischen Sekte Peoples Temple. Was genau am 18. November geschah, wie der Tag verlief und wie er mit dem Tod des Kongressabgeordneten Leo Ryan auf dem Rollfeld des Flughafen zusammenhängt, das kristallisierte sich erst nach und nach bei umfangreichen Ermittlungen heraus.

Die Geschichte von Peoples Temple ist eine der tragischsten Erzählungen, die die Welt der sogenannten Sekten bislang hervorgebracht hat. Es ist der Fall, der mit über 900 Menschenleben die meisten Todesopfer im direkten Zusammenhang mit einer sogenannten Sekte forderte. Häufig ist in Medien von einem „Massenselbstmord" die Rede. Doch wer sich genauer mit dem tödlichen Ende der Gruppe um den Prediger Jim Jones auseinandersetzt, merkt schnell: Von Selbstmord kann höchstens in einigen Fällen die Rede sein.

Gerechtigkeit für alle

Um zu verstehen, was passiert ist, müssen wir uns anschauen, was Peoples Temple („Volkstempel") für eine Gruppe war. Zu Beginn war es eine unscheinbare Bewegung. Ausführlich nannte sich die Gruppe „The Peoples Temple of the Disciples of Christ" und wurde 1954 in Indianapolis (Indiana, USA) gegründet von einem reformiert-protestantischen Pastor namens Jim Jones – dem Mann, der 23 Jahre später für den Tod seiner über 900 Anhänger verantwortlich sein wird.

Jim Jones war ein Mensch, der sich für Gerechtigkeit einsetzte – für soziale Gerechtigkeit, für Gleichheit aller Menschen, gegen den Vietnamkrieg, für die Armen und Vernachlässigten. Auch außerhalb seiner Kirche war Jim Jones politisch aktiv und kämpfte für Menschenrechte; zudem war er politisch gut vernetzt. Die anfänglichen Lehren von Jones wären wohl zu einem großen Teil auch heute noch anschlussfähig – vielen seiner christlichen Prediger-Kollegen war er weit voraus, besonders was seinen Einsatz für soziale Gerechtigkeit anging.

Jones hatte von Anfang an einen schweren Stand: Er verstand sich selbst als Kommunist und bezeichnete sich auch öffentlich so. Es ist nicht schwer vorstellbar, dass dies in einem Amerika, das sich zu dieser Zeit mitten im Kalten Krieg mit der Sowjetunion befand, für viele verdächtig war.

Die Gleichheit aller Menschen stand für Jones und den Peoples Temple an erster Stelle. Das zeigte sich schon an Äußerlichkeiten: Die in anderen Gemeinden übliche Sonntagskleidung suchte man dort zum Beispiel vergeblich. Die Mitglieder seiner Kirche wurden gebeten, in legerer Kleidung zu den Gottesdiensten zu kommen, damit sich diejenigen, die sich keine teuren Anzüge oder Kleider leisten konnten, nicht benachteiligt fühlten. Insgesamt strahlte der Peoples Temple durch sein soziales Engagement in die Gesellschaft aus; Anhänger*innen der Gemeinschaft richteten Suppenküchen aus und engagierten sich unter anderem in der Obdachlosenhilfe. Rund die Hälfte der Mitglieder der Kirche waren Schwarze Menschen – auch das in Zeiten, als das alles andere als selbstverständlich war (um das einzuordnen: bis 1964 gab es in den USA eine „Rassentrennung" im zivilen Bereich). Selbst bis heute ist eine solche Durchmischung in manchen Gegenden der USA (leider) nicht selbstverständlich. Jones war hier – das muss man so deutlich sagen – ein Vorreiter seiner Zeit. Eine überlieferte Geschichte verdeutlicht das:

Jim Jones wurde einmal nach einem Kollaps versehentlich in den Abschnitt eines Krankenhauses eingeliefert, der eigentlich für Schwarze Menschen vorgesehen war. Als er verlegt werden sollte, weigerte er sich. Und schließlich, so erzählt man, half er sogar mit, die Betten der Schwarzen Patient*innen zu machen und ihre Bettpfannen zu leeren.

Man muss also ganz nüchtern festhalten: Die Peoples-Temple-Gemeinschaft der ersten Tage klingt gar nicht so schlecht. Jim Jones predigte zu dieser Zeit ein Christentum, das darauf ausgerichtet ist, Bedürftigen zu helfen, alle Menschen gleich zu behandeln und keine Unterschiede zu machen. Christliche Nächstenliebe at its best. Noch war nicht vorstellbar, dass aus dieser Gemeinschaft ein tödlicher Fanatismus erwachsen würde.

Mitte der 60er-Jahre zog Jones mit seiner Frau, seinen sieben adoptierten Kindern und mehreren Dutzend Anhänger*innen nach Nordkalifornien, nach Ukiah. Er hielt diese Gegend für besonders sicher bei einem drohenden Atomkrieg, den er fürchtete. Angesichts des Höhepunktes des Kalten Krieges mit der Kuba-Krise 1962 war diese Furcht auch in keiner Weise übertrieben – im Gegenteil, er war damit nicht alleine. Von Ukiah aus breitete sich die Gruppe später weiter aus, in die Küstenstädte Los Angeles und San Francisco. Insbesondere in San Francisco war die Gruppe besonders aktiv und expandierte durch ihr soziales Engagement schnell. Genaue Zahlen gibt es nicht, aber man schätzt im Nachgang die Zahl der festen Anhänger*innen im Jahr 1973 an mehreren Orten in Kalifornien zusammengenommen auf rund 7500. Die Anzahl derer, die Gottesdienste besuchten, war jedoch deutlich höher. Bis zu 20000 Personen sollen insgesamt wöchentlich die Gottesdienste von Peoples Temple besucht haben.

Dabei war die soziale Lehre nicht das Einzige, was die Menschen begeisterte. Es war auch Jim Jones selbst, der charismatische

Führer, der sich volksnah gab, stets auf die Belange seiner Anhänger*innen einging und als sehr einfühlsamer Mensch beschrieben wurde. Menschen, die ihm begegneten und seine besondere Ausstrahlung zu spüren bekamen, berichteten, sie hätten das Gefühl gehabt, die einzigen Personen im Raum zu sein, wenn er sich ihnen zuwandte. Ehemalige Anhänger*innen beschreiben, wie er ihnen wiederholt das Gefühl gab, wichtig und unersetzbar zu sein.

Jones war zudem ein ausgezeichneter Redner, der die Menschen mitreißen konnte. In Tonbandaufnahmen, die man bis heute in Archiven nachhören kann, spürt man seinen Pathos und die Begeisterung derer, die ihm in seinen Predigten zujubelten. Zudem reklamierte er auch prophetische Fähigkeiten für sich. Immer wieder zeichnete er in seinen Predigten die Utopie von einer besseren Welt, von einer Welt, in der alle Menschen gleich sind und es keine Ungerechtigkeit und sozialen Lücken mehr gibt: Das war seine Vision vom christlichen Glauben.

Hinter den Kulissen

Die Fassade begann nach und nach zu bröckeln. Ein weiterer Faktor, mit dem Jones nämlich seine Anhänger*innen begeisterte, waren angebliche Heilungen durch Handauflegungen. Es gab schon frühzeitig Gerüchte, wie echt all das sei. Jones sah diese Gerüchte als Angriffe von Menschen, die dem Peoples Temple schaden wollten. Der Pastor forcierte durch seinen Predigtstil zunehmend eine „Uns gegen die"-Mentalität, die seine Anhänger*innen auf seiner Seite halten sollte. Auch wenn sich die Gläubigen nach wie vor sozial engagierten, so kapselte sich die Gruppe ideologisch immer mehr von der Gesellschaft ab. Jones forderte zunehmend, nur die Gemeinschaft als „wahre Familie" zu sehen – und nicht die „weltliche" Blutsverwandtschaft.

An dieser Stelle passt es dann auch gut, einmal kurz über das Geld zu reden: Peoples Temple war nämlich ziemlich reich, und das lag an genau dieser engen Bindung der Mitglieder an ihre Gemeinde. Nach der Tragödie von 1978 wurden umgerechnet auf heutige Verhältnisse rund acht Millionen Dollar gefunden, entweder auf Bankkonten oder in bar. Zusammengenommen mit den Immobilien und Investitionen der Gruppe kam man sogar auf mehr als 13 Millionen Dollar. Die Gemeinde finanzierte sich nicht nur aus klassischen Spenden. Viele Mitglieder überschrieben ihr gesamtes Hab und Gut dem Volkstempel. Die Mitglieder waren dadurch oft völlig abhängig von der Gemeinde. Denn wohin sollten sie noch gehen, wovon sollten sie leben, wenn sie ihr Hab und Gut dem Peoples Temple überschrieben hatten?

Der Druck auf Jim Jones stieg Mitte der 70er-Jahre noch mehr. Immer wieder berichteten ehemalige Mitglieder, dass sie regelrecht gezwungen worden seien, ihren Besitz dem Temple zu überschreiben – manche erzählten sogar davon, dass sie unter Druck gesetzt worden seien, das Sorgerecht an ihren eigenen Kindern zugunsten der Gemeinde abzugeben. Doch damit nicht genug: In den Vorwürfen ging es auch um körperliche Misshandlungen, emotionalen Missbrauch und sexualisierte Gewalt. Offenbar lag schon seit mehreren Jahren einiges im Argen, Jones nutzte seine Macht zur Ausbeutung und Misshandlung seiner Anhänger*innen aus. Schließlich konnte in zahlreichen Fällen nachgewiesen werden, dass die Heilungen tatsächlich von Jones inszeniert worden waren – mithilfe einfachster Taschenspielertricks oder engagierten Schauspielern, die Krankheiten vortäuschten.

Die Fassade bröckelte nun nicht mehr nur, sie stürzte ein. Es wurde offensichtlich, dass hinter den Kulissen einer sozial engagierten, vermeintlich positiven und lebensbejahenden Gemeinde ein System steckte, das Menschen körperlich und seelisch missbrauchte. An seiner Spitze: Jim Jones.

Medien griffen die Missstände bei Peoples Temple auf und kritisierten lautstark Jones und seine Kirche. Mit dem Druck stieg Jones' Paranoia, auch wenn heute von außen betrachtet nicht nachvollziehbar ist, ob es hier einen kausalen Zusammenhang gibt. Naheliegend wäre es in jedem Fall. Klar ist heute, dass sich der Prediger offenbar zunehmend mit diversen Substanzen aufgeputscht hat und zum Beispiel Amphetamine konsumierte. Jones bewegte sich in der Öffentlichkeit nur noch mit Bodyguards (das Attentat auf Martin Luther King im Jahr 1968 tat hier vermutlich sein Übriges hinzu).

Und dann bereitete Jim Jones die Flucht vor – der Druck wurde zu groß. Im Jahr 1974 kaufte Peoples Temple ein Grundstück tief im Dschungel von Guyana, einem kleinen südamerikanischen Land östlich von Venezuela. Es war das einzige Land Südamerikas, in dem Englisch offizielle Sprache war; offenbar war dies ein Hauptgrund, warum man diese Gegend wählte. Ungeachtet der Kritik hielt Jones an seiner Vision fest, eine Gemeinschaft zu erschaffen, in der alle Menschen gleich sind.

Dort, in den Tiefen des Dschungels, wollte er ein kleines sozialistisches Paradies errichten. Und so zogen schon früh einige Dutzend Mitglieder nach Guyana, um alles für die anderen vorzubereiten. Drei Jahre später kündigte eine große Zeitung weitere Enthüllungen über Peoples Temple an. Doch noch bevor diese erschienen, im Sommer 1977, verließ Jones mit rund 1 000 seiner Anhänger*innen das Land gen Guyana. „Jonestown", das seinen Mitgliedern paradiesische Zustände einer perfekten Welt versprach, war geboren.

Die Glaubenswelt von Jim Jones und Peoples Temple

An dieser Stelle lohnt es sich, einen Schnitt zu machen. Zur Geschichte von Peoples Temple gehört nämlich nicht nur die historische Entwicklung, sondern auch die im Weltbild – insbesondere in dem von Jim Jones. Zu Beginn war Jones ein Kämpfer für die

Menschenrechte. Er setzte sich für das Ende der Rassentrennung ein, engagierte sich gegen Armut und vertrat die Gleichheit aller Menschen. Das waren Faktoren, die die Menschen zu Peoples Temple zogen: Sie alle wollten eine gerechtere, sozialere – kurz: bessere – Welt.

Jim Jones war zwar ein christlich-baptistischer Pastor, aber er hatte sich im Prinzip innerlich schon recht früh von seinem Glauben verabschiedet. Schon bald diente die christliche Botschaft ihm vor allem dazu, die Menschen mit seinen politischen Ziele zu erreichen. Äußerlich vollzog sich ein Wandel, den man folgendermaßen beschreiben könnte: Zu Beginn eine kleine Kirche, dann wurde man zu einer (auch politisch) einflussreichen Organisation, und am Ende in Jonestown wollte man in einer kleinen Kommune die eigene Utopie leben. Parallel dazu lässt sich der Wandel in Jones' Lehre beschreiben: Anfangs spielte das Christentum und die christliche Lehre noch eine wichtige Rolle. Je größer die Gruppe wurde und je mächtiger Jim Jones wurde, desto mehr wandelte sich die religiöse Rhetorik zu politischer Rhetorik. Am Ende, in Jonestown, gab es wohl auch keine regelmäßigen Gottesdienste mehr – Jones hat die religiösen Bezüge weitgehend fallen lassen.

All das geht aus Predigten und Reden hervor, die Jones im Laufe der Zeit gehalten hat. Schon in Ukiah konnte man, wenn man genau hingehört hat, seinen Duktus nachvollziehen. In Predigten spricht er dort von der Religion als Opium fürs Volk, davon, dass er selbst in der Erscheinungsform der Religion gekommen sei, um die Menschen aus der Religion zu befreien, und davon, dass er die Wunder vollbringen wird, die Gott nicht vollbringt. Mit Letzterem bezieht er sich offenbar auf die inszenierten Heilungsveranstaltungen. Schließlich liefert er sogar eine Definition von Gott. Sie lautet unmissverständlich: *„Socialism is God"*.

Es scheint, als ob Jones selbst und die Gruppe seiner engsten Mitarbeitenden später an keinen Gott mehr geglaubt haben, sondern Atheist*innen oder Agnostiker*innen waren. Für sie lag das Heil in einem durch und durch verwirklichten Sozialismus. Jones glaubte, dass Menschen aus eigener Kraft dazu in der Lage seien, die Wirklichkeit so zu verändern, dass alle davon profitieren. Zu dieser Ansicht gelangte er auch über den Weg des Ur-Christentums: Es ging ihm um ein radikales Teilen, um gegenseitige Unterstützung in allen Belangen. Offiziell hat Jones die „christliche Fassade" deshalb nie fallen lassen – für viele Anhänger*innen war sie bis zum Schluss wichtig.

Eine einheitliche Theologie oder einheitliche Glaubenssätze der Gruppe sind schwer zu fassen, denn sie waren in der Gruppe selbst sehr unterschiedlich. Ältere Mitglieder hielten mehr an einem traditionellen, charismatisch geprägten Glauben fest. Jüngere hatten sich davon bereits mehr gelöst und waren eher wegen der sozialistischen Ansichten in der Gruppe. Peoples Temple vereinigte also ein breites Spektrum. Zudem gab es den eben skizzierten Wandel, der als verbindenden Faktor weniger einen konkreten Glaubenssatz, sondern vielmehr die Hoffnung auf ein besseres Leben im Hier und Jetzt hatte.

Don Beck, ein ehemaliges Mitglied von Peoples Temple, drückt dies folgendermaßen aus: „Wir nutzten die Religion als Ausgangspunkt. Als politisch und wirtschaftlich vorteilhaften Zwischenhalt, von dem aus wir versucht haben, einen radikalen Wandel in der sozialen Ordnung herbeizuführen: eine utopische sozialistische Gesellschaft zu errichten. Diese Gesellschaft sollte frei von den Ketten religiöser Doktrinen sein. [...] Die Theologie von Peoples Temple bestand darin, Theologie abzuschaffen. Das christliche Modell, das dem Ziel von Peoples Temple am nächsten käme, wäre ein Sozialismus, der sich auf die Apostelgeschichte stützt: Es werden alle Besitztümer verkauft, alles wird geteilt. Es sollte aber weit über die religiöse Grundlage hinausgehen. Wir glaubten an das Gute um des Guten willen, anstatt für eine

‚Erwartung' von Belohnung in einem himmlischen Jenseits zu arbeiten." Beck schreibt weiter, dass in der Gemeinschaft von Peoples Temple auch kein Jenseitsglaube vermittelt worden sei. Falls es Mitglieder gegeben habe, die an ein Leben nach dem Tod geglaubt hätten, dann seien das „Überbleibsel" ihrer Zeit vor dem Peoples Temple gewesen.

All das deckt sich mit den Predigten von Jim Jones. Er hat nie mit einem Jenseits getröstet, nie auf ein solches verwiesen – und auch der spätere Massen(selbst)mord wurde von ihm nicht damit begründet, dass in einem Jenseits alles besser sei.

Jonestown: Himmel auf Erden oder Hölle im Dschungel?

Kehren wir zurück zu Jonestown, der Kommune in Guyana. Dort entpuppte sich das vermeintliche sozialistische Paradies, das Jim Jones seinen rund 1 000 Anhänger*innen versprochen hatte, schnell als Enttäuschung. Denn der Alltag sah für die Peoples-Temple-Kommune dort alles andere als paradiesisch aus, auch wenn einige ehemalige Bewohner*innen, die den Ort vor der Katastrophe 1978 verlassen hatten, später sagten, sie hätten dort die beste Zeit ihres Lebens verbracht.

Viele andere, die aus der Kommune geflohen waren, beschreiben sie als „Gefängnislager". Jonestown war zwar weder bewacht noch eingezäunt, aber man braucht keine ausgeprägte Vorstellungskraft, um sich diesen Ort dennoch als Gefängnis auszumalen: Die Kommune lag mitten im Dschungel, völlig abgeschnitten von der Außenwelt. Eine Flucht war also ein schwieriges Unterfangen. Die abgeschottete Lage sorgte außerdem dafür, dass jeglicher Kontakt zur Außenwelt über Jim Jones und seine Führungstruppe laufen musste. Entsprechend waren auch die einkommenden Informationen gefiltert: Die Bewohner*innen erfuhren nur das, was Jim Jones wollte, das sie erfahren.

Fakt ist jedenfalls, dass das alltägliche Leben ziemlich anstrengend war. Die landwirtschaftliche Arbeit war hart, und bis zu zwölf Stunden täglich mussten die Mitglieder dort arbeiten. Auch dann war der Tag noch nicht vorbei: Anschließend gab es häufig Versammlungen in einem zentralen Pavillon, dort hielt Jim Jones lange Vorträge über Sozialismus und diskutierte mit seinen Mitgliedern darüber. Wobei: Diskutieren ist in diesem Fall ein Euphemismus, es handelte sich vielmehr um Indoktrination durch ständige Wiederholung der Thesen von Jones. Die „Diskussionen" sahen nämlich so aus, dass Jones seine Mitglieder zu bestimmten Fragen ins Kreuzfeuer nahm, um dann lange und ausführliche Monologe zu halten – immer gegen das kapitalistische Amerika, für die Sowjetunion und auch zum Beispiel Nordkorea. Auch während der täglichen harten Arbeit war die Stimme von Jim Jones allgegenwärtig: Über Lautsprecher wurden Lesungen von ihm – beispielsweise aus sozialistischen Schriften – auf dem gesamten Gelände übertragen.

Die Ernährung in Jonestown war ziemlich einseitig. Das Land in der Gegend, in der die Kommune lebte, war nicht besonders fruchtbar. An eine autarke Versorgung war nicht zu denken, zu essen gab es nur Reis, Bohnen, wenig Gemüse und an manchen seltenen Tagen auch Eier und etwas Fleisch. Immer wieder gab es in der Kommune auch Gesundheitsprobleme – die hygienischen Bedingungen waren miserabel. Im Februar 1978 zum Beispiel litt die Hälfte der Bewohner*innen nahezu gleichzeitig unter Durchfall.

Das Leben in Jonestown war nicht nur körperlich hart, Jones kannte auch keine Gnade bei der Disziplinierung seiner Anhänger*innen. Es gab verschiedene Arten der Bestrafung, wenn man sich nicht an die Regeln hielt – körperliche Schläge und Misshandlungen (insbesondere für Kinder und Jugendliche) waren nur ein Teil davon. Davon gibt es sogar bis heute Audioaufnahmen, die man nachhören kann. Weitere Strafen bestanden zum Beispiel darin, Mitglieder für einige Zeit in einen Sarg aus Sperrholz zu sperren. Kinder, die sich nicht an Vorgaben hielten, wurden zur Strafe über Nacht in einen dunklen Brunnenschacht gesperrt. Es gab zudem bewaffnete Wachen, die Tag und Nacht das Gebiet bewachten und dafür sorgten, dass Jones' Regeln eingehalten wurden.

Als ob das noch nicht genug wäre, führte Jones in regelmäßigen Abständen sogenannte „White Nights" durch – die Weißen Nächte. Und dabei handelte es sich, man kann es nicht anders sagen, um eine besonders üble Art von Psychoterror. Die „White Nights" waren – so wurde es von Jones in die Gruppe hinein kommuniziert – Katastrophenübungen. Von außen betrachtet kann man es nicht anders beschreiben als perfide Drills der Mitglieder. Jim Jones führte sie in den wenigen Jahren, in denen es Jonestown gab, vermutlich ein paar Dutzend Mal durch: immer dann, wenn der Prediger zum Beispiel wieder einmal verkündete, dass die akute Gefahr bestand, dass Regierungskräfte die Kommune stürmen würden.

Dann ging die Sirene los: Die gesamte Gemeinschaft musste sich im zentralen Pavillon versammeln. Jones stimmte einer seiner Reden an, in denen er die Loyalität seiner Anhänger*innen bis ins Extrem prüfte. Es ging nämlich vor allem um die Frage, ob sie bereit seien, zu sterben. Der Höhepunkt einer solchen Weißen Nacht war, dass die Mitglieder von Peoples Temple eine Flüssigkeit trinken mussten, von der sie selbst nicht wussten, ob es ein Gift war oder nicht. Regelmäßig gingen sie davon aus, dass es ein tödliches Gift sei – und erst nachdem sie es getrunken hatten und nichts passiert war, löste Jones auf, dass es nur eine Loyalitätsprüfung war.

Die Paranoia von Jones nahm mit den Jahren der Isolation im Dschungel zu. Hinzu kam, so vermutet man aus heutiger

Sicht, dass er medikamenten- und drogenabhängig war. Jones war krank, körperlich schwer angeschlagen. Was er genau hatte und wie schwer krank er im letzten Jahr seines Lebens war, lässt sich im Nachhinein schwer sagen, da er Jonestown mindestens zwölf Monate vor seinem Tod nicht mehr verlassen hat. Sicher ist: Er nahm Amphetamine, um sich aufzuputschen, und andererseits auch Beruhigungsmittel, um schlafen zu können. Beobachtende vermuten, dass er vor allem deshalb andauernd Sonnenbrillen trug, weil er durch den Medikamentenmissbrauch lichtempfindlich geworden war.

In den letzten Wochen vor dem Massaker in Jonestown ging es gesundheitlich mit Jones bergab. Immer wieder kämpfte der Körper des Predigers gegen hohes Fieber; ein mit Jones befreundeter Arzt, der ihn noch im August 1978 untersucht hatte, empfahl ihm dringend, in ein Krankenhaus zu gehen. Später sagte ebendieser Arzt, er habe nichts diagnostizieren können, da er kein Fachmann für tropische Krankheiten sei. Aber: Er ging davon aus, dass der Amerikaner ohne medizinische Behandlung bald gestorben wäre.

Paranoia, Drogenmissbrauch, womöglich tödliche Erkrankung – es brauchte nur noch einen kleinen weiteren Funken, der die Katastrophe zünden sollte. Dieser Funke kam in Gestalt eines US-Regierungsbeamten und läutete schließlich die ultimative, die letzte „Weiße Nacht“ in Jonestown ein, bei der es sich dann nicht mehr um einen Drill, sondern um bitteren Ernst handelte.

Der Tag X: Was geschah am 18. November 1978?

Die letzte Zündung, die zum dramatischen Ende von Peoples Temple führte, war der Besuch des kalifornischen Demokraten Leo Ryan und seiner Entourage im Dschungel von Guyana. Viele in den USA zurückgebliebene Angehörige vermuteten, dass

Jones seine Anhänger*innen gegen ihren Willen in Jonestown festhielt. Leo Ryan nahm sich diese Sorgen zu Herzen. Er wollte sich persönlich ein Bild davon machen, wie die Dinge in der Kommune standen. So reiste er im November 1978 nach Guyana, um Jonestown zu besuchen. Bei ihm waren zwei seiner Mitarbeiter, neun Medienvertreter und einige Familienangehörige von Mitgliedern der Gemeinschaft, die persönlich nach Jonestown mitreisen wollten.

Nach einigen Verhandlungen konnte Ryan Jim Jones davon überzeugen, ihn und seine Begleitpersonen nach Jonestown zu lassen. Offenbar schien es dem Prediger wohl das geringere Übel zu sein. Denn hätte er den Besuch abgelehnt, wären weitere negative Berichte und Fragen die Folge gewesen, die den Druck noch weiter erhöht hätten. Und vor diesem Hintergrund traf der Besuch die Kommune natürlich nicht unvorbereitet: Jones drillte seine Anhängerschaft in stundenlangen Vorträgen und Übungen, er ging mit ihnen immer und immer wieder durch, was sie auf die Fragen des Politikers antworten sollten. Das Ziel war, den Gästen eine heile Welt vorzugaukeln, in der alle zufrieden waren. Am 17. November 1978 war es dann so weit: Ryan und seine Begleiter durften nach Jonestown. Sie flogen von der Hauptstadt Georgetown nach Port Kaituma, eigentlich nicht viel mehr als ein kleiner Flugplatz im Dschungel, rund zehn km von Jonestown entfernt. Dort wurden sie von Mitgliedern von Peoples Temple abgeholt und in die Kommune gebracht.

Zunächst verlief alles nach Jones' Plan. Die Delegation nahm am Abend an einem großen Musik- und Tanztreffen im Pavillon teil und befragte Mitglieder, die sich alle in vorher geprobter und vorgeschriebener Weise äußerten. Zwei Mitglieder hatten jedoch schon vor dem Besuch des Abgeordneten den Plan ausgeheckt, dem Besucher einen Zettel zuzustecken, weil sie fliehen wollten.

In einer unbeobachteten Sekunde steckten sie einem der Begleiter des Kongressabgeordneten einen Zettel zu, auf dem stand: *„Dear Congressman Ryan, please get us out of Jonestown." – „Lieber Kongressabgeordneter Ryan, bitte holen Sie uns raus aus Jonestown."* Spätestens zu diesem Zeitpunkt war Ryan und seiner Delegation klar, dass etwas faul war. Es war offensichtlich, dass nicht alle freiwillig dort waren und bleiben wollten.

An diesem Abend des 17. November entschied sich die Delegation, noch einen weiteren Tag zu bleiben. Einem Teil wurde erlaubt, in Jonestown zu übernachten, während die anderen die Nacht in einem Café am Flughafen in Port Kaituma verbringen mussten.

Am Tag der Katastrophe führte die Gruppe von Leo Ryan die Befragungen in Jonestown fort. Mehrere Personen äußerten im Rahmen der Befragungen klar ihre Absicht, den Ort zu verlassen. Gegen Nachmittag äußerte Leo Ryan gegenüber Jones den Wunsch, noch eine weitere Nacht zu bleiben, um noch mehr Menschen befragen zu können. In dem Prediger brodelte es sichtlich. Er echauffierte sich über die „Verräter", die ihn verlassen wollten. Obwohl er Ryan seinen Wunsch verwehrte, ließ er die Gruppe aber ziehen, samt derjenigen, die gehen wollten. Was der Abgeordnete und seine Entourage nicht ahnten: Jones hatte keinesfalls vor, sie davonkommen zu lassen. Er erteilte einen tödlichen Befehl, der kurz darauf ausgeführt wurde.

Eine Gruppe von Mitgliedern des Peoples Temple eskortierte die Abreisenden zurück zum Flughafen von Port Kaituma. Als Leo Ryan, seine Begleiter und die ehemaligen Jones-Anhänger*innen die Fahrzeuge verließen und auf das Flugzeug warteten, eröffneten die Jones-Söldner das Feuer. Leo Ryan und zwei Medienvertreter wurden brutal niedergeschossen. Selbst als sie bereits auf dem Boden lagen, gingen die Mörder hin und schossen erneut, um sicherzustellen, dass sie nicht überlebten. Auch wenn Ryan ganz offensichtlich das Hauptziel der Attacke war, so starben in dem Kugelhagel insgesamt fünf Menschen: der Kongressabgeordnete, drei Medienvertreter und eines der flüchtenden Mitglieder des Peoples Temple. Die anderen überlebten, vermutlich vor allem deshalb, weil sie sich tot gestellt hatten.

Zu dieser Zeit nahm das Unheil in Jonestown bereits seinen Lauf. Unmittelbar nach der Abreise von Ryan rief Jones seine mehr als 900 Mitglieder im zentralen Pavillon zu einer – letzten – „White Night“ zusammen. Der Besuch Leo Ryans stellte für ihn von vorneherein eine feindselige Attacke dar, doch dass auch noch Überläufer mit ihm gegangen waren und den Peoples Temple verlassen hatten, gab Jones den Rest. Jones war sich bewusst, dass mit der von ihm befohlenen Attacke auf den Kongressabgeordneten Jonestown dem Untergang geweiht war. Sobald das publik werden würde, stünden die Einsatzkräfte Guyanas und auch der USA mit Sicherheit vor den Toren der Kommune. Und genau dies war auch sein Hauptargument gegenüber den Mitgliedern des Peoples Temple, warum sie nun schnell handeln müssten. Er griff dabei tief in die Trickkiste der psychischen Manipulation, führte in einer weiteren seiner Reden aus, was angeblich mit ihnen geschehen würde. Er zeichnete ein düsteres Bild von Gefangenschaft und Folter, und die Grundsteine dafür, dass seine Anhänger*innen ihm dies ohne zu zögern glaubten, hatte er bereits durch seine vorherige Indoktrination gelegt.

„Get us some medication, hurry, they'll torture our children“ – mit diesen Worten befahl er nun, dass alle ein tödliches Gemisch aus Grapefruitsaft, Zyanid und Valium trinken sollen. Den Eltern befahl er, dass sie es ihren Kindern einflößen sollten, sollten sie es nicht freiwillig trinken. Anders als in den „White Nights“ zuvor war es diesmal kein Fake, sondern tödlicher Ernst.

Von dieser letzten Weißen Nacht gibt es Audioaufnahmen, die man bis heute nachhören kann. Man weiß daher: Niemand hat Jones widersprochen. Eine Frau begann, mit Jones zu diskutieren, sie schlug vor, nach Russland zu fliehen. Jones entgegnete, dass das nach der Aktion mit dem Kongressabgeordneten nicht mehr möglich sei. Schließlich beugte sich die Frau dem Willen Jones'. Man weiß aufgrund dieser Aufnahmen auch, womit Jones diese tödliche Aktion begründete: Er bezeichnete ihn als „revolutionären Suizid", zu dem es keine Alternative gäbe. Kurz: Jones wollte mit dem „Massensuizid" ein revolutionäres Zeichen setzen. *„Die in dignity"* – auch das war so ein letzter Satz, den seine Anhänger*innen zu hören bekamen: Sie sollten in Würde sterben für die angeblich gute Sache.

Auch Jim Jones starb in dieser Nacht. Wie genau er ums Leben kam, ist bis heute nicht ganz klar. Sicher ist: nicht durch Gift. Der Prediger war einer der beiden Menschen, die bei dieser Tragödie durch Schussverletzungen starben, neben seiner treuesten Gehilfin. Unklar ist, ob sie Jones erschossen hat und dann sich selbst, oder ob Jones sich selbst das Leben nahm.

Zur Tragödie gehörte auch, dass in Georgetown, der Hauptstadt von Guyana, eine Frau ihre drei Kinder und anschließend sich selbst umbrachte: Sie gehörte ebenfalls zu Peoples Temple und war zu dieser Zeit gerade in einer Wohnung, die der Gruppe gehörte und die als Basis für Kontakte zur Außenwelt fungierte.

Die traurige Bilanz dieses 18. November 1978 lautet am Ende: 909 Menschen sterben in Jonestown, vier in Georgetown und fünf auf dem Rollfeld von Port Kaituma. Damit starben 918 Menschen, weil ein paranoider Prediger den Befehl dazu gab.

Angesichts der großen Zahl an Menschen ist es auch keine Überraschung, dass es Überlebende gab. Eine Frau schlief während der Selbstmordaktion; drei Männer haben unabhängig voneinander beschlossen, das Gift nicht zu trinken. Weitere 31 Menschen waren zur fraglichen Zeit nicht in Jonestown; entweder sie waren unter denen, die mit Leo Ryan die Kommune verlassen hatten, oder sie waren aus anderen Gründen auf dem Weg in die Hauptstadt oder woandershin, um Dinge zu erledigen. Auch wenn es also mehr Überlebende gab, so kann man festhalten: Nur vier Menschen, die zum Zeitpunkt des Massakers in Jonestown waren, haben überlebt. Auch in besagter Immobilie in Georgetown gab es neben der Frau, die ihre Kinder und sich selbst ermordete, eine ganze Reihe weiterer Mitglieder. Die allermeisten von ihnen weigerten sich, Jones' Anweisung zu befolgen, sich das Leben zu nehmen. Rechnet man alles zusammen, haben insgesamt knapp 90 Anhänger*innen von Jim Jones überlebt.

Mord oder Suizid?

Damit ist die Geschichte der Tragödie von Peoples Temple erzählt. Und eigentlich könnte ich hier aufhören. Ich möchte aber noch auf eine Frage eingehen, die im unmittelbaren Zusammenhang mit der Berichterstattung über die Ereignisse um Jim Jones' steht. Häufig ist die Rede von einem „Massensuizid". Und nach allem, was ich gerade geschildert habe, stellt sich die berechtigte Frage: War es das wirklich?

Ich glaube: Ja, ... aber. Ja, weil unzweifelhaft viele der Anhänger*innen so im ideologischen System von Jones' Lehren aufgingen, dass sie sich selbst bewusst das Leben genommen haben. Nicht mehr herausarbeiten lässt sich, welche Rolle der vorhergegangene psychische Druck, die Indoktrination und die von Jones vermittelte Perspektivlosigkeit dabei spielten. Dennoch: Es handelte sich hier um Suizid.

Und jetzt zum dicken Aber: Es war aber noch mehr. Es lässt sich nämlich auch mit Sicherheit sagen, dass nicht alle Bewohner*innen von Jonestown freiwillig gestorben sind. Ganz sicher gilt das – natürlich! – für die Kinder, die von ihren Eltern das tödliche Getränk verabreicht bekommen haben. Und auch wenn sie es freiwillig getrunken haben sollten, so konnten sie niemals die Auswirkungen begreifen, die das haben würde. Hier kann man also in keinem Fall von Suizid sprechen.

Schwer zu sagen ist hingegen, inwieweit auch viele der Erwachsenen unter Zwang gehandelt haben. Fakt ist: Es waren bewaffnete Wachen vor Ort, die Druck ausgeübt haben; andererseits haben sich auch die Wachen selbst am Ende das Leben genommen. Zudem war die ganze Aktion als „revolutionärer Selbstmord" gedacht, von Jim Jones also von vorneherein auch als Massenaktion kommuniziert und geplant. Es stellt sich also durchaus die Frage, inwieweit die Mitglieder überhaupt ihre individuellen Entscheidungsmöglichkeiten sahen. Aktiv gewehrt hat sich – das zeigen die Aufnahmen – niemand. Bei über 900 Menschen, von denen rund 600 volljährig waren, hätte Jones seinen Plan nicht durchsetzen können, wenn sich in der Gruppe ernst zu nehmender Widerstand geregt hätte.

Was war da los?

Wie schafft es ein einzelner Mann, eine so große Gruppe dazu zu bringen, ein so unfassbares Massaker an sich selbst und an denen, die ihnen etwas bedeuten – vor allem ihren Kindern –, zu verüben?

Ich habe nach Erklärungen gesucht, aber so ganz löst es sich am Ende nicht auf – es bleibt ein gutes Stück weit unbegreiflich. Jim Jones war mit Sicherheit ein extrem charismatischer Mann, der es geschafft hat, Menschen Hoffnung zu vermitteln und sie persönlich wertzuschätzen. Das Versprechen einer Hoffnung auf eine bessere Welt war attraktiv für jene, die angesichts der vielen Ungerechtigkeiten verzweifelten und keine

Perspektive sahen. Eine Hoffnung, darauf, dass es möglich ist, gemeinsam eine bessere Welt zu bauen.

Diese Hoffnung hat sicherlich Menschen von Beginn an motiviert, Teil von Peoples Temple zu werden und zu bleiben. Und als sie sich am Ende in Jonestown endgültig zerschlägt, fallen sie ins Nichts.

Dann, in der letzten Phase der Gruppe, in Jonestown, spielten zusätzlich dazu Mechanismen der Indoktrination und sozialen Kontrolle eine große Rolle: Die Gruppe befand sich hier ja nahezu in einer Art Laborsituation: Es gab keinen Kontakt zur Außenwelt, und Jim Jones beherrschte und kontrollierte alles.

Der amerikanische Psychologe Philip Zimbardo verfolgt einen sozialpsychologischen Ansatz, um die Ereignisse von Jonestown zu erklären: Er sieht Parallelen zwischen dem Vorgehen von Jim Jones und George Orwells Buch „1984", das 1949 erschienen ist und einen totalitären Überwachungsstaat beschreibt. Zimbardo vertritt die These, dass sogenannte Sektenführer*innen immer wieder auf die Mechanismen zurückgreifen, die Orwell in seinem Roman beschreibt, um Menschen zu kontrollieren und in ihrem Sinne zu „beeinflussen".

Zum Beispiel dies: *„Big brother is watching you"*: Jones war ständig präsent – vor allem über die Lautsprecher, die das gesamte Gelände beschallten. Es gab aber auch eine sehr starke Sozialkontrolle: Mitglieder von Peoples Temple mussten einander überwachen und Verstöße gegen die Regeln bei Jones melden. *Selbstbeschuldigung*: Mitglieder mussten gegenüber Jones nicht nur ihre Fehler beichten, sondern ihm auch ihre größten Ängste offenbaren. Diese Informationen nutzte er dann, um sie im Zweifelsfall öffentlich vor der Gruppe bloßzustellen. Die Mitglieder waren

Jones also auf Gedeih und Verderb ausgeliefert. „*White Nights*“: Die ständige Inszenierung des Ernstfalls stumpfte ab – und drillte die Anhänger:innen immer wieder darauf, bis zum Äußersten zu gehen. Und wer weiß: Viele ahnten am Ende vielleicht gar nicht, dass es sich diesmal tatsächlich um den Ernstfall handelte.

Am Ende war es zu einem großen Teil auch das äußere Setting, das zu dem tragischen Ende geführt hat. Die Mitglieder hatten ihr ganzes bisheriges Leben hinter sich gelassen, sie lebten unter ihresgleichen, abgeschottet von der Außenwelt. Und das alles ohne Perspektive auf ein Leben in der realen Welt, von der sie ein durch und durch negatives Bild hatten.

Und dann kam am 18. November 1978 natürlich noch der gruppenpsychologische Aspekt hinzu. Das verdeutlicht die Kommune um Jim Jones als dramatisches Beispiel. Es kann nur reine Spekulation sein, aber ich würde behaupten: Hätten die 909 Menschen in Jonestown an diesem Tag einzeln oder in kleinen Gruppen verteilt in ihren Baracken gesessen, hätten sich sicher mehr als vier Leute geweigert, das Gift zu trinken.

DER FALL JAN H.: DIE WIEDERGEBURT HITLERS?

Im Juli 2017 herrschte auf dem Friedhof von Hanau-Kesselstadt eine ungewöhnliche Unruhe. Besonders um ein Grab herum herrscht geschäftiges Treiben in der sonst friedlichen Stille: Es ist das Grab eines kleinen Jungen, der nur vier Jahre alt wurde. Jan H. war im Jahr 1988 unter grausamen, aber damals nicht völlig aufgeklärten Umständen gestorben. Nun, 29 Jahre später, erhofften sich die Ermittler durch eine rechtsmedizinische Untersuchung neue Erkenntnisse über die Todesursache und die Umstände, die zum Tod des kleinen Jungen geführt hatten. Die offizielle Version lautete: Unfall. Der Notarzt vor Ort hatte festgestellt, dass der Junge an seinem Erbrochenen erstickt war.

An dieser Version bestehen erhebliche Zweifel; die Rede ist von schlampigen Ermittlungsarbeiten damals. Der Verdacht lautet, dass Jan H. nicht an einem Unfall, sondern Opfer eines Verbrechens wurde. Ein Verbrechen, das im Zusammenhang mit einer kleinen Gruppe steht, die von den Medien als Sekte bezeichnet wird.

Die Geschichte dieser kleinen Gruppe um die Angeklagte Sylvia D. reicht zurück in die 1970er-Jahre. Damals begannen die Krankenschwester und ihr Ehemann Walter D., Menschen um sich zu scharen und für ihre Lehren zu begeistern. Walter war Pastor in der evangelisch-methodistischen Kirche, einer weltweit verbreiteten Freikirche. Er war in seiner Kirche nicht unumstritten, fiel häufig durch radikale Ansichten auf – so häufig, dass die Kirchenleitung ihn offenbar loswerden wollte. Er stand vor seiner Entlassung aus dem Dienst. Dem kam er aber zuvor, indem er selbst den Dienst quittierte.

Sylvia D. und ihr Mann gründeten eine Medienproduktionsfirma, die ihr finanzielles Auskommen sichern sollte. Das gelang auch, die Firma lief gut, sie bekamen häufig Aufträge von Großunternehmen und Behörden. Doch zugleich riefen die beiden noch etwas anderes ins Leben. Sie werden von damaligen Weggefährten als sehr charismatisches Paar beschrieben. Sylvia und Walter begannen, Menschen um sich zu scharen, und gründeten ihre eigene kleine Gemeinde. *„Sie bedienten die Sehnsucht nach Sinn, nach Spiritualität – und alternativen Wegen dorthin"*, erzählte ein Mann, der in den ersten Jahren dabei war, der Frankfurter Rundschau. Die Gemeinschaft glich einer Art Selbsthilfegruppe, in der man sich über religiöse Fragen austauschte. In den ersten Jahren traf sich die Gruppe in Darmstadt, Anfang der 80er zog sie nach Hanau um. Rund 20–30 Menschen waren Mitglieder in der Gemeinde um das Ehepaar.

Schon von Beginn an inszenierte sich Sylvia D. als unangefochtenes Medium in dieser Gemeinschaft. Sie behauptete, göttliche Botschaften zu erhalten, an die sich alle zu halten hätten. Für ihre Anhänger*innen war genau das ein Grund, ihr zu folgen: Sie waren froh um die Orientierung, die ihnen die Botschaften gaben, froh darum, dass es in der Gruppe die Sicherheit gab, eine Person zu haben, die den richtigen Weg kannte. Diese Offenbarungen erfolgten vor allem in Träumen. Die Deutung von Träumen spielte insgesamt eine große Rolle in der Gruppe; immer wieder wurde aus den Träumen herausgelesen, was sie für das eigene Leben bedeuteten.

Mit der Zeit entwickelte Sylvia D. eine Lehre für die Gruppe. Kernbestand war die Vorstellung, dass auf alle Menschen zwei gegensätzliche Kräfte einwirken. Auf der einen Seite Gott, der unmittelbar mit Sylvia D. verbunden sei und ihr Botschaften sende; auf der anderen Seite „die Dunklen". Wer auf Sylvia hörte, auf der hellen Seite stand, der brauchte nichts zu fürchten und würde Sinn und Erfüllung finden. Wer hingegen den „dunklen Kräften" Raum gab, war verloren und würde das auch körperlich spüren, zum Beispiel in Form von Krankheiten. Sylvias Sohn würde Jahrzehnte später in einem Gerichtsverfahren von seiner Jugend in der Sekte um seine Mutter erzählen. Er spricht von einem „System“, in dem es immer nur um richtig oder falsch ging – ein Dazwischen habe es nicht gegeben. Richtig sei immer nur das gewesen, was seine Mutter gesagt habe. Wenn er einmal Zweifel daran geäußert habe, wäre die Antwort immer gewesen: Er sei von „den Dunklen“ besessen.

Spürbar ist hier der klare Dualismus, der hinter diesen Lehren steht: Es tobt ein Kampf in der geistigen Welt, Gott gegen Satan. Die Menschen müssen sich entscheiden, auf welcher Seite sie stehen und für wen sie kämpfen. Zudem schimmert hier eine weitere Vorstellung durch, die sich – etwas vereinfacht – mit einem „Wohlstandsevangelium“ vergleichen lässt. Hinter diesem Begriff verbirgt sich kurz gefasst der Glaube, dass Gott diejenigen sichtbar auf der Erde belohnt, die ihm treu ergeben sind und aufrichtig an ihn glauben. Im Kontext des amerikanischen Charismatismus ist das ein Glaubenssatz, den man häufiger vorfindet, insbesondere mit Blick auf finanziellen Wohlstand. Dieser Wohlstand wird dann als ein Zeichen dafür verstanden, besonders fest mit Gott verbunden zu sein. Ähnliche Ansätze finden sich bei der Gruppe um Silvia D. nun mit Blick auf Gesundheit: Wer fest im Glauben steht, verkündete Sylvia, müsse nichts fürchten. Andersherum drohe denjenigen, die den dunklen Kräften zu viel Einfluss geben, gesundheitliche Nachteile. Statt des Finanziellen wurde hier also der gesunde Körper in gewisser Weise als Marker dafür herangezogen, gottesfürchtig zu sein.

Zusammen mit diesen Lehren entwickelte sich ein streng hierarchischer Personenkult um Sylvia. Kritik an dem, was sie sagte, war undenkbar – schließlich sprach sie mit göttlicher Autorität. Wie ehemalige Mitglieder berichten, führte das auch zu einer starken Sozialkontrolle. Jede und jeder wollte sich die

Gunst der Anführerin sichern, Verfehlungen anderer wurden dann an Sylvia D. gemeldet, die anschließend in langwierigen Gesprächen ihre Anhänger*innen wieder zurück auf den richtigen Weg brachte.

Kinder mit kalten Machtkomplexen?

Immer wieder ging es in ihren Botschaften auch darum, die Gemeinschaft zusammenzuschweißen gegen die dunkle Welt, die außerhalb wartete. Die Gemeinschaft war im Kern ein abgeschotteter „Zirkel" der Erleuchteten, der sich als etwas Besseres fühlte. Die Frankfurter Rundschau zitiert eine ihrer Botschaften folgendermaßen: *„Dein geliebtes Alterchen sagt, alle, die dein Leben endgültig verraten haben und die Botschaft deines großen Gottes und dein Leben für immer beschmutzt und verunglimpft haben, haben eine schwere und unfassbare Schuld auf sich geladen."* „Alterchen" oder „der Alte" waren dabei gängige Bezeichnungen, die das Medium für Gott verwendete.

Zahlreiche Briefe und Dokumente belegen, dass Sylvia D. ein sehr negatives Menschenbild verkündete. Das galt auch – und hier wird es für diesen Fall relevant – mit Blick auf Kinder. In einem Schriftstück, das von Sylvia D. stammt, heißt es: *„In allen Träumen wurde die kalte, überhebliche Verlogenheit unserer Kinder attackiert. Immer ging es um die Diagnose von Gott her und um den Weg zur Heilung, dass sie von ihren asozialen Tendenzen frei würden in dem Maß, wie sie innen und außen die Beziehung zu mir aufnehmen."* Weiter schrieb sie: Die *„kalten und verlogenen Machtkomplexe"* würden bei Kindern schon früh beginnen.

Es ist erschreckend, so etwas zu lesen, vor allem, wenn es um Kinder geht. Denn es ist offensichtlich, was hier passiert: Normale Entwicklungsprozesse von Kindern – zu denen Ungehorsam, das Austesten von Grenzen und ja, auch das exzessive Nerven ihrer Eltern dazugehört – werden hier pathologisiert. Sie werden als asoziales Verhalten stigmatisiert, das den Kindern ausgetrieben werden muss. Ihnen wird geradezu eine emotionslose und berechnende Intention zugeschrieben, wenn es heißt, sie hätten „kalte und verlogene Machtkomplexe". Und natürlich haben solche Worte eine Wirkung darauf, wie Eltern mit schwierigen Situationen umgehen. Vor allem, wenn sie von einem selbst ernannten Medium kommen, dem sie Glauben schenken und nachfolgen.

Entsprechend klingen auch die Berichte, die man von ehemaligen Anhänger*innen und Betroffenen hört. Die Frankfurter Rundschau zitiert eines der Opfer mit dem Vorwurf, ihr sei eingetrichtert worden, sie sei von „den Dunklen" besessen gewesen. Deshalb sei sie erniedrigt, misshandelt und häufig eingesperrt worden. Sie habe lediglich Tee bekommen, hartes Brot oder ungenießbare Nahrung. Gelegentlich habe sie das Brot auf den Heizkörper gelegt, um zumindest etwas Warmes zum Essen zu haben. Ihre Pflegemutter Sylvia D. habe sie oft abrupt aus dem Schlaf geweckt, sie an den Haaren gezogen und sie körperlich misshandelt.

Solche Misshandlungen waren offenbar an der Tagesordnung. Kinder, die nicht so funktionierten und gehorchten, wie es sich Sylvia D. vorstellte, sollen immer wieder bestraft worden sein. Ein weiteres Opfer erzählte in Medienberichten, er habe bei angeblichem Fehlverhalten sinngemäß Sätze 100 Mal schreiben müssen, wie: „Ich bin ein verlogenes Schwein, welches versucht, die Wahrheit Sylvias und des großen Gottes in den Dreck zu ziehen." Andere berichten, ihnen sei der Mund mit Seife ausgewaschen worden oder sie hätten in engen Säcken schlafen müssen, die am Hals verschnürt gewesen seien.

In diesen Lehren und Vorgängen lagen nun die Voraussetzungen für die vermuteten Umstände vom Tod des kleinen Jan. Denn eines der Kinder in der Gemeinschaft soll besonders im Fokus der Bestrafungen gestanden haben: Jan H., der 1984 geboren wurde. Seine Eltern gehörten zu der Gruppe um Sylvia D. Während der Arbeitszeit oder anderer Beschäftigungen gaben die Eltern den Jungen in die Obhut ihrer Führerin. Und diese ist offenbar schon früh zur Überzeugung gelangt, dass der Junge von „den Dunklen“ besessen gewesen sei.

Die Mutter von Jan, Claudia H., gab im Zuge des späteren Gerichtsprozesses an, dass ihr Kind von Sylvia D. immer wieder mit einem Holzlöffel bestraft worden sei und oft stundenlang auf dem Töpfchen sitzen musste. Er wollte kaum essen und sei abgemagert gewesen. Wenn er nicht flott genug aß, wurde ihm das Essen kurzerhand in den Mund gestopft. Ihr sei es schwergefallen, solche Erziehungsmethoden zu akzeptieren, sagt sie heute, über 30 Jahre später – dennoch habe sie die Vorstellungen ihres vermeintlich göttlichen Mediums übernommen. Sie habe ihr Kind geliebt, sagte Claudia H. Doch sie sei ebenfalls der Überzeugung gewesen, die bestmögliche Mutter zu sein, wenn sie alles so umsetzte, wie es Sylvia D. vorgeschrieben hatte.

Deutliche Worte fand Sylvia D. über Jan. Sie bezeichnete den kleinen Jungen offenbar immer wieder als „Wiedergeburt Hitlers“ und als „bösartiges Schwein“. Sie habe ihm zudem in ohrenbetäubender Lautstärke Vorträge gehalten, um ihn zu bekehren und von der „dunklen Seite“ zu holen.

Tödliche Erziehungsmaßnahmen

Der 17. August 1988 schließlich war der Tag, den Jan H. nicht überleben würde. So ganz klar sind die Abläufe bis heute nicht, auch wenn in Gerichtsprozessen versucht wurde, alles möglichst genau zu rekonstruieren. Vermutlich lief es ungefähr so ab: Das Haus der Familie D., in dem Jan H. mit seinen Eltern zu dieser Zeit lebte, war leer. Nur Sylvia, der vierjährige Jan und ein weiterer Teenager waren im Haus. Der Teenager befand sich im 1. Stock, während Sylvia und Jan im Erdgeschoss waren.

Im Badezimmer lag Jan H. auf dem Fußboden, in einem Schlafsack aus Leinen, der über dem Kopf verschnürt war. Es handelte sich um eine weitere Bestrafungsmaßnahme durch Sylvia D. Es war eine Tortur, die der Vierjährige erleiden musste, vermutlich weil er sich wieder einmal nicht ihrem Willen gefügt hatte: Schon in den Wochen zuvor war das eine Bestrafungsmaßnahme, die der Junge zwei Mal über sich hatte ergehen lassen müssen, beide Male bekam er Atemnot. Auch diesmal bekam er offenbar kaum Luft. Er brach in Panik aus, begann zu schreien. Dieses Geschrei hörte auch der Jugendliche im ersten Stock. Er hörte dann, wie im Erdgeschoss eine Tür aufging – kurz darauf war plötzlich alles still.

Bevor die Polizei und der Rettungsdienst eintrafen, wurde der Schlafsack entfernt und Jan aus dem Badezimmer geholt. Der Junge hatte sich übergeben und war offenbar an seinem Erbrochenen erstickt. Das war zumindest damals das Fazit der Ermittlungen: ein Unfall. Es hieß, Jan H. sei im Schlaf an erbrochenem Haferschleim erstickt, Hinweise auf ein Fremdverschulden gebe es nicht. Angesichts der Vorgeschichte, die den ermittelnden Behörden damals aber nicht bekannt war, klingt die Diagnose „Unfall“ heute wie Hohn gegenüber dem kleinen Jan. Doch dabei blieb es. Der Leichnam wurde damals nicht obduziert. Schon am Tag nach dem Tod von Jan wurde das Ermittlungsverfahren eingestellt. Dass der Junge in einem Sack verstorben war, hatten die Täterin und ihre Anhänger*innen bewusst verschwiegen.

Damit landete der Fall bei den Akten – bis zum Jahr 2014. In dieser Zeit wandte sich schließlich ein ehemaliger Anhänger von Sylvia D. an die Zeitung „Frankfurter Rundschau“. Er erhob schwere Vorwürfe gegen das Medium und ihren Ehemann. Die Journalist*innen begannen zu recherchieren und stießen auf weitere Aussteiger*innen. In einem Artikel veröffentlichten sie ihre Recherchen über die Gruppe. Schließlich wurden auch die Ermittlungen im Fall Jan H. wieder aufgenommen – es tauchten Aussteiger*innen unter Klarnamen auf, die konkret Angaben zu den Todesumständen und der Vorgeschichte machen konnten. Und tatsächlich: Nun wurde den Behörden klar, dass die Diagnose „Unfall" möglicherweise eine fatale Fehleinschätzung gewesen war. Durch entsprechende Zeugenaussagen erhärtete sich der Verdacht, dass es sich um ein Verbrechen gehandelt haben könnte. Und auch die Journalist*innen begannen, die Todesumstände von Jan weiter zu hinterfragen. Sie sprachen mit Rechtsmediziner*innen, diese bestätigten: Es ist sehr unwahrscheinlich, dass ein Vierjähriger im Schlaf an Erbrochenem erstickt. Unter normalen Bedingungen würde das Kind aufwachen und das Erbrochene durch einen Hustenreflex aus der Luftröhre herausschleudern. Genau das wurde also nun zu einer wichtigen Frage: Warum konnten diese Reflexe nicht greifen? Die Fachleute , die im Zuge der erneuten Ermittlungen dann auf den Fall schauten, waren erschüttert über die damalige Ermittlungsarbeit, die viel zu schnell zum Ergebnis gekommen war, es habe sich um einen unglücklichen Unfall gehandelt.

Die ermittelnden Behörden betrieben nun einen enormen Aufwand – die folgenden Ermittlungen zogen sich über Jahre hinweg. Es gab mehrere Durchsuchungen von Immobilien, die Behörden stellten Dutzende Kisten mit Beweismaterial sicher. Auch die anfänglich beschriebene Exhumierung wurde jetzt durchgeführt. Bei dieser Szene bleibt jedoch ein Mysterium: Man fand in dem Grab keine Überreste von Jan. Sie waren nicht mehr da. Bis heute weiß niemand, wo sie geblieben sind. „Es schüttelt mich", war der Kommentar eines Richters dazu in einem späteren Gerichtsverfahren.

Im September 2017 erhob die Staatsanwaltschaft Hanau schließlich Anklage wegen Mordes gegen die damals 72-jährige

Sylvia D. Das Landgericht Hanau prüfte die Vorwürfe über mehr als 1,5 Jahre lang – dann wurde die Anklage zugelassen. Das Gericht sah einen hinreichenden Tatverdacht mindestens für einen besonders schweren Fall von Totschlag, der mit lebenslanger Freiheitsstrafe geahndet werden kann. Hätte das Gericht nur einen Totschlag gesehen, wäre die Tat verjährt gewesen und Sylvia D. hätte nicht vor Gericht gestellt werden können. Denn Totschlag verjährt nach 20 Jahren, nur in besonders schweren Fällen nach 30 Jahren.

Die Anklage lautete: Sylvia D. habe Jan H. seinem Schicksal überlassen und bewusst in Kauf genommen, dass er erstickte. In der Anklageschrift hieß es, die Angeklagte habe trotz einer Außentemperatur von 32 Grad gezielt die Luftzufuhr des Raumes verringert und den im Leinensack eingeschnürten, panisch und laut schreienden Jungen in dem Badezimmer seinem Schicksal überlassen. Kurze Zeit später, so lautet der Vorwurf, sei der Vierjährige, wie von der Angeklagten „geplant und beabsichtigt", nach einem erbitterten Todeskampf gestorben.

Im September 2020 verurteilte das Landgericht Hanau Sylvia D. zu einer lebenslangen Haftstrafe wegen Mordes. Das Gericht sah es aufgrund der Äußerungen der Zeugen und der Tagebucheinträge als erwiesen an, dass sie aus niederen Beweggründen gehandelt habe. Die Verteidigung legte Revision ein – und hatte damit Erfolg. Der Bundesgerichtshof hob die Entscheidung des Landgerichts später auf. Die Begründung hierfür war, dass die Schuldfähigkeit der Angeklagten nicht angemessen geprüft worden sei und es an Angaben zum Tatvorsatz mangelte. Der Fall wurde zur erneuten Verhandlung an das Landgericht Frankfurt überwiesen.

Dort wurde der Prozess dann neu aufgerollt. Ein erneutes psychiatrisches Gutachten bescheinigte Sylvia D., uneingeschränkt schuldfähig zu sein. Und so kam das Landgericht Frankfurt zu demselben Schluss wie das Landgericht Hanau: Am 15. November 2023 verkündete der Vorsitzende Richter die lebenslange Haftstrafe wegen Mordes gegen die inzwischen 76 Jahre alte Sylvia D. Er beschrieb beim Urteilsspruch den Umgang mit Kindern in der Sekte als „unfassbar, grauenhaft und abscheulich" und betonte zudem, dass Sylvia D. keinerlei Empathiefähigkeit besitze. Ein Beweggrund für die Tat sei – abgesehen von den weltanschaulichen Dimensionen – die Furcht der Frau vor der Einschulung des Jungen gewesen. Das habe sie wiederholt in ihren Tagebüchern festgehalten. Im Falle einer Einschulung wäre nämlich der schlechte körperliche und seelische Zustand des Jungen aufgefallen, was zu Nachfragen geführt hätte. *„Sie haben jetzt von zehn Richtern attestiert bekommen, dass Ihr machtsadistisches Verhalten gegenüber Jan in Kombination mit Ihrer gefühlskalten Reaktion auf seinen Tod als Mord einzustufen ist"*, erklärte der Richter der Angeklagten bei der Urteilsverkündung.

Die Verteidigung von Sylvia D. wies in beiden Gerichtsverfahren alle Anschuldigungen zurück. Die Verteidiger betonten, dass es keine objektiven Beweise für die Sylvia D. zugeschriebenen Taten gebe. Ebenso widersprachen sie vehement den allgemeinen Anschuldigungen, dass Sylvia D. Gewalt gegen Kinder ausgeübt habe – die Angeklagte sehe darin eine Verleumdungskampagne. Walter D., Sylvias Ehemann, konnte zu den Geschehnissen keine Aussage mehr machen – er ist 2017 verstorben. Zuvor hatte er jedoch stets betont, er habe sich nach dem Vorfall (er war damals mit den anderen Kindern des Paares einkaufen) intensiv um die Wiederbelebung von Jan H. bemüht. Ebenso wies er alle Behauptungen zurück, irgendjemand hätte den Tatort im Haus so verändert, dass es wie ein Unfall erschien.

Auch gegen die Mutter von Jan H. gab es einen Gerichtsprozess – sie wurde wegen gemeinschaftlichen Mordes angeklagt. Das Landgericht sprach die damals 61-jährige Frau im Oktober 2022 allerdings frei. Damit folgte die Richterin dem Plädoyer der Verteidigung. Es konnte ihr keine Beteiligung an der Tötung ihres Sohnes nachgewiesen werden. Zwar habe sie ihren Sohn in die Obhut von Sylvia D. gegeben und auch deren menschenverachtende „Erziehungsmethoden“ und Weltsicht gekannt – daraus resultierende mögliche Vorwürfe wie die Verletzung der Fürsorgepflicht oder fahrlässige Tötung seien aber inzwischen verjährt.

Was Jan H. widerfahren ist, ist grauenvoll. Seine Peinigerin konnte sich Jahrzehntelang in Sicherheit wiegen. Es ist ein kleines, aber wichtiges Zeichen der Gerechtigkeit, dass sie nun die letzten Jahre ihres Lebens hinter Gitter verbringen wird.

Was war da los?

Man könnte das, was sich um Sylvia D. gebildet hat, formal als eine kleine Neuoffenbarungsreligion bezeichnen: Eine Person behauptet, Offenbarungen von Gott zu erhalten, und schart Anhänger*innen um sich. De facto bildete sich daraus etwas, was man als „Mikro-Sekte“ bezeichnen könnte: eine kleine Gruppe, die nach sehr strengen Regeln und in einem sehr abgeschotteten Weltbild lebte. Diese Abschottung zeigte sich nicht notwendigerweise nach außen, weil die Mitglieder nach wie vor ihrer täglichen Arbeit nachgingen. In ihrem Denken aber waren sie abgetrennt von der Welt, ganz ihrem Glauben verbunden.

Angeführt wurde diese Gruppe von einer Person, der die Gerichte später sadistische Züge und völlige Empathielosigkeit bescheinigten. Sie verkündete nicht nur ein streng dualistisches Weltbild, in dem der Kampf zwischen den guten und bösen Geistern alltäglich präsent war. Sie erstickte jegliches Hinterfragen, jegliche Kritik, im Keim und führte die Gruppe im wahrsten Sinne des Wortes mit harter Hand.

Mich berühren Fälle von Kindern, die in solch missbräuchlichen Systemen leben müssen, immer ganz besonders. Was mich an dieser Geschichte von Jan H. am meisten bewegt, ist die Tatsache, dass genau solche Strukturen vermutlich zu den am häufigsten vorkommenden „Sekten" gehören. Es sind seltener die großen Gruppen, die große Kritik hervorrufen und so auch in irgendeiner Form auf dem Radar der Öffentlichkeit sind. Viel verbreiteter dürften genau solche Gruppierungen sein, die oft nur aus wenigen Mitgliedern bestehen und die sich um eine Person scharen oder ihr anhängen. Gerade auch im Bereich esoterischer Heiler oder sogenannter Life-Coaches findet man solche Konstellationen. Natürlich nicht immer in diesem Extrem – aber die Dunkelziffer dürfte hoch sein, auch was missbräuchliche oder gewalttätige Strukturen angeht. Zu groß ist häufig die Scham, anderen davon zu erzählen, was einem widerfahren ist oder aktuell widerfährt.

Und so halte ich es für enorm wichtig, dass der Fall Jan H. aufgearbeitet wurde und erzählt wird. Er sollte uns alle sensibilisieren, dass wir genau hinschauen. Und er zeigt: Es kann zumindest ein wenig Gerechtigkeit geben – wenn auch erst nach Jahrzehnten.

ADOLFO CONSTANZO: DER KESSEL DES BLUTES

Mit diesem Fall tauchen wir auf eine ganz besondere Art und Weise in die menschlichen Abgründe ein. Der Fall des Adolfo Constanzo bedient so ziemlich alle Klischees, die man von grausamen Serienkillern in einem düsteren, teuflischen Kult haben kann. „Die Matamoros-Teufels-Morde" betitelte damals das Magazin „Texas Monthly" die Geschehnisse um einen Mann namens Adolfo Constanzo. Das ist nicht übertrieben. Ich möchte an dieser Stelle vorwarnen: Dieser Fall ist – noch weniger als alle anderen hier im Buch – nichts für schwache Nerven.

Palo Mayombe – ein düsterer Voodoo-Kult?

Adolfo de Jesus Constanzo wurde am 1. November 1962 in Miami, Florida geboren. Zum Zeitpunkt seiner Geburt war seine Mutter Delia Aurora Gonzalez gerade einmal 15 Jahre alt. Sie war keine gebürtige US-Amerikanerin, sondern Kind kubanischer Einwanderer. Von dort brachten sie auch die traditionelle Religion mit, die auf Kuba verbreitet ist: Palo Mayombe. Palo ist eine afrokaribische Religion, die sich aus ihren Ursprüngen im Kongo heraus entwickelt hat. Sklaven, die im 16. Jahrhundert insbesondere in die „Neue Welt" verschleppt wurden, brachten – natürlich – ihre religiösen Traditionen mit. Äußerlich adaptierten die versklavten Menschen den ihnen aufgezwungenen Katholizismus. Im Verborgenen jedoch bewahrten sie ihren eigentlichen Glauben. Auf Kuba entstanden unter der christianisierten Herrschaft der Spanier vor allem zwei große Traditionen: Santería und Palo. Beide haben Überschneidungspunkte, aber auch unterschiedliche Akzente; Palo wird hin und wieder aufgrund der düster anmutenden Rituale als die „dunkle Form" der Santería bezeichnet.

Die Verbindung der afrikanisch-spiritistischen Tradition und des Katholizismus funktionierte häufig gut, hauptsächlich aufgrund der katholischen Heiligenlehre, die die Anhänger*innen spiritistischer Traditionen mit ihren je eigenen Gottheiten und Geistwesen in Verbindung brachten: Sie identifizierten katholische Heilige, die ihren eigenen Gottheiten ähnelten, um so mit diesen in Verbindung zu treten. Heute ist die Synthese so stark, dass der Katholizismus zu einem integralen Bestandteil geworden ist. Viele Gläubige besuchen katholische Messen, und in katholischen Kirchen in Mexiko und der Karibik finden sich bisweilen Darstellungen anderer Gottheiten.

Im Zuge des politischen Umsturzes in Kuba in den 1950er-Jahren wanderten Hunderttausende Kubaner in die USA ein – natürlich samt ihren Traditionen und Religionen. Zu diesen Immigrant*innen zählte auch ein junges Mädchen namens Delia Aurora Gonzalez. Als sie nun im Jahr 1962 ihren ersten Sohn gebar, waren genau das die Umstände, in denen er aufwuchs: In Miami, einem Schmelztiegel von Kulturen und Traditionen, lebten die beiden in einem Viertel, das als „Little Havanna" bekannt war. Palo gedieh dort ebenso wie Santería und verschiedene Formen des haitianischen Voodoo. Später würde Adolfo erzählen, dass er schon als kleiner Junge intensiv in die Welt von Palo Mayombe eintauchte. Als Kind sei er zu einem Palero – einem Priester der Palo – gebracht worden. Dieser soll Adolfo sorgfältig untersucht, Rauch um ihn herumgewirbelt und in seine Zukunft geblickt haben. Zu Delia sagte der Palero mit Nachdruck: „Dieses Kind ist ein Auserwählter, für Größe und Macht bestimmt."

Adolfo war noch sehr jung, als sein Vater starb. Seine Mutter Delia zog daraufhin mit ihrem Jungen nach Puerto Rico. Für Adolfo entpuppte sich das als eine großartige Zeit. Delia lernte einen wohlhabenden Geschäftsmann kennen und heiratete ihn. Delias neuer Ehemann schloss Adolfo in sein Herz, als wäre er sein eigener Sohn. In der Schule brillierte der Junge und glänzte mit Spitzennoten. Er hatte zudem ein außergewöhnliches Talent als Tennisspieler und diente als Ministrant in der katholischen Kirche. Gleichzeitig begann sich seine Persönlichkeit zu formen: Adolfo war äußerst charmant und fast zwanghaft ordentlich. Schon als Kleinkind soll er auffallend bedacht auf Sauberkeit gewesen sein; er bügelte seine Kleidung, sobald er laufen und sprechen konnte.

Als er zehn Jahre alt war, änderte sich sein Leben schlagartig. Sein Stiefvater erkrankte schwer. Die Familie – inzwischen hatte Adolfo drei jüngere Geschwister bekommen – zog zurück nach Miami, damit der Vater dort behandelt werden konnte. Doch vergeblich: Er starb kurz darauf. Für Delia folgte nicht nur eine Zeit großer Trauer, sondern auch eine Zeit der absoluten Überforderung. Die Familie war auf sich alleine gestellt. Delia begann erneut, sich intensiv mit Santería und Palo zu beschäftigen, insbesondere mit den Tieropferriten, die in beiden Traditionen üblich sind und die der Reinigung, dem Schutz und der Kommunikation mit Geistwesen dienen. Delia opferte vor allem Hühner – Blut, Hühnerköpfe und andere Überreste blieben allerdings auf dem Boden ihres Hauses liegen, sodass Adolfo und seine Geschwister fortan in einer schaurig-makabren Umgebung aufwuchsen. Delia hatte zudem zwei weitere kurzlebige Ehen, die allerdings weniger positiv verliefen als die erste. Beide Männer vernachlässigten und misshandelten die Kinder. Adolfo suchte in dieser Zeit Zuflucht in der alten Tradition, in der er als Kind gesegnet worden war: dem Palo. Ein zentrales spirituelles Objekt im Palo Mayombe ist der sogenannte „Nganga“, ein Kessel oder eine Schale. Dieser Kessel wird mit verschiedenen Gegenständen gefüllt und gilt als ein lebendiger und mächtiger Gegenstand. Er beinhaltet vor allem natürliche Materialien wie Zweige von speziellen Bäumen, Erde und Steine. Auch persönliche

Objekte und Teile von Tieren, die bei Ritualen geopfert wurden, finden sich im Nganga. Und: Er enthält oft menschliche Schädel, die als wichtig für die Verbindung mit Geistern angesehen werden. Es wurden allerdings ausschließlich Schädel von bereits verstorbenen Menschen genutzt. Grabräubereien waren in diesem Kontext keine Seltenheiten.

Gepflegt und genutzt wird der Nganga von dem religiösen Führer, dem Palero, um mit der spirituellen Welt zu kommunizieren, zu heilen oder Schutz zu bieten. Jeder Nganga ist einzigartig und spiegelt die individuellen Überzeugungen desjenigen wider, der ihn betreut. Diese Glaubenspraktiken waren zu jener Zeit weit verbreitet. In einem Zeitraum von nur drei Monaten des Jahres 1989 wurden mehr als 200 tote Hühner im Miami River gefunden. Doch die Funde beschränkten sich nicht nur auf Hühner. Auch Schildkröten, Katzen, Hunde und Aale waren darunter, viele von ihnen enthauptet oder auf andere Weise verstümmelt, einige mit aufgeschnittenen Schädeln, scheinbar um das Gehirn für ein Nganga zu entnehmen.

Was auf uns grausig klingt und wirkt, hat im Glauben der Palo aber durchaus einen positiven Zweck. Es geht beim Nganga darum, Gutes zu bewirken. Zum Beispiel Krankheiten zu heilen oder bestimmten Menschen Glück zu bringen. Durch die Opfer sollen die Geistwesen positiv gestimmt werden, es wird um Schutz, Führung und Segen gebeten. Natürlich gab es auch die schwarzmagischen Elemente, den Glauben daran, dass es dunkle Geister gab. Normalerweise sollen Ngangas außerhalb des Hauses aufbewahrt werden, um sicherzustellen, dass die Einflüsse, die man ihnen zuschreibt, nur dann wirken, wenn sie bewusst gebraucht werden.

Adolfo hatte als Teenager ein unstetes Leben, das von diesem Kult geprägt war. Bereits mit 14 schwängerte er ein Mädchen, das allerdings den Kontakt zu ihm abbrach, sodass er seinen Sohn nie richtig kennenlernte. Er schlug sich mit Gelegenheitsjobs durch, eine feste Anstellung hatte er nie lange. Vielleicht auch deshalb, weil er in der „weltlichen Umgebung" keinen Fuß fassen konnte, wurde seine religiöse Rolle im Palo immer wichtiger. Ihm wurden von seiner Mutter und anderen Gläubigen in seinem Umfeld zunehmend übersinnliche Fähigkeiten nachgesagt. Angeblich soll er 1980 die Schüsse auf Ronald Reagan, die ein Jahr später fielen, vorhergesagt haben – inklusive der Tatsache, dass der Politiker dieses Attentat überleben würde. Auch wurde Adolfo zugeschrieben, dass er Krankheiten heilen könne. Im Alter von 21 Jahren schließlich war es so weit: Adolfo wurde formal in den Palo-Kult initiiert. Im Zuge der Initiation verschreibt man sich im Palo einer bestimmten Gottheit, der man sich lebenslang verpflichtet – für Adolfo war dies die Gottheit Kadiepembe, die manchmal als die Palo-Version des Satans bezeichnet wird.

Der Padrino findet Anhänger*innen

Im Jahr 1984 zog Adolfo nach Mexiko-Stadt. Sein Ziel war es, Vollzeit als Palo-Padrino zu arbeiten und seine religiösen Fähigkeiten zu Geld zu machen. Weil sich das anfangs schwieriger gestaltete als erwartet, schlug er sich als Model durch – der spätere Serienkiller war ein sehr attraktiver junger Mann. Er bekam ein weiteres Kind mit einer Frau, allerdings hielt auch hier der Kontakt nicht lange. Adolfos Beziehungen waren hauptsächlich mit Männern. Die einzigen längerfristigen Beziehungen, von denen man weiß, waren mit gleichgeschlechtlichen Partnern. Er nutzte die Abenden und Nächte, um seine Fähigkeiten in Palo weiter auszubauen. Insbesondere in Kreisen von Drogendealern gelangte er zunehmend zu einer gewissen Bekanntheit: Adolfo behauptete, seine schwarzmagischen Rituale könnten sie beschützen oder sogar unbesiegbar und für die Polizei unauffindbar machen.

Adolfo war ein charismatischer Mensch, dem es leichtfiel, andere von sich zu überzeugen. Seine Ausstrahlung vermittelte den Eindruck einer besonderen Verbindung zur geistigen Welt. In seinen Ritualen wurden fast immer Tieropfer dargebracht, darunter nicht nur Hühner, sondern auch größere Tiere. Mit der Zeit erarbeitete sich Adolfo einen Ruf als fähiger Schwarzmagier. Adolfos Tagebücher dokumentieren 31 Stammkunden, von denen einige bis zu 4500 Dollar für nur eine einzige Zeremonie zahlten. Die Preisliste für Opfertiere zeigt, dass die jeweiligen Opfertiere auch unterschiedliche Wirkungen und Funktionen hatten: Je teurer, desto wirksamer. Hähne kosteten sechs Dollar, Ziegen 30 Dollar, Boa constrictors 450 Dollar, erwachsene Zebras 1100 Dollar und Löwenjunge 3100 Dollar pro Stück. Ein weiterer Teil von Adolfos Weltbild war, dass er nur seinen eigenen Glauben als den richtigen anerkannte. Alle, die nicht seinen Glauben teilten, sah er als Tiere und entmenschlichte sie. Mindestens in der Theorie war bei ihm der gedankliche Schritt zum Menschenopfer nicht weit, da diese Sichtweise bedeutete, dass Menschen mit einem anderen Glauben als besonders wirkungsvolle „Tieropfer" fungierten.

Es war zu dieser Zeit, dass sich eine erste Gruppe von Anhänger*innen um Adolfo scharte. Später berichteten Menschen, die ihm begegnet waren, er habe tatsächlich übernatürliche Kräfte gehabt. Er habe Dinge gewusst, die er nicht hätte wissen können. Seine Kundschaft wuchs stetig, darunter Ärzte, Models oder Beamte. Auch Entertainer aus Nachtklubs zählten zu seinen Kunden. Szenen wie die folgende trugen zu seinem stetig besser werdenden Ruf bei: Eine lokale Dragqueen namens Damien, die von einem Nachtklubbesitzer um ihren Lohn betrogen und später in einem Streit verprügelt worden war, heuerte Adolfo an, um sich zu rächen. Der Schwarzmagier veranstaltete ein Rache-Ritual für Damien. Ohne Damiens Wissen sorgte Adolfo dafür, dass anonym blutige Botschaften und ein totes Huhn im Nachtklub des Betrügers platziert wurden. Der Klubbesitzer war von diesen Ereignissen so schockiert, dass er einen Herzinfarkt erlitt und wenige Wochen später verstarb. Man kann das aus Adolfos Sicht einen glücklichen Zufall nennen – es trug in jedem Fall dazu bei, dass seine Rituale als wirksam betrachtet wurden. Damien wurde schließlich ein Mitglied in Adolfos Truppe.

Adolfo begann nun, seinen ersten Nganga herzustellen. Seine Anhänger*innen halfen ihm dabei, ein Grab zu plündern, und Adolfo beeindruckte daraufhin mit einer eindrucksvollen Performance vor seinem kleinen Kult. Als seine Jünger*innen mit dem Leichnam zurückkamen, legte Adolfo die sterblichen Überreste vor einen Altar. Er ließ sich selbst mit einem weißen Laken zudecken, als wäre er gestorben, und fiel in Trance. In einer gespenstischen Zeremonie erhob er sich anschließend mit Grimassen und undefinierbaren Tönen, als sei er ein Geist. Eine Person musste ihn anschließend befragen, ob er bereit sei, ihnen zu dienen – Adolfo, der völlig in seiner Rolle als Medium des Geistwesens aufging, bejahte. Die Gruppe legte die Skelett-Teile zusammen mit vielen anderen Gegenständen und Tieropfern in den Kessel: Münzen, ein Ziegenkopf, eine geröstete Schildkröte und eine gekochte Katze. Gemäß dem Glauben der Gruppe musste nun dieser Geist in der Nganga regelmäßig gefüttert und besänftigt werden, damit er dauerhaft den Befehlen Adolfos folgte. Adolfo verband dieses Ritual damit, dass er seinen Anhänger*innen mitteilte, dass sie jetzt zu seiner Familie gehörten. Der Geist würde nicht nur ihn, sondern auch sie beschützen und ihnen Glück bringen.

Mindestens vier der Mitglieder in Adolfos Gruppe waren Beamte von Polizeibehörden. Einer von ihnen, Salvador Garcia, war ein für Drogenermittlungen zuständiger Kommandeur; ein anderer war Florentino Ventura, der bei der Bundespolizei arbeitete und die mexikanische Niederlassung von Interpol leitete. Mitglieder wie diese beiden verschafften Adolfo enorme Möglichkeiten. Nicht nur konnte er sich selbst als Polizeibeamter ausgeben (Salvatore verschaffte ihm eine Dienstmarke und einen entsprechenden Ausweis), er kam problemlos an vertrauliche Informationen, die für ihn im wahrsten Sinne des Wortes Gold wert waren: Interna bei den Polizei- und Strafverfolgungsbehörden. Wenn man sich anschaut, was Adolfo hinter den Kulissen tat, entstehen erhebliche Zweifel, ob er wirklich von der Wirkung seiner magischen Rituale überzeugt war. Die bereits geschilderte Szene mit Damien ist nur ein Beispiel. Dadurch, dass Adolfo zunehmend gefährliche Verbrecher aus dem Drogenmilieu als Kunden bekam, ging er lieber auf Nummer sicher. Immer wieder gab es Kunden, die teuer für seine Dienste bezahlten und von denen Adolfo wusste, dass sie sich rächen würden, wenn seine Vorhersagen falsch wären. Also ergriff er praktische Maßnahmen, um seinen Erfolg sicherzustellen. Er traf beispielsweise Absprachen mit loyalen Behördenbeamten, um sicherzustellen, dass die Polizei an einem bestimmten Tag von einer bestimmten Straße fernbleiben sollte. Oder er wartete mit der Beratung eines Kunden, bis er wichtige Informationen von seinen Kontakten in den Strafverfolgungsbehörden erhalten hatte, die er dann wirkungsvoll in seine Zeremonien einbauen konnte.

Ein Konkurrent wird zur Opfergabe

So wurde Adolfo schließlich zu einem wohlhabenden Mann. Er fokussierte sich in den Anfangsjahren darauf, sein Unternehmen auszubauen – er gönnte sich Eigentumswohnungen, teuren Schmuck und schicke Autos. Doch der Neid zerfraß ihn: Ständig sah er die schwerreichen Drogenbarone, die ihn für seine Zeremonien zwar anständig bezahlten, dennoch um ein Vielfaches reicher waren, als er es je sein würde. 1987 beschloss er schließlich, selbst ins Drogengeschäft einzusteigen. Ein Mann namens Guillermo Calzada sollte ihm den Einstieg ermöglichen. Calzada schmuggelte Kokain in importierten Feuerlöschern in die USA. Der Drogenschmuggler mochte Adolfo, er war begeistert von seinen Fähigkeiten – die in Wahrheit schlicht daher rührten, dass Adolfo über seine Polizeikontakte recht viel über Calzada wusste und ihm ein solch eindrucksvolles Schauspiel bieten konnte. Adolfo wollte nun seine Sympathien bei Calzada nutzen, um mit ihm ins Geschäft zu kommen. Allerdings war sein Angebot an den Kriminellen so dreist, dass die Situation eskalierte: Adolfo ging zu Calzada, wollte gleichberechtigter Geschäftspartner werden und verlangte 50 % der Gewinne, um weiterhin seinen magischen Schutz zu garantieren. Darauf konnte sich Calzada nicht einlassen, er schrie Adolfo an und sagte ihm, er wolle ihn nie wieder sehen.

Das führte zu den ersten bekannten Morden, die Adolfo Constanzo beging. Wenige Tage nach diesem Streit, am 30. April 1987, rief der Palo-Magier bei Calzada an. Er entschuldigte sich und sagte ihm, er sei vermutlich von einem Geist besessen gewesen, der ihm den Verstand geraubt habe. Es bestünde die Gefahr, dass er Guillermo bei seinem Besuch mit ebendiesem Geist angesteckt habe. Als Zeichen seines guten Willens bot er ihm an, eine kostenlose Reinigungszeremonie durchzuführen. Calzada sollte, so sagte es Adolfo, zu der Zeremonie alle mitbringen, die ihm nahestünden – er wolle ausschließen, dass der Geist sich weiterverbreite. Guillermo entschied sich, seine Mutter, seine Frau, seinen Leibwächter, seinen Geschäftspartner, seine Sekretärin und sein Dienstmädchen, das damals noch ein Teenager war, mitzubringen.

Was dann genau passierte, ist nicht ganz klar. Fakt ist: Es muss ein Gemetzel gewesen sein. Die betreffenden Personen wurden am 1. Mai als vermisst gemeldet. Als die Polizei in das

Büro Calzadas kam, fand sie nur noch Überreste einer religiös anmutenden Zeremonie: geschmolzene Kerzen und Überreste von Tieropfern. Es vergingen sechs weitere Tage, bis die grausam verstümmelten Leichen der Vermissten in einem nahe gelegenen Fluss angespült wurden. Alle wiesen Spuren sadistischer Folter auf: entfernte Finger, Zehen und Ohren, herausgeschnittene Herzen und Geschlechtsorgane. Bei einem Opfer wurden Teile der Wirbelsäule entfernt, bei zwei weiteren fehlte das Gehirn. Die Morde konnten zu dieser Zeit nicht Adolfo zugeschrieben werden. Erst viel später wurde klar, dass Adolfo die Menschen ermordet und die Körperteile und Organe für seinen Nganga genutzt hatte.

Seine Anhänger*innen wussten indes sofort Bescheid: Sie waren daran beteiligt, die Körperteile und Organe als Opfergaben für den Nganga darzubringen. Es lässt sich nur spekulieren, warum niemand zu diesem Zeitpunkt die Gruppe verlassen hat. Offenbar konnte Adolfo mit seinem Charisma plausibel machen, dass nun auch Menschenopfer gebracht werden müssten, um den Nganga bei Laune zu halten. Der „Kessel des Blutes" sollte fortan gezielt auch mit Menschenopfern gefüllt werden. Adolfo war ohne Zögern bereit, Menschen aus dem Weg zu räumen und/oder zu opfern, um seine schwarzmagischen Rituale durchzuführen. In den Kreisen, in denen er sich bewegte, beeindruckte er seine wichtigsten Kunden damit – Skrupellosigkeit galt für die, die ihn teuer bezahlten, als wichtige Eigenschaft.

Nach diesen Ereignissen war Adolfo mehr denn je besessen davon, selbst zum Drogenbaron aufzusteigen. Nur hatte er ein Problem, denn die Calzadas kamen als Geschäftspartner ja nicht mehr infrage. Einer seiner Anhänger, der Polizeibeamte Salvador Garcia, sollte Abhilfe schaffen. Garcia war mit zuständig für Drogenangelegenheiten bei der mexikanischen Polizei. Insbesondere war sein Fokus die mexikanische Grenzstadt Matamoros, die quasi direkt in das texanische Brownsville übergeht. Beide Orte sind nur durch einen Fluss getrennt, mehrere Brücken, die man problemlos zu Fuß überqueren kann, verbinden hier Mexiko mit den USA. In Matamoros war ein weiteres Drogenkartell aktiv, zu dem Garcia nun die Kontakte herstellte: die Hernandez-Familie. Sie waren bekannt dafür, Drogen über die Grenze in die Vereinigten Staaten zu schmuggeln. Nach dem Tod ihres Kartellführers, Saul Hernandez, der 1987 vor einer Bar in Matamoros erschossen wurde, geriet der „Familienbetrieb" ins Wanken. Adolfo, der das Kartell mittelfristig übernehmen wollte, bot dem Clan zunächst an, sich einzubringen – seine Angebote glichen denen, die er schon zuvor im Portfolio hatte: Schutzzauber und Beratungen.

Zu dieser Zeit lernte Adolfo eine junge Frau kennen: Sara Maria Aldrete Villareal, eine 22-jährige Studentin. Sara lebte in Matamoros, und ihr damaliger Freund war in Brownsville als Drogenschmuggler bekannt. Doch damit nicht genug: Einer der Hernandez-Brüder, Elio, war in Sara verliebt. Für Adolfo war Sara deshalb ein Mittel zum Zweck, um Einfluss im Hernandez-Kartell zu bekommen.

Adolfo zog Sara schnell in seinen Bann. Immer wieder legte er ihr Tarotkarten oder deutete Dinge über ihre Zukunft an. Unter anderem teilte er ihr mit, dass ihr Freund bald mit ihr Schluss machen würde. Das trat dann auch ein: Er erzählte ihrem Freund nämlich, dass Sara angeblich eine Affäre habe, woraufhin dieser sie verließ. Sein Plan ging auf. Sara blieb, wurde Teil seiner Gruppe und zu einer glühenden Verehrerin Adolfos. Und mehr als das – sie wurde zur Nummer zwei in dem Kult um den Palo-Padrino. Er gab ihr den Namen „La Madrina" („Die Patin"). Tagsüber war sie die brave Studentin, abends und nachts wurde sie fortan von Adolfo in die Geheimnisse seiner Lehren eingeweiht. So gewann er schließlich tatsächlich auch Einfluss im

Hernandez-Clan: Elio Hernandez wurde aufgrund seiner Liebe zu Sara ebenfalls ein Jünger. Adolfo teilte ihm mit, er müsse Sara als Padrina gehorchen, was im Prinzip nichts anderes bedeutete, als ihm, Adolfo, zu gehorchen.

Der Kult um Adolfo festigte sich in dieser Zeit zunehmend, und die Gruppe gewann an Struktur. Die Leitungsebene war dabei klar: Adolfo hatte die Zügel in der Hand, er war das Medium und derjenige mit den übersinnlichen Fähigkeiten. Sara folgte gleich danach; sie war vor allem zuständig dafür, neue Mitglieder zu rekrutieren. Wenn Adolfo nicht bei seinen Jünger*innen war, übernahm Sara die Aufgabe der Anführerin, bis er wieder zurück war. Regelmäßig veranstaltete Adolfo Kurse, die seine Anhänger*innen in die Opfer- und Blutrituale einführten und ihnen deren Bedeutung nahebrachten. Adolfo arbeitete mit Elio zusammen, um das Drogengeschäft aufrechtzuerhalten – er wurde nun tatsächlich zu einem Drogenbaron und hatte maßgeblichen Einfluss in der Welt der Drogenkriminalität in Matamoros.

Hinzu kam, dass die Gruppe etwa zu dieser Zeit, im Jahr 1988, auf ein eigenes Gelände zog: die Ranch „Santa Elena", ungefähr 30 Kilometer außerhalb von Matamoros in der Wüste. Die Immobilie gehörte der Hernandez-Familie. Dieser Ort wurde – man kann es nicht anders sagen – zum Ort des Grauens. Denn dort entfaltete sich nicht nur das tödliche Gesicht des Kultes, sondern vor allem auch die sadistische Ader Adolfo Constanzos in einem unvorstellbaren Ausmaß. Die Rituale der Gruppe wurden immer extremer und grausamer. Teil der Lehre des Padrinos wurde, dass die Opfer für den Nganga umso wertvoller wurden, je grausamer und qualvoller ihr Todeskampf war. Ich erspare hier Einzelheiten, aber wer als Opfer ins Visier der Gruppe geriet, musste Schreckliches erleiden – es gibt Berichte, nach denen Adolfo auf seine Jünger*innen sauer wurde, als sie einmal versehentlich ein Opfer erschossen und Adolfo so die Möglichkeit nahmen, es zu foltern und zu quälen. Die Morde waren stets damit verbunden, dass die Leichen verstümmelt und ausgeweidet wurden, schließlich war das vermeintliche Hauptziel, den Kessel des Blutes zu füllen und den Nganga wohlwollend zu stimmen.

Adolfo war ein unvorstellbar grausamer Sadist. Immer wieder verlangte er nach Opfern, die er in dem eigens dafür eingerichteten Ritual-Raum auf der Ranch zu Tode quälte. Inwieweit die anderen ihm aus Angst, Überzeugung oder eigenen sadistischen Bedürfnissen nachfolgten, lässt sich nicht sagen. Die Mordlust Adolfos machte jedenfalls auch vor seinen eigenen Anhänger*innen nicht halt – wer nicht gehorchte, musste um sein Leben fürchten. Einer seiner Jünger, Jorge Gomez, wurde beim Drogenkonsum erwischt. Das war strikt verboten. Adolfo erkor ihn kurzerhand als nächstes Opfer aus. Adolfo hatte dabei keine Hemmungen, sich persönlich die Hände schmutzig zu machen. Im Gegenteil – er zog es vor, die Foltermorde selbst durchzuführen.

Zur Wahrheit gehört auch, dass viele der Morde nicht nur den Sadismus Adolfos befriedigten, sondern auch ganz pragmatische Zwecke hatten: Ein Großteil der Opfer waren schlicht rivalisierende Drogenhändler. So wurden auf der Ranch Santa Elena zum Beispiel am 28. Mai 1988 der Drogendealer Hector de la Fuente und der Bauer Moises Castillo durch Schüsse hingerichtet. Die Männer wurden in einen abgelegenen Teil der Ranch geführt, Adolfo fragte sie anschließend, ob sie gute Christen seien. Als sie das bejahten, sagte er zu seinen Anhänger*innen: *„Ich habe euch gesagt, dass Christen Tiere sind.“* Dann schoss er beiden Männern in den Kopf. Adolfo war allerdings enttäuscht, weil ihm das zu schnell ging. Am 14. Februar 1989 wurde der konkurrierende Schmuggler Ezequiel Luna zu Tode gefoltert; als zwei andere Dealer zufällig an diesem Abend vorbeikamen und in die Zeremonie platzten, wurden sie ebenfalls ermordet und ausgeweidet.

Der Anfang vom Ende: Der Mord an Mark Kilroy

Es war dieser Sadismus, der letztlich auch dazu führte, dass es mit der Gruppe um Adolfo Constanzo zu Ende ging. Denn ein Opfer sorgte für so viel Aufmerksamkeit, dass der Kult um den Padrino aufflog. Es war Anfang März 1989, als er – wieder einmal – bei einer der Zeremonien enttäuscht war. Sein Opfer schrie und bettelte nicht, wie er es erwartet hatte. Aus seiner Sicht war die Zeremonie damit wertlos. Das Opfer würde der Gruppe keinen Schutz bringen. Sein anschließender Befehl war deutlich: *„Bringt mir beim nächsten Mal einen Amerikaner, einen blonden, weichen Typ. Einen, den ich nutzen kann, einen, der schreit."* Und sie wurden fündig. Der damals 21-jährige Mark Kilroy geriet ins Visier des Drogen-Kultes.

Mark Kilroy war einer von Hunderttausenden Studierenden, die jedes Jahr während des sogenannten „Spring Break" das Leben genießen wollten: Aufregende Romanzen, sexuelle Ausschweifungen, exzessiver Alkoholkonsum waren ein Teil davon. Und die texanische Grenzstadt Matamoros war ein attraktives Ziel während des Spring Break, nicht zuletzt, weil man Alkohol schon im Alter von 18 Jahren bekam. Zusammen mit drei Freunden zog es in diesem Jahr auch Mark in diese Gegend. Sie kamen in einem Hotel an der Küste rund 40 Kilometer nördlich von Brownsville unter. Fest zum Programm gehörte, gegen Nachmittag nach Brownsville zu fahren und dann die Grenze nach Mexiko zu überqueren – zusammen mit Zehntausenden anderen jungen Erwachsenen. Mark Kilroy sollte niemals zurückkehren.

Es war der frühe Morgen des 14. März, als sich an diesem Dienstag gegen 2:00 Uhr die Bars leerten. Die vier Freunde überlegten, ob sie noch weiterziehen sollten – entschlossen sich dann aber, nach Hause zurückzukehren. Es war für die Gruppe bereits der zweite Abend in Folge, den sie in Matamoros verbrachten. Die vier Jungs torkelten zurück Richtung Brücke. Plötzlich, so erinnerten sie sich später, war Mark nicht mehr da. Wie vom Erdboden verschluckt.

Die Ermittlungen würden später offenbaren, was passiert war. Adolfos Kult war auf der Suche nach einem neuen Opfer. Dazu fuhren sie in einem roten Pickup-Truck durch die Straßen, ganz bewusst zu einer Zeit, in der viele betrunkene Studierende unterwegs waren. Sie sprachen Mark an, ob er eine Mitfahrgelegenheit bräuchte. „Ja, Mann, ich bin so betrunken", soll er gemurmelt haben und eingestiegen sein. Er soll kurz gezögert haben, um nach seinen Freunden zu schauen – die aber waren bereits zu weit entfernt. Also traf er die verhängnisvolle Entscheidung, alleine mitzufahren. Offenbar war er noch nüchtern genug, um doch bald zu realisieren, dass etwas nicht mit rechten Dingen zuging: Bei einer kurzen Pinkelpause an einer Bar startete er einen erfolglosen Fluchtversuch. Doch es war zu spät – die Falle hatte zugeschnappt. Mark Kilroy war mit seinen Peinigern auf dem Weg zur Santa Elena Ranch.

Was sich dort später am Tag ereignete, übersteigt jegliche Vorstellungskraft. Während seine Freunde noch verzweifelt in Matamoros nach Mark suchten, begegnete er dem Teufel in Person: Adolfo Constanzo. Zusammen mit zwei engen Vertrauten seines Kultes ermordete er den jungen Amerikaner bestialisch in dem dafür vorgesehen Raum auf der Ranch. Sie misshandelten ihn, kastrierten ihn und spalteten seinen Schädel. Seinen Körper weideten sie aus, das Herz kam in den „Kessel des Blutes" – wie auch Kilroys Gehirn, das sie entnahmen und es im Nganga platzierten. Später würde eines der Mitglieder sagen, dass Adolfo der Überzeugung war, dass das Hirn eines amerikanischen

College-Studenten die Geistwesen schlauer machen würde. In seine Wirbelsäule führten sie einen Draht ein, sodass, nachdem der Korper verwest war, die Knochen leicht aus dem Boden gezogen werden konnten. Daraus wollten sie anschließend eine magische Kette herstellen. Die Überreste begruben sie dann in ein flaches Grab auf dem Gelände der Ranch, wobei das Ende des Drahtes an der Oberfläche sichtbar war. Die Kultmitglieder waren davon überzeugt, dass dieses Menschenopfer und der damit einhergehende Schutzzauber so mächtig waren, dass ihnen die Polizei in naher Zukunft nichts würde anhaben können.

Marks Freunde wussten von alldem nichts. Aber sie sorgten sich und meldeten ihn als vermisst. Zunächst nahmen die Behörden das nicht sonderlich ernst – es war keine Seltenheit, dass junge Menschen während des Spring Break ein paar Tage nicht aufzufinden waren. Kilroy war eine von 60 Personen, die in den ersten drei Monaten des Jahres 1989 in Matamoros zeitweise verschwunden waren. Allerdings setzte sich Kilroys Onkel, der bei den US-Zollbehörden arbeitete, dafür ein, dass nach dem jungen Mann gesucht wurde. Weil sie Angst vor schlechter Publicity und eventuellen Auswirkungen auf den Tourismus hatten, begannen die Behörden schließlich, nach Mark zu suchen. Schnell kam der Verdacht auf, der Student könne einem Verbrechen zum Opfer gefallen sein. Allerdings ging man davon aus, dass es sich um einen Raubüberfall handelte. Die mexikanische Polizei vermutete, Kilroy sei ermordet und seine Leiche irgendwo an einer abgelegenen Stelle abgelegt worden. Es gab keine Beweise dafür, und auch die Suche nach Kilroy blieb erfolglos. Seine Eltern gaben die Hoffnung nicht auf: Sie kamen in die Region und verteilten insgesamt mehr als 20 000 Flugzettel, auf denen eine Belohnung von 15 000 Dollar für diejenige Person versprochen wurde, die dabei helfen konnte, den jungen Mann zu finden. Rund 14 Tage später, am 26. März, wurde der Fall in der TV-Show „America's Most Wanted" vorgestellt und erlangte so nationale Bekanntheit. Doch ohne Erfolg: Es gingen keine nützlichen Hinweise zum Verbleib von Mark Kilroy ein.

Der entscheidende Durchbruch erfolgte am 1. April 1989. Eines der Kultmitglieder geriet bei einer Drogenkontrolle ins Visier der Polizei. Anstatt ihn festzunehmen, beschlossen die Beamten, ihm zu folgen – er führte sie zur Ranch Santa Elena. Schnell war den Polizisten klar, dass hier etwas nicht mit rechten Dingen zuging und dass die Hernandez-Familie damit im Zusammenhang stand. Sie beschlossen, weitere Beweise zu sammeln, und befragten Informanten in Matamoros. Dann schlugen sie zu: Am 9. April verhafteten sie mehrere Mitglieder des Kultes um Adolfo. Da diese sich nach wie vor als unbesiegbar und unantastbar fühlten, waren sie bei der Festnahme recht entspannt. Bei den Verhören (die durchaus brutal verliefen, Folter war in diesen Kontexten nicht unüblich) gestand eines der Sektenmitglieder, Serafin Hernández Garcia, dass mehrere Menschen auf der Ranch Santa Elena ermordet worden seien und dort begraben liegen würden. Er erklärte auch, dass Adolfo Constanzo die Morde angeordnet hätte und das Oberhaupt ihrer Gruppe sei.

Am 11. April gingen die Beamten schließlich mit Serafin und den anderen festgenommenen Sektenmitgliedern auf die Ranch. Die Waffen auf sie gerichtet, zwangen sie die Gefangenen mehrere Stunden lang, die Gräber zu lokalisieren und auszugraben. Am Ende standen sie vor 15 verstümmelten Leichen, darunter auch die von Mark Kilroy. Allesamt waren männlich und über einen Zeitraum von rund neun Monaten auf der Ranch ermordet worden. Kilroys Leiche konnte durch den Abgleich mit zahnärztlichen Unterlagen zweifelsfrei identifiziert werden. Bei den meisten Opfern handelte es sich um rivalisierende Drogendealer; Zufallsopfer wie Kilroy waren die Ausnahme, auch wenn drei der Leichen nie identifiziert werden konnten. Auf der Ranch fanden und beschlagnahmten die Beamten außerdem 110 kg Marihuana, 108 Gramm Kokain, zwölf Schusswaffen, darunter drei Maschinenpistolen, und elf Fahrzeuge. Auch den „Kessel des Blutes“ fanden sie: Darin lagen in Tierblut getränkt Überreste eines menschlichen Gehirns, ein Ziegenkopf, Hühnerfüße, eine Schildkröte, Kräuter, ein Hufeisen und Münzen.

Die Polizei war offensichtlich stark betroffen von dem, was sie auf der Ranch gefunden hatte. Zwei Wochen nach der Entdeckung der Leichen kehrte ein Trupp der Behörde zum Tatort zurück, setzte die Hütte, in der die Rituale stattgefunden hatten, in Brand und errichtete ein Holzkreuz auf der Asche des Gebäudes. Mexikos Regierung äußerte sich offiziell nicht zu diesen Vorgängen. Vermutlich steckten dahinter zwei Motive: Zum einen war auch in der Polizeibehörde der Glaube an Übernatürliches verbreitet – man wollte diesen Ort vernichten und reinigen. Zum anderen wollte man Adolfo auf die Palme treiben. Man vermutete aufgrund der Aussagen der festgenommenen Kult-Anhänger*innen: Wenn der Brand seiner heiligen Stätte öffentlich bekannt würde, würde er ausflippen. Und genau das geschah. Als die brennende Hütte am nächsten Morgen im Fernsehen zu sehen war, tobte Adolfo.

Ihm war nach dem Mord an Kilroy und der darauffolgenden Razzia die Flucht gelungen. Er floh über Umwege nach Mexiko-Stadt, wo er mehrere Immobilien besaß. Mit ihm waren vier Mitglieder seiner Sekte geflohen unter anderem Sara Aldrete und ein Mann namens Martin Rodriguez, mit dem er eine Liebesbeziehung pflegte. Nach den Exhumierungen begann eine regelrechte öffentliche Hetzjagd auf den Sektenführer und die verbliebenen Jünger*innen. Gerüchte machten die Runde. Die einen behaupteten, er sei in Miami bei seiner Mutter, andere wollen ihn in Chicago gesehen haben, wieder andere behaupteten, Sara Aldrete sei im Rio Grande Valley unterwegs, um Kinder zu entführen.

Mitte April begann die Polizei, Adolfos Immobilien in Mexiko-Stadt ins Visier zu nehmen. Anfangs erfolglos, zog sich die Schlinge um Adolfo immer weiter zu. Bis zur ersten Maiwoche 1989. Der Polizei fiel ein verdächtiger Mann auf, der in einem Supermarkt große Mengen an Lebensmitteln mit US-Dollar bezahlen wollte. Sie folgten ihm bis zu einer Wohnung, in der er offenbar lebte. Eine vorläufige Identifizierung ergab, dass es sich um eines von Adolfos Kultmitglieder handelte, die mit ihm auf der Flucht waren: Álvaro de León Valdéz. Die Beamten vermuteten, dass sich Adolfo in der Wohnung aufhielt und Valdéz ihn mit Lebensmitteln versorgte. Ende der Woche, am Samstag, dem 6. Mai 1989, schlugen sie schließlich zu. Als die Beamten anrückten, entdeckte Adolfo sie jedoch und eröffnete aus der Wohnung heraus das Feuer. Für ihn war es keine Option, sich verhaften zu lassen – eher würde er sterben. Als schließlich die Munition zur Neige ging, wurde Adolfo klar, dass er keine Chance mehr hatte. Er befahl Valdéz, ihn und seinen Liebhaber Martin Rodriguez zu töten. Valdéz zögerte, aber als Adolfo ihm ins Gesicht schlug und ihm damit drohte, er würde andernfalls in der Hölle landen, folgte er dem Befehl. Adolfo schloss seinen Liebhaber Martin in die Arme und ließ sich in einen Schrank einschließen. Anschließend eröffnete Valdéz mit einem Maschinengewehr und den letzten verbliebenen Patronen das Feuer auf den Schrank. Beide Männer waren sofort tot.

Die darauffolgenden Prozesse dauerten mehrere Jahre. Es waren nicht nur viele, die Ereignisse waren auch so verworren, dass die ermittelnden Behörden lange brauchten, um genau herauszufinden, was genau wann passiert war. Es gibt bis heute keine endgültige Opferzahl für die Taten des Kultes um Adolfo. Dreiundzwanzig Ritualmorde sind gut dokumentiert. Die mexikanischen Behörden verweisen allerdings auf eine Reihe ungeklärter Morde in Mexiko-Stadt und anderswo, die möglicherweise mit dem Kult zusammenhängen – es kann also gut sein, dass die bekannten Opfer der Gruppe nur die Spitze eines blutigen Eisbergs sind.

Mehrere Mitglieder der Sekte wurden zu jahrzehntelangen Haftstrafen verurteilt. Valdéz wurde für die Tötung an Adolfo und Rodriguez zu 30 Jahren Haft verurteilt, zwei weitere Sektenmitglieder zu je 35 Jahren Haft wegen anderer Morde. Die höchste Strafe erhielt Sara Aldrete. Sie wurde wegen Mitgliedschaft in einer kriminellen Vereinigung und mehrerer Morde auf der Ranch Santa Elena zu insgesamt 62 Jahren Haft verurteilt. Sie sitzt bis heute im Gefängnis – und sollte Aldrete jemals aus dem Gefängnis entlassen werden, planen die amerikanischen Behörden, sie noch wegen des Mordes an Mark Kilroy anzuklagen. Sie beteuert bis heute, nichts von den Morden gewusst zu haben.

Was war da los?

Ich musste bei der Recherche zu diesem Fall einige Male aufstehen und eine Pause einlegen – zu unglaublich und unvorstellbar sind die Ereignisse um Adolfo Constanzo. Und ich glaube, man darf bei der Beurteilung dieses Falles insbesondere zwei Fehler nicht machen.

Zum einen sollte man diese Gruppe nicht mit dem allseits bekannten Phänomen des „Satanismus“ identifizieren, wie es kurz nach der Aufdeckung der Taten in den USA geschah. Es gibt auch heute Menschen, die sich als Satanisten verstehen – mit grausamen Tier- oder Menschenopfern hat deren Weltsicht und rituelle Praxis allerdings nichts zu tun. Ohne zu sehr in die Tiefe gehen zu können: Satanisten sind in aller Regel Atheisten, die den Satan als Symbol verstehen. Sie lehnen einen übernatürlichen Glauben ab und haben in der Regel ein Weltbild, das sehr stark auf persönlicher Freiheit basiert. Oft hat die Befriedigung der menschlichen Bedürfnisse einen hohen Stellenwert, und natürlich spielen Satanisten mit den düsteren Assoziationen, die sie hervorrufen. Auch wenn es Ausreißer gibt, die sich als Satanisten bezeichnen und im Namen ihres Glaubens Verbrechen, auch Morde begehen, so ist doch klar und deutlich festzuhalten: Die Angst vor einem „gefährlichen Satanismus" beruht in erster Linie auf Unkenntnis darüber, was sich dahinter verbirgt. Gleiches gilt übrigens für Adolfos ursprüngliche Religion Palo Mayombe. Was er praktizierte, hatte mit dem Original nur noch entfernt zu tun. Es war seine ganz eigene, brutale Version, die er über die Jahre entwickelt hatte.

Den zweiten Fehler, den man nicht begehen sollte, ist, den geschilderten Fall alleine anhand der religiösen Faktoren zu betrachten. Um es klar und deutlich zu sagen: Adolfo war ein krimineller Drogenhändler, ein Mörder und Verbrecher, dem es darum ging, Macht über andere Menschen auszuüben, seine Gier zu befriedigen und Konkurrenten aus dem Weg zu räumen. Seine dunkle Religion war für ihn Mittel zum Zweck. Ich kann keine medizinische Diagnose stellen, aber seine Taten legen für mich nahe, dass er ein grausamer, psychopathischer Sadist war, dem es Freude bereitete, andere Menschen zu foltern und zu ermorden.

Doch es gehört zur Wahrheit dazu, dass er in seinem religiösen Weltbild eine Rechtfertigung dafür suchte und diese auch seinen Anhänger*innen gegenüber deutlich machte. Ich glaube, insbesondere zwei Faktoren in seinen Lehren trugen maßgeblich dazu bei, dass er die Verbrechen aus dem Glauben heraus gut rechtfertigen konnte: Zum einen der Gedanke, dass es Geistwesen gibt, die durch ein Opfer befriedigt werden müssen – man könnte sagen, dahinter steckt ein bestimmtes Gottes- (oder Götter)bild. Ein Gott, der besänftigt werden muss, oder durch ein Opfer dazu gebracht werden muss, Schutz zu gewährleisten. Es ist ein Gottesbild, das dafür sorgt, dass man in Angst lebt, denn man muss sich die Gunst der Gottheit verdienen. Für die Sekte um Constanzo war das ein wesentlicher Motivationsfaktor, immer wieder zu morden.

Zum anderen war da der Faktor der Entmenschlichung Andersgläubiger: Wer nicht dem eigenen Glauben angehört, gilt nicht als Mensch, sondern als Tier. Es ist eine besonders extreme Form eines exklusivistischen Weltbildes, das behauptet, nur die eigene Weltsicht sei richtig. Hier bei Constanzo geht es über eine Richtig/falsch-Ebene hinaus und wird mit einer Existenz- und Lebensberechtigung verbunden.

Die Verbrechen des Adolfo Constanzo und seiner Anhänger*innen lassen mich schaudernd und ratlos zurück. Mir bleibt unbegreiflich, wie Menschen einander solche Gräuel antun können – egal aus welcher Motivation heraus.

DIE BRANCH DAVIDIANS: FEUERTAUFE IN WACO

Am 19. April 1993 waren die Medien weltweit voll mit Bildern und Berichten aus Waco, Texas. Dort ereignete sich eine unglaubliche Tragödie: Dutzende Menschen starben, als in einem Gebäudekomplex ein Feuer ausbrach. Auf dem Gelände hatten sich Gläubige der Branch Davidians verschanzt – einer kleinen Splittergruppe adventistischer Christen. Sie lebten dort seit 51 Tagen unter ihrem Anführer David Koresh in Isolation, belagert vom FBI. Als die Beamten sich zur Stürmung entschieden, kam es zur Katastrophe.

Die Geschichte der Branch Davidians wirft viele Fragen auf. Was war das für eine Gruppe, was glaubten sie, und warum wurden sie belagert? Und, vielleicht die wichtigste aller Fragen: Wer war für den Ausbruch des Feuers verantwortlich? War es ein Massensuizid oder ein fataler Fehler der Behörden?

Auch in dieser Geschichte zeigt sich, wie religiöser Fanatismus ein tödliches Ende nehmen kann. Um zu verstehen, vor welchem Hintergrund die Ereignisse im April 1993 stattfanden, müssen wir allerdings einen Schritt zurücktreten und in einem Schnelldurchlauf darauf schauen, vor welchem weltanschaulichen Hintergrund die Branch Davidians entstanden sind. Übersetzt bedeutet „Branch Davidians" so viel wie „Zweig der Davidianer". Es handelt sich um eine Abspaltung von den „Davidianischen Siebenten-Tags-Adventisten", die wiederum eine Abspaltung von den „Siebenten-Tags-Adventisten" sind, die man heute auch in vielen Städten in Deutschland findet.

Die „Siebenten-Tags-Adventisten" sind eine im 19. Jahrhundert entstandene Freikirche, die inzwischen weltweit verbreitet ist und ihren Ursprung in Amerika hat. Zwei Besonderheiten, die sie von vielen Mainstream-Freikirchen unterscheiden, sind die Heiligung des Sabbats (des „Siebten Tags“, wenn man die Wochentagszählung am Sonntag beginnt) und die starke Erwartung, dass Jesus bald wieder auf die Erde zurückkehren wird. Daher rührt der zweite Teil des Namens: „Advent“ bedeutet so viel wie Ankunft und bezieht sich auf die (erneute) Ankunft Jesu in dieser Welt. Die wichtigste Gestalt in der Geschichte der Bewegung ist eine Frau namens Ellen White (1827–1915). Sie wurde zur Prophetin, durch die Gott seine Gemeinde angeblich unmittelbar geführt habe.

Bis heute haben ihre Schriften und Bücher eine wichtige Bedeutung für Adventisten. Die Siebenten-Tags-Adventisten verbreiteten sich zunächst in den USA, bereits 1876 gab es erste Adventgemeinden in Solingen und Wuppertal in Deutschland. Heute gibt es in Deutschland zwischen 30 000–40 000 adventistische Christen, weltweit sind es rund 22 Millionen. Die Freikirche hat sich in den vergangenen Jahrzehnten gewandelt: Anfangs stark exklusivistisch, ist man inzwischen offener und engagiert sich auch in ökumenischer Zusammenarbeit mit anderen Kirchen vor Ort und in der Vereinigung evangelischer Freikirchen. Es hängt immer an den Gemeinden vor Ort ab, wie stark die jeweilige Gemeinde auf Offenheit oder Abgrenzung setzt und ihre Sonderlehren zum Identitätsmarker erhebt.

Kommen wir aber zurück zur ersten entscheidenden Abspaltung: Im Jahr 1929 erschien ein bulgarischer US-Einwanderer namens Victor Houteff auf der Bildfläche. Er war Siebenten-Tags-Adventisten-Sabbatschullehrer in Südkalifornien und sah seine Mission darin, die Adventistische Kirche zu reformieren: Er wollte 144 000 Anhänger*innen um sich sammeln, um mit diesen nach Israel zu ziehen – dort würde dann Jesus wiederkommen. Daraus folgte ein elitäres Selbstverständnis, dem zufolge sie bei der Wiederkunft Jesu die Ersten sein würden, die erlöst werden. Er beschränkte seine Mission auf adventistische

Christen. Auf Führungsebene der Adventistischen Kirche stieß er allerdings auf wenig Gegenliebe, weil man in seinen Lehren eine Gefahr der Spaltung sah. Houteff und seine Anhänger*innen wurden aus den Ortsgemeinden ausgeschlossen. Er schlug also seinen eigenen Weg ein: 1934 errichtete der Prediger sein Hauptquartier westlich von Waco, Texas. Seine Gruppe wurde als „Davidianer" bekannt – der Name war ein Hinweis auf den Glauben daran, dass die Gruppe die Wiederherstellung des davidischen Königreichs Israel zum Ziel hatte.

Nach Houteffs Tod im Jahr 1955 übernahm seine Frau Florence die Leitung der Gruppe. Sie behauptete von sich selbst, auch eine Prophetin zu sein. Ihren Prophezeiungen zufolge sollte sich am 22. April 1959 etwas ganz Besonderes ereignen: Ihr Mann Victor würde von den Toten auferstehen. Damit verbunden würde, so behauptete sie, das Weltende eintreten: Es werde einen Krieg im Nahen Osten geben, der das Land Israel weitgehend menschenleer machen werde. Gleichzeitig würde die Kirche der Siebenten-Tags-Adventisten „gesäubert" werden – darunter verstand sie offenbar ein buchstäbliches Abschlachten all derer, die ihrem Glauben nicht treu waren. Alle, die übrig blieben, einschließlich der davidischen Siebenten-Tags-Adventisten, würden von Gott berufen werden, das Land Israel zu besiedeln und das neue davidische Königreich zu errichten. So forderte Florence ihre Anhänger*innen auf, sich am 22. April am Mount Carmel Center, einem Gebäudekomplex der Gruppe rund 30 Kilometer nordöstlich von Waco, zu versammeln. Etwa 1 000 Menschen kamen.

An diesem 22. April geschah – nichts. Kein Victor, kein Jesus, kein Krieg. Der Fehlschlag der Prophezeiung hätte die Gemeinschaft auf Mount Carmel fast zerrissen, viele verließen die Gruppe zu dieser Zeit. Aber: Einige blieben. Nun gibt es zwei Varianten der Fortführung, die man häufig in Gemeinschaften dieser Art findet, wenn solche Prophezeiungen fehlschlagen: Entweder man deutet das Ganze auf eine andere Ebene um („Es hat etwas stattgefunden, aber für uns nicht sichtbar, in einer geistigen/himmlischen Sphäre!"), oder man sucht nach Gründen dafür, warum nichts eingetreten ist. Man entschied sich für die zweite Variante und fand, dass der Grund dafür sei, dass man die eigene Missionstätigkeit bisher auf die Adventistische Kirche beschränkt habe. Man beschloss, diese Einschränkung künftig aufzuheben.

In der Folgezeit kam es zu weiteren Abspaltungen. Für unseren Kontext entscheidend ist die, die ein Mann namens Benjamin Roden gründete: Die „Branch Davidians" – der Namenszusatz „Branch" ist eine Anspielung auf den „gesalbten Zweig", der im biblischen Buch Sacharja erwähnt wird. Dieser Gruppe gelang es schließlich, sich auf Mount Carmel zu behaupten. Alle anderen verließen diesen Standort und zerstreuten sich. Als Benjamin Roden 1978 starb, versuchte sein Sohn George die Leitung zu übernehmen, indem er behauptete, er sei der rechtmäßige Prophet der Gruppe. Seine Mutter Lois bekämpfte diesen Versuch jedoch erfolgreich, anstatt ihres Sohnes wurde sie die Führerin der Gruppe. Es war jedoch eine sehr konfliktreiche Zeit: Spannungen gab es immer wieder, da George sich mit seiner Rolle nicht abfinden wollte. Nach dem Vorbild der bereits genannten Ellen White waren die jeweiligen Führungspersonen nicht einfach nur Leiter*innen. Sowohl die Davidians als auch die Branch Davidians sahen diejenigen, die ihnen überzeugende Interpretationen der apokalyptischen Prophezeiungen der Bibel präsentierten, als Propheten und von Gott besonders inspirierte Personen.

David Koresh betritt das Parkett

Im Jahr 1981 kommt der damals 22-jährige Vernon Howell nach Mount Carmel und schließt sich der Gruppe an. Howell ist der,

der später zu David Koresh werden sollte. Howell wurde am 17. August 1959 in Houston, Texas geboren. Seine Mutter war zur Zeit seiner Geburt noch ein Teenager, sein Stiefvater alkoholkrank und gewalttätig. Howell hatte eine unstete Kindheit: Er wuchs einige Jahre bei seiner Großmutter auf, dann wieder bei seiner Mutter. Er selbst beschrieb seine Kindheit als einsam.

Howell trat der Konfession seiner Mutter bei, der Kirche der Siebenten-Tags-Adventisten. Dort verscherzte er es sich allerdings mit dem örtlichen Pastor. Über den Grund kursiert folgende Anekdote: Howell soll sich in die Tochter des Pastors verliebt haben. Er betete zu Gott um Rat, wie er sich verhalten sollte. Als er seine Augen öffnete, fand er angeblich die Bibel bei Jesaja 34,16 aufgeschlagen. Dort heißt es: „...keiner wird seinen Gefährten vermissen ...". In der Überzeugung, dass das ein Zeichen Gottes sei, ging Howell auf den Pastor zu und sagte ihm, dass Gott wolle, dass er seine Tochter zur Frau bekomme. Der Vater war wenig begeistert von dieser Prophezeiung und setzte den jungen Mann vor die Tür. Vernon lies aber nicht locker – und wurde deshalb schließlich aus der Gemeinde ausgeschlossen.

Im Jahr 1981 zog Vernon Howell nach Waco, Texas. Dort stieß er schließlich zu den Branch Davidians. Er wurde schnell beliebt, insbesondere bei der Leiterin und Prophetin der Gruppe, Lois. Er bewies auch ein außergewöhnliches Talent zum Lernen und Auslegen von Bibelstellen. Und so begann auch Howell bald, von sich zu behaupten, eine besondere prophetische Gabe zu haben. Lois kam das entgegen. Da sie weiterhin in dem ständigen Konflikt mit ihrem Sohn George stand, begann sie, Howell als ihren Nachfolger in Stellung zu bringen. Es gibt Gerüchte von ehemaligen Branch Davidians, die besagen, dass Lois und Vernon eine sexuelle Beziehung hatten – gesichert ist das aber nicht.

Vernons Behauptung, ein Prophet zu sein, brachte zusätzliche Konflikte in die Gruppe. Noch zu Lebzeiten von Lois schlugen sich viele auf die Seite des eloquenten und charismatischen jungen Mannes. Sie waren der Ansicht, dass ihre bisherige Führerin „den Geist der Prophezeiung“ verloren hatte. George hingegen wurde von Eifersucht und Neid zerrissen – er beanspruchte ebenfalls die Führung der Gruppe, er schlug regelmäßig um sich und griff sowohl Vernon als auch seine Mutter körperlich an. Deshalb verließen im Jahr 1984 Howell und seine Anhänger*innen Mount Carmel, George blieb zurück. Sie lebten zeitweise in der Stadt Waco, dann auf einem Campingplatz und ließen sich schließlich in einem von ihnen errichteten Lager in den Pinienwäldern in der Nähe von Palestine, Texas nieder.

1985 reiste Howell mit seiner Frau Rachel, die er zwischenzeitlich geheiratet hatte, nach Israel. Dort soll er mehrere Offenbarungen gehabt haben, die ihm mitteilten, dass er der Sohn Gottes und der „Christus der Endzeit“ sei. Auch wenn er seinen Namen offiziell erst im Jahr 1990 änderte, nannte er sich ab diesem Zeitpunkt nicht mehr Vernon Howell, sondern „David Koresh“. David bezieht sich dabei auf den alttestamentlichen König David, „Koresh“ hingegen ist das hebräische Wort für „Kyros“ und bezieht sich auf den Perserkönig Kyros II., der unter anderem im Alten Testament als derjenige Perserkönig erwähnt wird, der es den Israeliten ermöglichte, aus dem Exil in die Heimat zurückzukehren. Schon zu dieser Zeit verkündete David Koresh offenbar auch, dass er den „Agenten Babylons“ zum Opfer fallen und von ihnen getötet werden würde. Als David Koresh mit seiner Frau nach Texas zurückkehrte, strotzte er nur so vor Zuversicht und Autoritätsanspruch.

Er bekam einen ersten Sohn mit Rachel. Doch bereits kurz darauf offenbarte Koresh im Jahr 1986 seinen Anhänger*innen, dass Gott wollte, dass er sich weitere Frauen nahm. Die Kinder, die er haben würde, so war er überzeugt, würden beim kommenden Jüngsten Gericht eine Schlüsselrolle spielen. Mit diesem Schritt – man muss es so deutlich sagen – legitimierte David Koresh in der Gruppe zugleich den Missbrauch an minderjährigen Mädchen, den er fortan durchführte. Seine erste weitere „Frau“ war 14. Die zweite, eine Schwester seiner Frau Rachel, war zwölf, als er zum ersten Mal Sex mit ihr hatte. Der Missbrauch und die Polygynie nahmen im Laufe der Jahre immer obskurere Züge an. Im Jahr 1989 verkündete Koresh, dass alle Frauen in der Gemeinschaft seine Ehefrauen seien und alle Männer außer ihm selbst zölibatär leben sollten.

Rückkehr nach Mount Carmel

Im Jahr 1987 spielte sich eine kuriose Episode ab, die dazu führte, dass die Branch Davidians unter der Führung von David Koresh schließlich wieder nach Mount Carmel zurückkehrten. George Roden, der in Mount Carmel zurückgeblieben war, war immer noch überzeugt davon, dass er der rechtmäßige Anführer der Gruppe sei. Er forderte Koresh zu einem „Wettstreit um den Heiligen Geist“ heraus. Zu diesem Zweck grub er den Sarg einer Frau aus, die auf dem Friedhof von Mount Carmel begraben war. Dann rief er zum geistigen Duell – derjenige, der die Frau zum Leben erwecken würde, sei der rechtmäßige Anführer. Koresh wollte sich darauf nicht einlassen. Er meldete die illegale Exhumierung dem Sheriff – doch dort stieß er auf taube Ohren, weil er keine Beweise vorlegen konnte. Koresh und einige seiner Männer kauften anschließend Waffen zum Selbstschutz und gingen nach Mount Carmel. Sie wollten die exhumierte Leiche fotografieren, ohne von Roden entdeckt zu werden. Das Vorhaben aber ging schief. Roden entdeckte die Truppe und eröffnete das Feuer, die Eindringlinge erwiderten die Schüsse. Das führte schließlich dazu, dass der Sheriff anrückte und Koresh und seine Gefährten verhaftete.

Im anschließenden Prozess wegen versuchten Mordes wurden Koresh und die Seinen allerdings freigesprochen. Nicht so

George Roden – weil der nicht an sich halten konnte und während des Prozesses Drohbriefe an die Richter geschrieben hatte, wurde er wiederum zu einer Haftstrafe verurteilt. Daraufhin ließen die Branch Davidians eine einstweilige Verfügung erlassen, die es Roden fortan verbot, das Grundstück des Mount Carmel zu betreten. Weil er bereits in der Vergangenheit als gewalttätig aufgefallen war, wurde diese Verfügung auch ausgestellt.

Und so kehrte David Koresh mit seinen Anhänger*innen schließlich nach Mount Carmel zurück. Als sie die Gebäude wieder bezogen, fanden sie unter anderem Geräte zur Herstellung von Methamphetamin, die sie den Behörden übergaben – offenbar hatte George auf dem Gelände Drogen produziert. Um diese Zeit stieg David Koresh in den Waffenhandel ein. Koresh und einige seiner Männer kauften und verkauften zunehmend Waffen und entsprechende Utensilien auf Waffenmessen. Der Waffenhandel diente zum einen der Finanzierung der Gemeinschaft. Zum anderen war Teil der Lehre Koreshs, dass es in der Endzeit einen Angriff auf Mount Carmel geben würde, und für diesen Angriff wollte man sich wappnen.

Anfang der 1990er-Jahre lebten rund 130 Anhänger*innen von Koresh auf dem Gelände von Mount Carmel. Immer wieder gab es auch Menschen, die die Gruppe verließen, darunter Marc Breault und seine Frau Elizabeth Baranyai. Nach ihrem Austritt wurden sie zu Anti-Koresh-Aktivisten, sie machten seine „Beziehungen" zu minderjährigen Mädchen öffentlich und widerlegten auch seine Prophetien und Lehren in amerikanischen Medien. Koresh hatte durchaus auch Anhänger*innen außerhalb von Mount Carmel – dort lebte vor allem die Kerngruppe. Seine Lehren wurden aber, wenn auch in geringem Maß, auch an anderen Orten geglaubt.

1992 gab es eine Sorgerechts-Anhörung in Michigan, bei der auch Breault aussagte. Es ging darum, dass ein Vater eines

Kindes, der anders als seine Frau selbst kein Branch Davidian war, das Sorgerecht für seine Tochter beanspruchte. Breault sprach vor Gericht ausführlich über Koreshs sexuelle Kontakte zu minderjährigen Mädchen. Auch die Tochter selbst sagte aus, dass Koresh mit ihr Sex gehabt habe, als sie zehn Jahre alt war. Die Mutter verlor anschließend das Sorgerecht und kehrte ohne ihre Tochter nach Mount Carmel zurück. Nach diesen Vorwürfen wurde gegen David Koresh ermittelt, der Fall wurde aber aus Mangel an Beweisen eingestellt.

Man war Koresh und seinen Aktivitäten gegenüber äußerst skeptisch. Insbesondere Äußerungen von ehemaligen Mitgliedern wie Breault führten dazu, dass man mit dem Schlimmsten rechnete. Als im Jahr 1992 Anhänger*innen aus ganz Nordamerika nach Mount Carmel kamen, um dort das Passahfest zu feiern und Koreshs Bibelstudien zu lauschen, äußerten Ex-Mitglieder aufgrund ihrer biografischen Erlebnisse unter dem Einfluss Koreshs explizit die Befürchtung, es könne während der Passahwoche zu einem Gruppensuizid kommen. Doch die Woche zog ereignislos vorüber.

Die Bewohner auf Mount Carmel merkten aber, dass sie zunehmend auch wegen des Waffenhandels im Fokus der Behörden standen. Sie wurden ganz offensichtlich überwacht. Immer wieder gab es Überflüge von Hubschraubern, und ein Haus auf der anderen Seite der Straße wurde von zwei Männern bewohnt, die sie beobachteten. Diese Männer gehörten zu der US-Bundesbehörde ATF, dem „Bureau of Alcohol, Tobacco, Firearms and Explosives“.

Die Belagerung – der Anfang vom Ende

Das ATF erwirkte schließlich einen Durchsuchungsbefehl und Haftbefehle für Koresh und einige seiner Anhänger wegen des Vorwurfs illegalen Waffenbesitzes. Weil man sich eine breitere

Unterstützung der Behörden versprach, erweiterte das ATF die Vorwürfe und äußerte den Verdacht, Koresh betreibe möglicherweise ein Methamphetamin-Labor. Am Sonntagmorgen, dem 28. Februar 1993, versuchte das ATF den Durchsuchungsbefehl zu vollstrecken. Der örtliche Sheriff gab in Tonbandaufnahmen, die nach dem Vorfall veröffentlicht wurden, an, nicht über die Razzia informiert gewesen zu sein.

Anders die Branch Davidians: Dort wusste man offenbar von der bevorstehenden Razzia. Der leitende ATF-Agent hatte wiederum die Information, dass die Branch Davidians von der bevorstehenden Razzia wussten. Dennoch ordnete er die Durchführung an, obwohl das hochgefährlich war, da man von den schweren Waffen wusste. Den Agenten war die Gefahr durchaus bewusst, denn obwohl es nicht zum Standardverfahren gehörte, ließen sich die ATF-Agenten vor der Razzia ihre Blutgruppe auf die Arme oder den Hals schreiben. Im Falle einer Verletzung sollte so eine schnelle Bluttransfusion ermöglicht werden.

Überlebende der Davidianer berichteten später, dass Koresh sich auf die Razzia vorbereitet hatte. Er hatte ausgewählten männlichen Anhängern befohlen, sich zu bewaffnen und Verteidigungspositionen einzunehmen. Die Frauen und Kinder wurden angewiesen, in ihren Zimmern in Deckung zu gehen. Koresh sagte ihnen, dass er versuchen würde, mit den Agenten zu sprechen, und dass das weitere Vorgehen von den Absichten der Agenten abhängen würde.

Man kann das Ende vorwegnehmen: Die Aktion endete in einem Massaker. Etwa zwei Stunden lang versuchten die Agenten mit allen Mitteln, auf das Gelände zu kommen. Ohne Erfolg. Vier Beamte wurden getötet, 16 weitere verwundet. Aufseiten der Davidianer verloren fünf Menschen ihr Leben, zwei davon wurden versehentlich von den eigenen Leuten erschossen. David Koresh wurde leicht verletzt. Fast sechs Stunden nach der

Katastrophe erschossen ATF-Agenten noch einen weiteren Mann der Davidians, der zuvor nicht auf dem Gelände gewesen war und gerade von der Arbeit kam. Er versuchte, auf das Gelände zu kommen – die Agenten behaupteten, er habe auf sie geschossen.

Alan Stone, ein Psychiater, der sich später als Gutachter mit dem Fall beschäftigte, kam zu dem Schluss: Den Branch Davidians sei es in dieser Situation nicht darum gegangen, möglichst viele Agenten zu töten. Er stellte die Gläubigen eher als verzweifelte, fanatisch religiöse Menschen dar, die fest davon überzeugt waren, dass das Ende der Welt bevorsteht. Sie glaubten, dass ihr Schicksal darin bestand, bei der Verteidigung ihres heiligen Landes zu fallen und dadurch Erlösung zu finden. Ähnliches hält auch ein späterer Bericht des amerikanischen Justizministeriums aus dem Jahr 1999 fest: *„Die gewalttätigen Tendenzen gefährlicher Sekten lassen sich in zwei allgemeine Kategorien einteilen – defensive Gewalt und offensive Gewalt. Defensive Gewalt wird von Sekten eingesetzt, um ein Gelände oder eine Enklave zu verteidigen, die speziell geschaffen wurde, um den Kontakt mit der dominanten Kultur weitgehend zu unterbinden. Der Zusammenstoß im Branch-Davidian-Komplex in Waco, Texas, im Jahr 1993 ist ein Beispiel für solche defensive Gewalt. Die Geschichte hat gezeigt, dass Gruppen, die sich von der vorherrschenden Kultur zurückziehen wollen, nur selten nach ihrem Glauben handeln, dass die Endzeit gekommen ist, es sei denn, sie werden provoziert."* David Koresh ging nach diesen Ereignissen an die Öffentlichkeit. Er wandte sich an Medien und rief noch am selben Abend in einer Radio-Talkshow an. Dort bekam er die Gelegenheit, seine Theologie darzulegen. Koresh stellte die Ereignisse ganz explizit in einen endzeitlichen Kontext und sagte kryptische Sätze wie: *„Menschen werden ihr Leben verlieren. Das nächste Ereignis – wir befinden uns gerade im fünften Siegel – das nächste Ereignis, das stattfinden wird, ist, dass im sechsten Siegel die Sonne und die Sterne verfinstert werden."*

Am darauffolgenden Tag, dem 1. März 1993, übernahm das FBI die Kontrolle über den Fall am Mount Carmel. Am 2. März wurde im Radio und Fernsehen eine aufgezeichnete Erklärung von Koresh abgespielt, in der er die wichtigsten Punkte seiner apokalyptischen Theologie darlegte. Koresh hatte den FBI-Unterhändlern versprochen, dass er und die Davidianer noch am selben Tag herauskommen würden, wenn sein Band abgespielt würde. Das FBI ließ sich darauf ein.

In dieser Botschaft bestätigte er den Glauben daran, dass die Davidianer unmittelbar vor weiteren endzeitlichen Ereignissen angegriffen und getötet würden. Was in Mount Carmel passierte, war also in der Deutung Koreshs nicht nur notwendig, sondern zugleich „nur" der Anfang der endzeitlichen Ereignisse.

Nachdem die Nachricht ausgestrahlt worden war, passierte aber nichts. Niemand verließ Mount Carmel. Koresh begründete das damit, dass er sagte, er habe eine weitere Botschaft von Gott erhalten. Diese besagte, dass sie doch noch warten sollten.

Nun begann die Belagerung, die über Wochen andauern sollte. Weil Koresh sich nicht an die Vereinbarung gehalten hatte, fuhren am 2. März Panzer vor. Die Belagerer zogen alle Register: Mal klemmten sie den Strom ab, mal zertrümmerten sie Fahrzeuge der Davidians mit Panzern. Zum Standard gehörte, dass Mount Carmel nachts mit Lautsprechern beschallt wurde und helle Scheinwerfer auf die Gebäude gerichtet wurden – man wollte die Gruppe durch Schlafentzug zur Aufgabe zwingen. Die Verhandlungen mit dem FBI führten dazu, dass immer wieder Menschen Mount Carmel verlassen konnten: Vom 28. Februar bis zum 5. März wurden 21 Kinder von ihren Eltern hinausgeschickt. Vom 2. bis 23. März kamen Erwachsene zu verschiedenen Zeiten heraus, manchmal einzeln, manchmal in Gruppen.

In den nächsten sieben Wochen belagerten 500 schwer bewaffnete Beamte die Sekten-Ranch. Vier Kampfpanzer rückten an, Helikopter mit Infrarotkameras kreisten über dem Gelände. Das Thema beherrschte wochenlang die Medien. In Leitartikeln und vor laufenden Kameras stritten die Amerikaner erbittert über die Grenzen von Religionsfreiheit und die Gefahr durch laxe Waffengesetze. Viele Texaner deckten sich noch schnell mit Schießeisen aller Art ein, weil sie eine baldige Verschärfung der Gesetze fürchteten. Hunderte Katastrophentouristen reisten an, um mit ihren Feldstechern selbst den Aufstand der Fanatiker verfolgen zu können. Das führte zu der absurden Situation, dass viele von dem dauerhaften Ausnahmezustand profitierten: Binnen weniger Wochen machten Geschäftsleute, Hoteliers und Restaurantbesitzer in Waco den Umsatz ihres Lebens. Die Medien konnten Quoten und Auflagen mit reißerischen Reportagen steigern, auch im Ausland.

Um zu verstehen, warum es schließlich zur endgültigen tödlichen Katastrophe kam, müssen wir aber noch für einen Moment heranzoomen: Wie genau sah es im Innern der Gruppe aus? Was glaubten die, die sich verschanzt hatten?

Die Elite-Truppe Gottes

Die Branch Davidians legten großen Wert auf sogenannte Bibeltreue. Die Bibel und ihre Auslegung spielten eine zentrale Rolle im Glaubensleben. Es gab ein tägliches Bibelstudium, und hierbei kam die Königsdisziplin von David Koresh zur Geltung. Er verstand es wie kein Zweiter, Bibelstellen mit anderen Bibelstellen auszulegen, um Gottes angeblichen Plan für die Endzeit zu enthüllen. Dieser Fokus auf die Endzeit war äußerst zentral. Koresh brachte in diesen Studien Stellen aus dem Alten Testament mit dem neutestamentlichen Buch der Offenbarung in Verbindung. So konnte er angeblich die „Sieben Siegel der Offenbarung" verständlich machen und enthüllen. Die Davidianer glaubten zudem, Koresh habe Zugang zu einer unsichtbaren Quelle der Autorität, die allen anderen verborgen blieb.

Koresh lehrte, dass er und die Davidianer bei den Ereignissen in der Endzeit eine Schlüsselrolle spielen würden. Eine wichtige Rolle hierbei spielte das Konzept der „geschwungenen Garbe". Das basiert auf einer biblischen Beschreibung aus 3. Mose 23, wo von der Ernte der größten und reifsten Gerstenhalme im Frühjahr die Rede ist. Diese wurden zum Passahfest ins Heiligtum gebracht, wo „sie von einem Priester vor dem Herrn geschwungen wurden". Mit dieser geschwungenen Garbe identifizierten sich die Davidianer – das zeigt auch, wie willkürlich die Assoziationen Koreshs im Rahmen seiner Bibelauslegungen waren. Der Branch-Davidian-Überlebende Clive Doyle erklärte später, dass die „geschwungene Garbe" laut Koresh in jeder Generation diejenige Gruppe gewesen sei, die als erste Gottes Anweisungen anerkenne und Gott gehorche, manchmal unter Einsatz des eigenen Lebens. Diese Gruppe gehe im Glauben allen anderen voran.

Die Branch Davidians verstanden sich selbst als Elite-Gläubige, die allen anderen gegenüber eine ganz besondere Berufung und Reife hatten. Von ihnen wurde, so glaubten sie, entsprechend ein besonderer Einsatz verlangt. Koresh stellte sich und seine Anhänger*innen in eine Reihe mit Gläubigen und Märtyrern, die aufgrund ihres Gehorsams gegenüber Gott getötet wurden.

Teil der Lehre Koreshs war es auch, streng zwischen Jesus Christus als Person und dem „Geist" Christi zu trennen. Das bedeutet, dass er der Überzeugung war, dass Christus bereits vor seiner Inkarnation als Jesus Christus vor 2 000 Jahren mehrere Inkarnationen vollzogen hatte. Diese Trennung ermöglichte ihm nun, für sich selbst zu beanspruchen, eine Christus-Inkarnation zu sein: Er, David Koresh, sei der Christus, der die in der Offenbarung beschriebenen Ereignisse der Endzeit erfüllen würde. Er prophezeite etwa, er und eine Reihe seiner Anhänger würden bei einem Angriff der Regierung der Vereinigten Staaten, symbolisiert durch das „Tier mit zwei Hörnern" in der Offenbarung, den Märtyrertod erleiden. Anschließend würde Koresh zusammen mit den übrigen „geschwungenen Garben“, einschließlich der getöteten Mitglieder der davidianischen Gemeinde, wiederauferstehen. Koresh würde dann als Christus eine Armee von 200 Millionen Märtyrern in ein Zeitalter führen, in dem das Gericht Gottes gehalten würde.

Ein wesentlicher Bestandteil im Glauben der Anhänger*innen Koreshs war der Gedanke der „Feuertaufe“. Diese Lehre nimmt Bezug auf Mt 3,11, wo Johannes der Täufer über den kommenden Messias sagt: *„Ich taufe euch mit Wasser zur Buße; der aber nach mir kommt, ist stärker als ich, und ich bin nicht wert, ihm die Schuhe zu tragen; der wird euch mit dem Heiligen Geist und mit Feuer taufen.“* Schon Lois Roden lehrte, dass diejenigen, die in Mount Carmel lebten, eine Feuertaufe „durch vollständiges Untertauchen“ und nicht nur eine „Besprengung“ durchmachen würden. Dies sei eine Art Tor zum Königreich Gottes. Es war dieses Motiv, das David Koresh aufnahm. Auch in seinen Predigten wurde immer wieder deutlich, dass sich die Davidianer einer „reinigenden Feuertaufe“ unterziehen müssten.

Nicht umsonst hieß das Gelände der Branch Davidians übrigens Mount Carmel. Der originale Berg Karmel in Israel ist der Ort, an dem sich eine alttestamentliche Überlieferung abspielt: Der biblische Prophet Elia trat den kanaanitischen Priestern des Gottes Baal entgegen – es entspann sich eine Wette darum, wessen Brandopfer aufgrund der jeweiligen Gebete in Flammen aufgehen würde. Elia gewann der Überlieferung zufolge, sein Opfer wurde von Flammen verzehrt. Daraufhin schlachtete Elia brutal seine unterlegenen Gegner ab und tötete sie. Dieser Kontext war den Branch Davidians natürlich bekannt – und er unterstreicht sehr deutlich, was für ein Selbstverständnis die Gruppe hatte. Verbunden mit der Lehre von der Feuertaufe war es für die gläubigen Anhänger Koreshs keinesfalls abwegig, sich einem tatsächlichen

Brand gegenüberzusehen, der sie aus ihrer Sicht zu einem göttlichen Opfer machen und sie so ins Paradies bringen würde.

Die Flammen

Vor diesem Hintergrund schauen wir auf die letzten Tage der Branch Davidians. Die Verhandlungen mit dem FBI liefen weiter. Koresh und einer seiner Anhänger, ein Mann namens Steve Schneider, vertrösteten die Beamten immer wieder und gaben schließlich als finales Datum an, dass die Gruppe nach dem achttägigen Passahfest in der ersten Aprilhälfte herauskommen würde. Offenbar war das aber eine Taktik nach außen hin: Gleichzeitig sagte Koresh den Davidianern intern voraus, dass sie in der Passahwoche entweder angegriffen und gemartert oder in den Himmel „entrückt" würden. Von Aufgeben war da keine Rede.

In der Woche des Passahfestes passierte jedoch nichts. Es gab keinen Anschlag, keinen Angriff, keine Entrückung. Koresh telefonierte am 14. April, dem Tag nach dem Ende des Passahfestes, mit seinem Anwalt. Ihm las er einen Brief vor, in dem er seinen weiteren Plan formulierte und erneut versprach, herauszukommen. Allerdings beabsichtige er zunächst, ein „kleines Buch" zu schreiben, das seine Kommentare zu den Sieben Siegeln der Offenbarung enthalten sollte. Am 16. April berichtete Koresh einem Unterhändler, dass er seinen Kommentar zum Ersten Siegel fertiggestellt habe und sich nun an Teil zwei seines Manuskriptes machen wolle.

Darauf ließen sich die Beamten jedoch nicht mehr ein. Nach insgesamt 51 Tagen, am 19. April 1993 um 6:00 Uhr morgens, stürmten FBI-Agenten das Haus mit Panzern und Tränengas. Dabei nahmen sie keine Rücksicht: Die Panzer fuhren direkt auf die Gebäude zu und zerstörten sie teilweise. Während der Stürmung brach auf dem Gelände plötzlich ein Feuer aus, das sich rasant ausbreitete. Betroffen war insbesondere der

Abschnitt, in dem sich die Mütter und Kinder der Branch Davidians verschanzt hatten. Neun Personen entkamen mit mittleren bis schweren Verbrennungen. 85 waren zur Zeit des Angriffs auf dem Gelände. Die verheerende Bilanz lautete am Ende also: 76 Sektenmitglieder starben, darunter 29 Kinder und Jugendliche. Auch Koresh, 33 Jahre alt, überlebte diesen Tag nicht. Er starb an einer Schusswunde im Kopf zur Zeit des Brandes. Bis heute ist nicht abschließend geklärt, ob er Suizid beging oder getötet wurde. Das FBI sagt, dass Koreshs Helfer Steve Schneider den Anführer erschossen habe und anschließend sich selbst. Nicht alle Sektenmitglieder starben durch den Brand. Der Gerichtsmediziner stellte später fest, dass 20 Menschen, darunter fünf Kinder, erschossen wurden, und ein Dreijähriger wurde erstochen.

War es ein geplanter Massensuizid?

Im Anschluss an diese tragischen Ereignisse stellten sich viele Fragen. Wäre die Tragödie am Ende vermeidbar gewesen? Ich würde die Frage mit einem „Jein" beantworten. Es gibt deutliche Anzeichen dafür, dass die Beamten durch ihr rabiates Vorgehen die Branch Davidians derart provoziert haben, dass es für sie völlig klar war, dass nun der Untergang kam. Auch wenn ich kein Experte für Belagerungsverhandlungen bin, so stellt sich mir doch die Frage, ob es da nicht andere Möglichkeiten gegeben hätte. Es scheint mir eher so, als sei den Verantwortlichen am Ende der Geduldsfaden gerissen. Man wollte die Belagerung zu einem Ende bringen, koste es, was es wolle. Die amerikanische Religionswissenschaftlerin Catherine Wessinger, die sich eingehend mit den Branch Davidians auseinandergesetzt hat, vertritt die Ansicht, dass die führenden oder verhandelnden FBI-Agenten hätten erkennen müssen, dass ein Angriff dramatische Folgen nach sich ziehen würde. Wessinger vermutet, dass es innerhalb des FBI Personen gab, die absichtlich eine solche Reaktion der Davidianer herbeiführen wollten.

Es gibt aber auch andere Anzeichen: nämlich die, dass es Koresh darauf angelegt hat, dass die Branch Davidians in dieser „Feuertaufe" umkommen. Nicht nur, dass viele Mitglieder offenbar erschossen wurden, den Kindern wurde anscheinend vor ihrem Tod auch ein Beruhigungsmittel verabreicht. Bei vorherigen Rettungsversuchen der Branch Davidians zeigte die Gruppe immer wieder eine starke Ablehnung: Die Anhänger*innen Koreshs wollten offenbar gar nicht gerettet werden. Auf den Aufzeichnungen der Verhandlungen ist außerdem erkennbar, dass Koresh am 18. April, also einen Tag vor dem katastrophalen Brand, wiederholt von einem Feuer sprach. Er deutete dieses Feuer als Erfüllung von Prophezeiungen, die im Zusammenhang mit dem erwarteten Scheitern der Verhandlungen mit dem FBI und einem bevorstehenden Angriff standen. Diese Äußerungen können als klare Ankündigungen eines Brandes interpretiert werden.

Die Einschätzung, dass der Brand von den Davidianern selbst entfacht wurde und in seiner drastischen Form hätte vermieden werden können, erscheint mir durchaus plausibel. Hätte man sich für einen anderen, weniger gewaltsamen Lösungsansatz entschieden, hätte das tragische Ende in diesem Ausmaß möglicherweise abgewendet werden können.

Zwölf Mitglieder der Branch Davidians wurden anschließend vor Gericht gestellt. Acht von ihnen wurden wegen illegalen Waffenbesitzes verurteilt, und fünf davon erhielten zusätzlich Strafen wegen Totschlags. Vier Angeklagte wurden freigesprochen. Seit Juli 2007 sind alle wieder auf freiem Fuß. Der Fall zog einen weiteren langjährigen Gerichtsstreit nach sich: Familienangehörige der Toten klagten gegen die Regierung und forderten erfolglos 675 Millionen Dollar Entschädigung. 1999 musste das FBI jedoch einräumen, dass es mindestens zwei feuergefährliche Gasgranaten eingesetzt hatte – allerdings mehrere Stunden vor dem Ausbruch des Brandes. Ein Geschworenengericht sprach die Beamten schließlich von allen Vorwürfen frei. Auch ein von der Regierung beauftragter Sonderermittler, der den Einsatz auf einem texanischen Militärfort nachstellte, kam zu dem Schluss, dass es keine „massive Verschwörung oder Vertuschung“ gegeben habe. Die Schuld, so sagte er, liege alleine bei David Koresh.

Trotzdem konnte das Misstrauen gegenüber dem Staat, besonders in extrem rechten und nationalistischen Kreisen, nie ganz ausgeräumt werden. Im Internet finden sich bis heute Filme wie „Waco – Die große Lüge“, und einschlägige Bücher beschreiben das Geschehen als ein „Massaker an den Davidianern“. So kam es am 19. April 1995, genau zwei Jahre nach Waco, zu einem weiteren tragisches Ereignis. Der Rechtsextremist Timothy McVeigh sprengte in Oklahoma City einen Lieferwagen vor einem Regierungsgebäude in die Luft. Bei diesem verheerenden Anschlag kamen 168 Menschen ums Leben. Obwohl McVeigh nie ein Mitglied der Sekte war, identifizierte er sich mit ihrem vermeintlich patriotischen Widerstand gegen den von ihm verachteten Staat. Vor Gericht erklärte er, dass das Attentat seine persönliche Rache für Waco gewesen sei.

Was war da los?

Wie so oft ist es auch hier ein Konglomerat ganz verschiedener Elemente, die zu dieser Tragödie geführt haben. Ich spreche hier, ähnlich wie bei Peoples Temple, ungern von einem Massensuizid, denn viele Mitglieder – vor allem natürlich die Kinder – wurden ermordet.

Sicherlich spielte die enge soziale und psychische Abhängigkeit in der Gruppe unter David Koresh eine wesentliche Rolle; viele der Mitglieder hatten direkte (sexuelle) Verbindungen zu ihm oder sogar Kinder mit dem vermeintlichen Messias der Endzeit. Hinzu kam die streng hierarchische Führung der Gruppe: David Koresh war derjenige, der die alleinige Autorität hatte. Er war die Verbindung zu Gott, sein Wort war also Gesetz.

In meinen Augen ist es hier aber auch zu einem ganz wesentlichen Teil der Glaube der Gruppe, der zu dem grauenvollen Ende geführt hat – ganz unabhängig von der Frage, inwieweit die Behörden hier am Ende hätten besser reagieren können. Die konkrete Erwartung des nahen Weltendes war hier verbunden mit einer Theologie, die die Gruppe als eine auserwählte Elite innerhalb dieser letzten Generation auf der Erde hervorhob. Man sah sich in einer direkten Reihe mit Märtyrern, wie es sie über die Zeit hinweg immer gab: Menschen, die gestorben sind, weil sie für ihren Glauben einstanden.

Es war aus Sicht der Gruppe von vorneherein klar, dass für sie als „geschwungene Garbe" eine solche spezielle Märtyrer-Rolle vorgesehen war. Man könnte sogar fast sagen: Die Branch Davidians lebten gewissermaßen gar nicht mehr im Hier und Jetzt. Die ganze Existenz der Gruppe war darauf ausgerichtet, dass die Endzeit angebrochen ist und somit bestimmte Dinge passieren müssen, an denen kein Weg vorbeiführen würde. Hinzu kam dann natürlich die Aussicht, dass in einer jenseitigen Welt, dem Paradies, eine Herrschaft mit Gott auf die Auserwählten warten würde – der Verlust des irdischen Lebens hatte also seinen Schrecken verloren.

Sicherlich war die brutale FBI-Aktion am Ende der konkrete Auslöser für diese Tragödie. Es liegt aber die Vermutung nahe, dass die Branch Davidians ansonsten bei einem anderen Anlass ihre Feuertaufe vollzogen hätten.

AUM: TÖDLICHES GIFT IN DER U-BAHN

Der 20. März 1995 begann wie jeder andere Morgen in Tokio. Die Straßen waren voll, Millionen Menschen auf dem Weg zur Arbeit. Für eine Großstadt wie Tokio typisch nutzten viele Menschen nicht ihr eigenes Auto, sondern die U-Bahnen für ihre tägliche Pendelstrecke ins Büro. Dann begann die Katastrophe. Fünf Mitglieder der sogenannten „Aum-Sekte" deponierten Plastikbeutel in den Waggons dreier verschiedener U-Bahn-Linien. Darin: flüssiges Sarin, ein tödliches Nervengas. Kurz bevor sie die Waggons verließen, stachen sie die Beutel mit den Spitzen ihrer Regenschirme an. Die U-Bahnen fuhren weiter, als die Dämpfe der tödlichen Substanz austraten. Schnell traten bei den ersten Passagieren Symptome auf: Sie brachen zusammen, klagten über Atemnot, sahen nur noch verschwommen. Immer mehr Menschen verließen mit Beschwerden an den folgenden Stationen die U-Bahnen. Zunächst machte in den Medien das Gerücht einer Explosion in den U-Bahnen die Runde, doch schnell wurde klar: Das war nicht die wahre Ursache.

13 Menschen starben unmittelbar oder an den Folgen dieses Anschlags, der bis heute zu den bekanntesten sogenannten Sekten-Verbrechen zählt. Rund 1 000 Menschen werden verletzt, Dutzende davon schwer. Insgesamt ließen sich an diesem Tag in Tokio mehr als 5 000 Menschen wegen der Anschläge in Krankenhäusern untersuchen.

Ein (fast) blinder Guru

Es gibt zweifellos Momente, die unsere Wahrnehmung für bestimmte Gruppen oder Bewegungen schlagartig verändern. Der eben geschilderte Terror-Anschlag ist zweifellos einer dieser Momente – ein Augenblick, der die sogenannte Aum-Sekte in die internationalen Schlagzeilen katapultierte. Warum aber musste es zu dieser Katastrophe kommen? Welche Ziele verfolgte die Gruppe mit ihrem tödlichen Angriff? Welches Weltbild trieb sie an? Und wer war der Drahtzieher hinter dieser Organisation? Und, so viel sei schon vorweggenommen: Die Gruppe existiert bis heute, wenn auch unter anderem Namen.

Zur Zeit der Anschläge hieß sie: „Ōmu Shinrikyō“ – über ein paar sprachliche Umwege wurde daraus bei uns im Deutschen die sogenannten „Aum-Sekte“ (sprich: Om). Ōmu Shinrikyō übersetzt sich in etwa als „Om-Lehre der Wahrheit“. Gegründet wurde diese religiöse Gruppierung von einem Mann namens Shoko Asahara, der eine zentrale Figur nicht nur bei den Anschlägen in Tokio, sondern auch bei zahlreichen anderen Gewalttaten war, wie wir gleich sehen werden. Geboren am 2. März 1955 als Chizuo Matsumoto, änderte er seinen Namen im Zuge der Gründung seiner Gemeinschaft zu Shoko Asahara.

Asahara wurde in ärmliche Verhältnisse im Süden Japans hineingeboren. Wegen eines angeborenen Glaukoms war er auf einem Auge komplett blind, auf dem anderen stark sehbehindert. Seine Kindheit war also nicht nur von Armut geprägt, sondern auch von seiner schweren Krankheit. Er besuchte entsprechend auch eine Schule für blinde Menschen – hatte dort aber einige Vorteile, da er nicht vollständig erblindet war. Asaharas eingeschränkte Sehkraft erwies sich während seiner Schulzeit als Trumpf. In einer Umgebung, in der die meisten auf Tasten und Hören angewiesen waren, nutzte er seine geringe Sehfähigkeit geschickt, um sich einen Platz in der sozialen Hierarchie zu sichern: Zum Beispiel durch Botengänge für seine erblindeten Mitschüler*innen konnte er Einfluss gewinnen, Macht ausüben und sogar Geld verdienen. Schon zu dieser Zeit entwickelte er ein starkes Anspruchsdenken und ein gewisses elitäres Selbstverständnis: Seine verbliebene Sehkraft trug zu einem guten

Teil dazu bei, dass er anderen überlegen war und Druck auf sie ausüben konnte.

Asahara studierte nach seinem Schulabschluss Akupunktur und Traditionelle Chinesische Medizin. Schon früh inszenierte sich Asahara als Guru: Er scharte Anhänger*innen um sich und verkündete seine eigene Lehre. Ausgangspunkt seiner Aktivitäten war zunächst eine Yogaschule, die er in Tokio gegründet hatte – seine Zielgruppe waren vor allem jüngere Männer, die er offenbar besonders gut für seine Lehren begeistern konnte.

1984 schließlich gründete er unter dem Namen „Ōmu Shinrikyō" die Gruppe, die elf Jahre später die Terroranschläge verüben sollte. Zugleich wurde auch deutlich, dass er finanzielle Interessen verfolgte: Er gründete die „Aum Corporation", über die er Bücher und Schriften vertrieb.

Der schwebende Asahara

Asahara war ein Mensch, der es verstand, andere von sich abhängig zu machen. Schon die Episoden zu seiner Zeit in der Schule für blinde Menschen deuten darauf hin. Er war aber auch jemand, der es geschickt verstand, sich in der Öffentlichkeit zu inszenieren. Ihm gefiel die Rolle als Guru, der über den Dingen stand und der – angeblich – besondere Einsichten und Fähigkeiten besaß. Das zeigt insbesondere eine Aktion ein Jahr nach der Gründung seiner Gruppe: Eine der Behauptungen, die Asahara aufstellte, war, dass er sich vom Boden lösen könne. Immer wieder behauptete er, im Raum zu schweben, wenn er meditiere. Und in der Tat gibt es ein Bild, das ihn berühmt machen sollte. In einer japanischen Zeitschrift war 1985 ein Bild von Asahara abgedruckt, auf dem zu sehen ist, wie er im Lotussitz – einer bekannten Meditationshaltung – deutlich über dem Boden schwebt. Dieses Bild und der damit einhergehende Artikel haben Asahara einer breiteren Öffentlichkeit bekannt gemacht.

Doch auch in Zeiten vor Photoshop ließen sich Bilder manipulieren, wenn in diesem Falle auch auf recht triviale Art und Weise und ohne Computer. Vermutlich war der Trick ganz einfach, auch wenn Asahara es nie zugegeben hat: Der Auslöser der Kamera wurde im richtigen Moment gedrückt, als Asahara in Lotussitz-Haltung auf einem Trampolin sprang. Seiner Bekanntheit tat dies jedoch keinen Abbruch. Viele Menschen waren fasziniert von diesem jungen schwebenden Guru mit dem tiefschwarzen, zerzausten Haar.

Als Asahara 30 Jahre alt war, erlebte er nach eigenen Angaben seine zentrale Vision, die fortan sein Selbstbild prägen sollte. Ihm sei, so sagt er, eine Gottheit erschienen, die ihn ordiniert habe als *„Den Gott des Lichtes, der die Armeen der Götter anführt, und zwar in einem Krieg, der die Dunkelheit endgültig zerstören soll, damit das Königreich von ‚Shambhala' beginnen und herrschen kann"*. Das Motiv des „Königreichs von Shambhala" wirft in diesem speziellen Fall bereits Schatten auf das mörderische Ende der Gruppe: Im tibetischen Buddhismus erzählt die überlieferte Geschichte von Shambhala von einem sagenhaften Königreich, das die Lehren des Buddhismus bewahrt, während die Welt von Barbaren überrollt wird. Es ging Asahara also um die Vorstellung, dass besonders spirituell begabte Menschen in diesem Königreich herrschen würden, während zugleich die „Barbaren" in der dunklen Welt endgültig zerstört würden.

Über diese Vision gab Asahara in einem japanischen New-Age-Magazin ein Interview. Bezeichnend ist, dass sich seine Vision entwickelte. Anfangs war beispielsweise die Gottheit, die ihm erschienen sein soll, namenlos. In späteren Versionen hingegen identifizierte er sie mit Shiva, einer der höchsten hinduistischen Gottheiten. Und hier stolpert man: Warum sollte Asahara als Buddhist eine hinduistische Gottheit in seine Lehre einführen? Der amerikanische Psychiater Robert J. Lifton, der vor allem zu totalitären Systemen – und unter anderem auch zur Aum-Sekte –

geforscht hat, vermutet dahinter zwei Gründe: Erstens gilt Shiva als die Gottheit des Yoga – und das hat Asahara nicht nur intensiv praktiziert, sondern auch gelehrt. Und zweitens: Während andere Hindu-Gottheiten sowohl destruktive als auch wohlwollende Tendenzen haben, wird Shiva besonders mit dem Gedanken identifiziert, Erlösung durch die Zerstörung der diesseitigen Welt zu erlangen.

Eine weitere Vision will Asahara 1986 im Himalaya-Gebirge erhalten haben. Er behauptete, dort bei einer Meditationssitzung seine „endgültige Erleuchtung" gehabt zu haben. War sein Weg bisher schon vorgezeichnet, so war nun endgültig klar: Asahara hob sich zur spirituellen Führungsfigur empor, zu einem Guru, der menschliche wie göttliche Aspekte vereinte. An diesem Selbstanspruch konnte kein Zweifel mehr bestehen. Bis zu 40 000 Menschen begeisterte Asahara mit seinen Lehren, so groß war die geschätzte Anhängerschaft zum Zeitpunkt der tödlichen Anschläge 1995. In Japan selbst waren es aber nur 10 000; der größte Teil seiner Anhänger*innen lebte in Russland, wo die Gruppe starke Rekrutierungsmaßnahmen durchgeführt hat. Auch in den USA und Deutschland gab es einige Menschen, die den Lehren Asaharas folgten. Wie viele, ist nicht bekannt.

Das Ende der Zeit

Schon früh gab es deutliche apokalyptische Tendenzen und Weltuntergangspredigten von Asahara. Er verkündete zum Beispiel, dass Japan im Ozean versinken würde und ein dritter Weltkrieg bevorstünde – die Welt stand seinen Aussagen zufolge am Rande des Untergangs. Anfangs predigte er noch die Möglichkeit, dass dieses Ende vermeidbar sei, wenn man nur genügend Gläubige für seine Lehre finde. Doch später sah er die nahende Apokalypse als unvermeidbar an und betonte nun vielmehr die wichtige Rolle, die Aum in diesen Kämpfen der Endzeit spielen würde.

Besonders wichtig war Asahara bei der Rekrutierung für seine Gruppe, Wissenschaftler*innen zu gewinnen. Der Guru war fasziniert von Wissenschaften, insbesondere von Neurowissenschaften. Ihn faszinierten die Abläufe im menschlichen Gehirn und alles, was damit zusammenhängt. Mit seinem Chefwissenschaftler Hideo Murai entwickelte er ein Headset, das angeblich die Hirnströme des Gurus enthielt. Durch die Nutzung dieses Headsets sollten seine Hirnströme in die Köpfe seiner Jünger*innen „hineingeklont" werden. Natürlich hat das nicht funktioniert, aber so richtig nachprüfen ließ sich das weder für Asahara noch für die Gläubigen.

Die sektenhaften Dimensionen verstärkten sich, als Asahara die sogenannte „shukke" einführte. Traditionell kommt dieser Begriff aus dem Mönchtum und steht dafür, dass Mönche oder Nonnen ihr weltliches Leben aufgeben und zurückgezogen im Kloster leben. Für Aum bedeutete das nun: Die Mitglieder wurden aufgefordert, sich komplett hinter das Projekt von Aum zu stellen, Freunde und Familie zurückzulassen und ihr Hab und Gut der Gruppe zu überschreiben. Sogar der jeweilige Name wurde aufgegeben, und jedes Mitglied bekam einen neuen Sanskrit-Namen. Es war eine komplette Abkehr vom bisherigen Leben.

Nach und nach führte Asahara Riten und Bräuche ein. Innerhalb dieser Riten wurden auch Drogen genutzt, um Menschen gesprächiger zu machen. Auch nutzte die Gruppe zum Beispiel die Droge LSD, um Visionen zu provozieren. Informationen, die aus diesen Sitzungen gewonnen wurden, wurden dann häufig wiederum in anderen Sitzungen genutzt, um den Jünger*innen vorzuhalten, wie schlecht sie seien und dass sie sich mehr anstrengen müssten, um erleuchteter zu werden.

All das zeigt: Aus einer anfänglich harmlosen Yoga-Schule entwickelte sich unter Shoko Asahara eine Gemeinschaft, die man ohne große Mühe als eine totalitäre Gruppe bezeichnen konnte. Asahara ließ keine Kompromisse zu: Man konnte nur entweder ganz dabei oder ganz draußen sein, es gab eine enorme Kontrolle unter den Mitgliedern, es wurde kontrolliert, mit wem die Mitglieder Umgang hatten, und es wurde auf drastische Art durchgesetzt, dass sie sich komplett an ihren Guru binden – das zeigt nicht nur die Überschreibung des gesamten Besitzes, sondern auch die Einführung der eben genannten Drogenbeichte.

Der Psychiater Lifton beschreibt Asahara schließlich als größenwahnsinnig. Sein Selbstbild war fern jeder Realität. Er sah sich – befeuert durch die uneingeschränkte Verherrlichung seiner Jünger*innen – als die spirituell größte Person der gesamten Menschheitszivilisation, eine Verkörperung von Shiva, Buddha und Christus zugleich. Als ein Genie auf jedem nur denkbaren Gebiet. Und das führte wohl schließlich dazu, dass Asahara auch eine Faszination für Massenvernichtungswaffen entwickelte, deren Besitz diesen Größenwahn auch in einem ganz besonderen Maß unterstreichen würde, weil sie ihm eine nicht vorstellbare Macht geben würden.

Zu alldem kam hinzu: Aum (und damit Asahara) war unfassbar reich. Die bereits erwähnte „Aum Corporation" wuchs mit der Gruppe und war in allen möglichen Geschäftsbereichen aktiv, unter anderem in der IT-Branche, in der Gastronomie, im Immobilienhandel. Hauptgeschäftsfeld war jedoch die Vermarktung von spirituellen Angeboten, darunter solche Kuriositäten wie gebrauchtes Badewasser von Asahara, das als Reliquie vertrieben wurde. Auch das spricht noch einmal Bände über das Selbstbild Asaharas. Es kursiert eine Zahl, die aber heute nicht mehr verifiziert werden kann, die aber die Größendimensionen verdeutlicht: Für das Jahr 1995 nimmt man an, dass Aum alles in allem, Immobilien eingerechnet, ein Vermögen von rund einer Milliarde US-Dollar besaß.

Aum-Alltag: Gewalt, Folter, Morde

Die Gewalt, die von Shoko Asahara ausging, explodierte nicht erst am 20. März 1995 in den Terroranschlägen auf die Tokioter U-Bahn. Ihre Wurzeln lagen viel tiefer – alltägliche Gewalt war in der Ideologie der Gruppe tief verhaftet. Mal waren Folter- und Gewaltexzesse Teil von spirituellen Übungen, die zur Erleuchtung führen sollten; mal waren sie Bestrafungen für vermeintliches Fehlverhalten, dazu zählten mangelnde Unterwürfigkeit oder sexuelle Ausschweifungen – und oft waren die Grenzen fließend, wenn es etwa galt, eigene Fehler durch eine spirituelle Übung wiedergutzumachen. Wiederholt mussten sich die Jünger*innen unmenschlichen Torturen unterziehen: Sie hingen für einige Stunden kopfüber an den Füßen, sie wurden brutal in sehr heißes oder auch sehr kaltes Wasser getaucht, sie verbrachten mehrere Tage in kleinen Mini-Zellen ohne Toilette.

Folgenlos blieb diese Brutalität nicht: Es gab Todesfälle in der Gruppe. So starb zum Beispiel ein Mann, der angekündigt hatte, die Gruppe verlassen zu wollen. Er wurde dazu gezwungen, mittels einer spirituellen Prozedur sein schlechtes Karma zu beseitigen: Stundenlang hing er kopfüber an der Decke, anschließend wurde er in extrem kaltes Wasser getaucht. Sein Körper überlebte diese Tortur nicht. Doch damit nicht genug: Ein enger Freund des Opfers war schockiert von den Vorgängen und insbesondere auch davon, dass Aum die Tat vertuschen wollte. Auch er sprach dann davon, dass er die Gruppe verlassen wollte. In einem anschließenden Verhör gab er sogar zu, mit dem Gedanken gespielt zu haben, den Guru Asahara zu töten. Als Asahara davon erfuhr, gab er eiskalt den Befehl, diesen Mann zu töten – und das geschah dann auch. Er wurde in einer kleinen Zelle von fünf Mitgliedern der Gruppe mit einem Seil stranguliert.

Es gibt Schätzungen, dass im Laufe der Zeit rund 80 Morde von Mitgliedern der Aum-Sekte begangen wurden – man kann also mit Fug und Recht von einer schwerkriminellen, mörderischen Vereinigung reden. Alleine: Der Öffentlichkeit und den Behörden war das nicht bekannt. Die Fälle wurden erst Jahre nach der Sarin-Gas-Attacke in Gerichtsverfahren bekannt und aufgearbeitet. Asahara und seine Jünger*innen waren sehr geschickt darin, die Taten zu vertuschen.

Darunter waren grausame und skrupellose Taten wie die folgende: Im Jahr 1989 sah die Aum-Gruppe einem unangenehmen Gerichtsprozess entgegen: Ein Anwalt namens Tsutsumi Sakamoto drohte der Gruppe mit einer Klage. Sakamoto war zu dieser Zeit ein bekannter „Anti-Kult-Anwalt", der bereits erfolgreich Prozesse gegen andere Gemeinschaften geführt hatte, zum Beispiel gegen die Vereinigungskirche. In der Klage gegen die Kirche verlangten die Kläger unter anderem die Rückgabe von Vermögenswerten, die an die Gruppe übertragen worden waren, sowie Schadensersatz aufgrund verschlechterter familiärer Beziehungen. Ein entscheidender Schachzug in Sakamotos Strategie war eine aufsehenerregende Kampagne, bei der Aktivisten vehement die Aufmerksamkeit der Öffentlichkeit auf ihre Anliegen lenkten. Die Vereinigungskirche musste im Zuge dieser Klage große finanzielle Einbußen hinnehmen.

Ähnliches drohte nun der Aum-Sekte. Im Oktober 1989 trat Sakamoto vor die Kameras des japanischen TV-Senders TBS und gab ein exklusives Interview für eine Talkshow. Doch hinter den Kulissen zeigte sich, dass Aum über gute Verbindungen verfügte: Der TV-Sender entschied sich, dieses brisante Interview vor der Ausstrahlung und ohne das Wissen Sakamotos heimlich der Gruppe zuzuspielen. Dort tat man wiederum alles dafür, die Verantwortlichen beim Sender TBS unter Druck zu setzen und die geplante Ausstrahlung zu stoppen. Mit Erfolg.

Für den Anwalt kam das einem Todesurteil gleich, denn Asahara konnte nicht das Risiko eingehen, dass es zu einem Prozess kommt. Der Anti-Aum-Aktivist musste sterben – koste es, was es wolle. Wenige Tage später, am 3. November 1989, fuhren mehrere Aum-Mitglieder, darunter auch der bereits genannte führende Wissenschaftler Hideo Murai, nach Yokohama zum Haus von Sakamoto. Bei sich hatten sie einen Beutel mit 14 Injektionsnadeln und Kaliumchlorid – ein Stoff, der in hohen Dosen zum Tod führt und bei dem eine Vergiftung rechtsmedizinisch nur schwer nachzuweisen ist. Eigentlich war der Plan, Sakamoto am Bahnhof in Yokohama zu entführen und ihn anschließend zu töten. Doch wider Erwarten tauchte er nicht auf. Anscheinend hatten die Attentäter vergessen, dass es Feiertag war und der Anwalt nicht zur Arbeit ging, sondern noch zu Hause im Bett lag.

Also kam es zur Planänderung: Am 5. November um 3:00 Uhr morgens brachen die Mörder in Sakamotos Wohnung ein. Und was dann geschah, lässt sich nicht anders als ein Massaker beschreiben. Die Täter gingen mit einem Hammer auf Sakamoto los, injizierten ihm anschließend das Kaliumchlorid und erwürgten ihn. Seine Frau Satoko, zu diesem Zeitpunkt 29 Jahre alt, wurde ebenfalls geschlagen und durch eine Kaliumchlorid-Injektion getötet. Die beiden hatten noch einen kleinen Sohn, 14 Monate alt, und auch er überlebte nicht. Auch ihm injizierten die Täter das Gift und erstickten ihn, indem sie ein Tuch auf sein Gesicht drückten. Anschließend verfrachteten die Mörder die Leichname in Metallfässer und verteilten diese in drei verschiedenen japanischen Präfekturen, damit die Polizei im Falle einer Entdeckung der Leichen keine Verbindung zwischen den drei Morden herstellen konnte. Die Spuren des Mordes in der Wohnung wurden beseitigt, blutige Bettlaken etwa mitgenommen und verbrannt, sodass die Morde an Sakamoto und seiner Familie nicht öffentlich wurden – sie galten schlicht als vermisst. Erst Jahre später wurden diese grausamen Taten bekannt.

Morde aus Nächstenliebe

Die Gewalt kam bei der Aum-Sekte also nicht aus dem Nichts. Auch wenn der Terroranschlag am Ende abermals eine besondere Eskalation der Gewalt bedeutete, so war auch vorher ein brutales Vorgehen ein typisches Merkmal und keineswegs etwas Außergewöhnliches für Asahara und seine Jünger*innen.

In der Tat waren Morde und Attentate im Weltbild von Aum integraler Bestandteil. So krude es auch erscheint, es war im Weltbild der Gruppe im Prinzip problemlos zu rechtfertigen. Und zwar mit Nächstenliebe. Die Logik war folgende: Wenn Menschen schlechtes Karma angehäuft haben, dann tut man ihnen letzten Endes einen Gefallen, wenn man sie daran hindert, noch mehr schlechtes Karma anzusammeln. Umgekehrt konnte es also eine Art heilige Pflicht sein, als erleuchtetes Individuum bestimmte Menschen zu töten und deren schlechtes Karma sozusagen zu verhindern oder durch die Tat auf sich zu nehmen. Mord wird dann in diesem verdrehten Weltbild sogar zu einer Form von Altruismus.

Typisch für das Weltbild von Asahara und den Aum-Mitgliedern war ein Mix aus buddhistischen, hinduistischen, christlichen und esoterischen Elementen. Das große Ziel, unter das sich alles unterordnen musste, war der Gedanke einer Selbstreinigung, mittels derer man sich von allem schlechten Karma befreien sollte. Insbesondere junge Menschen faszinierte Asahara offenbar mit seiner Botschaft und seinen Versprechen, die ziemlich kühn waren: Er versprach seinen Anhänger*innen, dass sie durch spirituelle Entwicklung wie auch er übernatürliche Fähigkeiten erlangen könnten: 15 Minuten lang die Luft anhalten oder beim Meditieren schweben. Als Beweis diente immer wieder seine eigene Behauptung, er könne schweben. All dies führte dazu, dass man sich um Asahara als eine stark verbundene Elite-Gemeinschaft verstand. Alle außerhalb der Gruppe wurden als schlecht, nicht erleuchtet und verdorben betrachtet. Sich selbst sah man auf dem einzig richtigen Weg der Erleuchtung, auf einer anderen geistigen Stufe. In Kombination mit dem Gewaltpotenzial ist die Explosivität dieser Mischung nicht schwer zu erkennen: Diejenigen außerhalb der Gruppe, die verdorbene Welt, müssen bekämpft werden. Notfalls mit tödlicher Gewalt.

In Shoko Asaharas Weltbild spielten die Schriften von Nostradamus eine entscheidende Rolle. Der Guru glaubte fest daran, dass Nostradamus das Jahr 2000 als das Ende der Welt vorhergesagt hatte. Und es war zu einem entscheidenden Teil diese Vorstellung, die ihn letztendlich zu seinen Terror-Taten antrieb: Für Asahara war die Idee von einer bevorstehenden globalen Vernichtung gleichbedeutend mit einer Reinigung, die nur eine ausgewählte Gruppe um den Erlöser (also ihn) überleben würde.

Dieses Glaubenssystem war mindestens den engsten Mitgliedern um den Guru klar. Das herannahende Armageddon wurde als notwendiger Schritt betrachtet, um die Welt zu säubern und zu erlösen. Dieser Überzeugung folgend, zögerten sie wenig, wenn es um Gewalttaten ging. Jeder äußere Angriff, sei es vonseiten der Polizei, der Medienberichterstattung oder der Politik, wurde innerhalb dieses weltanschaulichen Rahmens interpretiert und befeuerte das, was kommen sollte, nur noch mehr.

Der selbst gemachte Untergang

Zum Weltbild gehörte, dass Asahara und seine Führungsriege Aum zunehmend als militärische Organisation verstanden. Befördert wurde das durch einen erfolglosen Versuch im Jahr 1990, in Japan ins Parlament gewählt zu werden. Nachdem dieser Anlauf, legal an staatliche Macht zu gelangen, misslang, ließ Asahara am Fuße des Heiligen Berges Fuji einen kleinen Mini-Staat aufbauen, in dem es auch – parallel zur Regierung Japans – Ministerien und Regierungsminister gab. Von dort aus wollte man agieren und sich auf die kommende Endzeit vorbereiten.

Die Gruppe hortete auf Anweisung von Asahara Unmengen an Waffen – immer wieder verkündete er, entsprechende Visionen zu haben, die ihm verkündeten, dass dies nötig sei. Mal war das Ziel, sich mit den Waffen für Armageddon zu rüsten, für einen endzeitlichen Kampf. Mal war das Ziel, diesen Kampf selbst herbeizuführen, und ein andermal verhieß die Vision, man solle mit Waffengewalt einen ganz weltlichen Staatsstreich durchführen und Japan übernehmen – der tatsächliche Größenwahn Asaharas ist hier offensichtlich.

In diesem Zuge begann die Gruppe Anfang der 90er-Jahre auch, an Massenvernichtungswaffen zu arbeiten – Personen, die in diesem Bereich wissenschaftlich forschten, hatte man schon mit an Bord. Immer wieder startete man auch Versuche, diese Waffen einzusetzen, oder hat es tatsächlich getan. Aber das Ganze war nicht erfolgreich. Es scheiterte dabei aber nicht an der Produktion: In der Tat war Aum wohl in der Lage, Nervengifte wie Botox herzustellen. Die Gruppe schaffte es aber nicht, eine effektive Methode zu entwickeln, das Gift zu verteilen. Auch mit Anthrax-Erregern, den Verursachern der gefährlichen Infektionskrankheit Milzbrand, versuchte man, Anschläge durchzuführen – ebenfalls erfolglos.

Anders war die Sache bei Sarin-Gas. Auch hier hatte man vor dem großen Anschlag in Tokio den Einsatz getestet, und zwar mit Erfolg. Das erste Opfer dieser tödlichen Waffe war ein Mitglied der Gruppe selbst, das 1993 durch ein Leck in den Räumlichkeiten von Aum ums Leben kam. Im Jahr 1994 gab es ein Attentat mit Sarin-Gas auf drei Richter, die in Betrugsfällen gegen Aum ermittelt hatten. Alle drei wurden verletzt, einer davon sehr schwer, sieben weitere Menschen starben bei der Attacke. Der Anschlag zeigte Wirkung. Das Verfahren wurde auf unbestimmte Zeit verschoben. Dieses Attentat war vor März 1995 die erste groß angelegte nichtmilitärische Nutzung eines Nervengases überhaupt weltweit. Und wer sich nun fragt: Haben die Behörden nichts davon gemerkt? Nein. Aum war so gut darin, diese Pläne und Tätigkeiten zu verschleiern, dass man die Gruppe nicht verdächtigte.

Asahara und die Seinen waren regelrecht euphorisiert ob der Erfolge, die diese Sarin-Gas-Einsätze mit sich brachten. Das Mittel der Wahl war gefunden: Es sollte der ganz große Knall kommen, der das Armageddon und die letzte Schlacht vor dem Weltuntergang einläuten sollte. Man schmiedete detaillierte Pläne für den November 1995. Aum kaufte einen Helikopter in Russland, schickte ein hochrangiges Mitglied in die USA, um eine Ausbildung zum Helikopterpilot zu absolvieren. Hideo Murai, der Chefwissenschaftler, bekam den Auftrag, 70 Tonnen des tödlichen Sarin-Gases zu produzieren. Aum arbeitete an der ganz großen Apokalypse. Mit dem Helikopter wollte man tonnenweise Sarin-Gas über Tokio abwerfen.

Doch dann kam alles anders – man muss sagen: zum Glück. Unvorstellbar, was passiert wäre, wenn Asahara mit diesen Plänen Erfolg gehabt hätte.

Ein versehentlicher Mord führt zur stümperhaften Apokalypse

Im Jahr der Sarin-Anschläge auf die Tokioter U-Bahn verbanden sich nun die unterschiedlichen Linien der Gewalt. Was so durchdacht und grausam geplant war, wird durch einen weiteren Mord von Mitgliedern der Aum-Sekte quasi selbst verhindert – und führte dazu, dass die Geschichte von Aum mit einem stümperhaft durchgeführten Anschlag auf die U-Bahn in Tokio endete.

Mehr oder weniger „versehentlich“ ermordeten Aum-Mitglieder im Februar 1995 einen weiteren Menschen. Sie nahmen einen Notar in die Mangel, der ihnen den Aufenthaltsort seiner Schwester verraten sollte, die auf der Flucht vor der Gruppe war.

Dabei sollte die Injektion eines „Wahrheitsserums“ helfen; aber die Dosis stimmte nicht. Der Notar starb. Und diesmal war es anders als bei allen vorangegangenen Verbrechen: Der Verdacht fiel in diesem Mordfall durch entsprechende Spuren schnell auf die Gruppe um Asahara, die Polizei setzte auf den 22. März 1995 eine groß angelegte Razzia der Aum-Gebäude und -Räume an.

Aum bekam Wind von diesem Vorhaben und plante als Ablenkungsmanöver die Attacke auf die Tokioter U-Bahn. Zwei Dinge wollte Asahara mit diesem Anschlag erreichen: Zum einen sollte er die Polizei verwirren und von Aum ablenken – eine etwas irrationale Vorstellung. Denn natürlich hätte der Anschlag möglicherweise kurzfristig Kräfte von dem aktuellen Mordfall abgezogen, eine dauerhafte Lösung aus Sicht der Gruppe konnte das aber nicht sein. Zum anderen war die Aktion aber weiterhin als Teil des „großen Ganzen“ gedacht: Auch hier hielt man an der Vorstellung fest, die auch das Ziel der Helikopter-Bombe gewesen wäre: Es sollte aktiv der letzte Kampf der Endzeit herbeigeführt werden. Auch vor dem Hintergrund, dass man sich als Gruppe (und Asahara als deren Prophet im Besonderen) unterdrückt und verfolgt fühlte. Alles musste sehr schnell gehen, und so war nicht nur die Planung stümperhaft, sondern auch das produzierte Sarin-Gas von schlechter Qualität. Zum Glück, denn dadurch war seine Wirkung gehemmt.

Und so brach der Morgen des 20. März 1995 an. An diesem Montag bestiegen fünf Mitglieder der Aum-Sekte die Waggons dreier verschiedener Linien in der U-Bahn in Tokio. Das flüssige Sarin-Gas war auf insgesamt elf Plastikbeutel verteilt, die mit Zeitungspapier umwickelt waren. Die Attentäter hatten angespitzte Regenschirme dabei. Zu einem vorher verabredeten Zeitpunkt stachen sie Löcher in die auf dem Boden liegenden Beuel und verließen anschließend die Waggons an den kommenden Stationen. Dort warteten jeweils Fluchtfahrer, die die Attentäter aufsammelten. Die Passagiere in den U-Bahnen hatten keine Ahnung von der unsichtbaren und fast geruchlosen Gefahr, die sich rasch verbreitete. Sarin ist äußerst flüchtig und dringt leicht über die Atmungsorgane in den Körper ein. Augen, Haut und Atemwege sind die Hauptangriffsflächen, und selbst kleine Mengen des Gases können verheerende Auswirkungen haben. Die ersten Anzeichen der Exposition waren beunruhigend. Bei einigen Passagieren lief die Nase und die Augen schmerzten, andere klagten über Sehstörungen. Bei vielen begannen die Atemwege zu brennen, was zu Atemnot führte. Panik brach aus.

Zunächst konnte niemand sich erklären, was da los war – woher kamen die plötzlichen Beschwerden so vieler Menschen? Es wurde recht schnell deutlich, dass die auslaufende Flüssigkeit das Problem war, die schließlich sichtbar war. Aber natürlich hatte zu diesem Zeitpunkt niemand die Vorstellung, dass es sich um eine Giftgas-Attacke handelte. Mitarbeiter der U-Bahn-Stationen eilten herbei, während die Menschen sich aus den Bahnen drängten. Die Helfer entfernten die Gift-Päckchen und putzten die Flüssigkeit in den Waggons mit handelsüblichen Lappen auf – besonders unter diesen Mitarbeitern gab es Todesfälle und schwere Verletzungen, da sie in direkten Kontakt mit dem Gift kamen. Trotz der dramatischen Bilanz muss man sagen, dass es weitaus schlimmer hätte kommen können. Hätte das Sarin-Gas eine bessere Qualität gehabt und wäre es effektiver verteilt worden, wären an diesem Tag möglicherweise Hunderte, wenn nicht Tausende Menschen gestorben. Es ist schwer zu sagen, wie viele Menschen genau Opfer des Anschlags wurden, da nicht alle sofort oder noch am selben Tag starben. In der Regel spricht man von 13 Todesopfern. Die am weitesten verbreitete Angabe ist, dass neun Personen unmittelbar bei den Anschlägen starben, eine Person später am selben Tag, eine Person zwei Tage später und zwei weitere Personen etwa 14 Tage nach den Anschlägen. Insgesamt ließen sich mehr als 5 000 Menschen aufgrund verschiedenster Symptome in den Krankenhäusern Tokios untersuchen.

Todesurteile für den Terror

Die Täter konnten entkommen. Ging der schnell zusammengeflickte Plan von Asahara also auf? Die Antwort lautet: Nein. Der Verdacht fiel sehr schnell auf Aum, auch aufgrund der bereits erwähnten vorhergegangenen Ermittlungen. Die Behörden durchsuchten bereits kurz nach den Anschlägen die Immobilien der Gruppe. Das förderte Ungeheuerliches zutage – nach und nach wurde klar, mit welch einer kriminell-terroristischen Vereinigung man es hier zu tun hatte. Man fand nicht nur LSD-Labore, riesige Mengen an Bargeld und Unterlagen, die auf viele der genannten Taten von Aum hinwiesen. Es wurden auch der in Russland gekaufte Helikopter und Chemikalien gefunden, die ausgereicht hätten, um Sarin in unglaublichen Mengen zu produzieren: Wäre alles verarbeitet worden, hätte man mit dieser Giftmenge Schätzungen zufolge rund vier Millionen Menschen töten können.

Im April 1995 gaben Aum-Mitglieder eine Pressekonferenz ab, und viele von ihnen wurden (noch) nicht verhaftet, weil noch völlig unklar war, wer genau in was verstrickt war. Außerdem bestritt Aum zu dieser Zeit noch vehement, etwas mit dem Giftgasanschlag zu tun gehabt zu haben. Auf dieser Pressekonferenz gab Chefwissenschaftler Hideo Murai an, es habe insgesamt mehrere Fabriken gegeben, die unterschiedliche Zwecke hatten. Er behauptete, die gefundenen Chemikalien seien nicht dazu gedacht gewesen, Sarin zu produzieren. Vielmehr sei es Aum darum gegangen, Dünger für die Landwirtschaft herzustellen. Man hatte also offenbar noch ganz klar die Vorstellung, dass man mit den Taten davonkommen könnte. Hideo Murai wurde am 23. April 1995, wenige Wochen nach seinem Auftritt bei der Pressekonferenz, von einem Attentäter erstochen. Der Mörder war Mitglied der Yakuza, deren Führung den Tod des Wissenschaftlers offenbar befohlen hatte – warum, ist bis heute nicht klar. Es wird spekuliert, dass die Yakuza in Drogengeschäfte mit Aum verstrickt waren und Murai deshalb zum Schweigen bringen wollten.

Shoko Asahara konnte vor den Razzien untertauchen. Er agierte fortan aus dem Untergrund – und er nahm es mit seinem Plan, den Weltuntergang zu provozieren, ernst. Er wurde nun endgültig zu einem Terror-Guru, der aus dem Verborgenen heraus agierte: Ihm hörige Aum-Mitglieder führten auf seinen Befehl hin weitere Mordanschläge aus, sie führten eine weitere Attacke auf das U-Bahn-System aus, diesmal mit Zyanid-Gas. Die aufgrund der Ereignisse sensibilisierten und wachsamen Stationsangestellten verhinderten aber den Erfolg dieses Anschlags und retteten so mutmaßlich weiteren Hunderten Menschen das Leben. Schließlich verschickte Aum eine Paketbombe, die im Tokioter Rathaus den Gouverneur töten sollte – auch das missglückte, aber ein Angestellter im Rathaus verlor durch die Explosion mehrere Finger.

Die Behörden suchten mit Hochdruck nach Asahara, um dem Terror endlich ein Ende zu setzen. Knapp zwei Monate nach den Anschlägen von Tokio gelang es ihnen, den Guru aufzuspüren. Asahara wurde am 16. Mai 1995 verhaftet. In den darauf folgenden Prozessen wurden zahlreiche Aum-Mitglieder verurteilt. Diejenigen, die unmittelbar an dem Sarin-Gas-Anschlag beteiligt waren, sowie diejenigen, die als Wissenschaftler*innen an der Entwicklung des Giftes gearbeitet hatten, wurden zum Tode verurteilt. Einige andere erhielten langjährige Freiheitsstrafen.

Shoko Asahara selbst wurde als Drahtzieher hinter den Sarin-Gas-Anschlägen ebenfalls zum Tode durch Erhängen verurteilt. Das Urteil wurde erst 2004 endgültig verkündet, der Prozess zog sich aufgrund des Umfangs jahrelang hin. 2006 bestätigte der Oberste Gerichtshof in Japan das Urteil. Mehr als ein Jahrzehnt saß Asahara in der Todeszelle, bevor er im Alter von 63 Jahren am 6. Juli 2018 mit sechs anderen Mitgliedern seiner Gruppe durch Erhängen hingerichtet wurde.

Man könnte meinen, die Geschichte von Aum endete mit den Verhaftungen und schlussendlich den Hinrichtungen der Führungsriege – das wäre wenig erstaunlich. Aber so ist es nicht. Denn die Gruppe existiert bis heute. Allerdings in ganz anderer Form. Nach den Terror-Taten, von denen viele „normale" Anhänger*innen nichts ahnten, verließen scharenweise Mitglieder die Gemeinschaft. Der japanische Staat fror finanzielle Mittel ein oder konfiszierte sie. Erst im Jahr 1999, vier Jahre nach dem Anschlag, bat die neue Aum-Führung unter einer Frau namens Tatsuko Muraoka öffentlich im Namen der Gruppe um Entschuldigung für den Anschlag. Im Jahr 2000, ein Jahr später, sagte man sich offiziell von seinem Gründer und früheren Guru Shoko Asahara los, insbesondere von seinen Ansichten zur Anwendung von Gewalt. Um dies zu verdeutlichen, nannte sich die verbliebene Gruppe in „Aleph" um. Beobachter*innen gehen davon aus, dass nach wie vor Lehren Asaharas in der Gruppe vertreten werden, Asahara nach wie vor vergöttert wird – man bleibt also sehr skeptisch. Entsprechend steht Aleph unter strenger Beobachtung. Letzte Schätzungen gehen davon aus, dass die Gruppe noch zwischen 1600 und 1800 Mitglieder hat.

Was war da los?

Eine Spirale der Gewalt und des Terrors, angefeuert durch die völlige Selbstüberhöhung eines fanatischen Gurus: Das wäre in Kurzform meine Zusammenfassung der Ereignisse um Aum.

Angesichts dessen, was ich geschildert habe, ist es meines Erachtens gerechtfertigt, hier von einer „Sekte“ im düstersten Sinne zu sprechen: Viele der im ersten Teil dieses Buches genannten Kriterien treffen hier zweifelsohne zu.

Sicherlich spielte besonders die Persönlichkeit von Shoko Asahara eine entscheidende Rolle bei dem, was passiert ist. Seine Machtgier, sein Kontroll-Bedürfnis und sein Selbstbild als gottgleicher Guru, der mit allen Mitteln nach Macht strebte – so interpretiere ich zu einem Großteil auch sein finales Vorhaben, die Apokalypse herbeizuführen. Schließlich wäre er der Anführer der endzeitlichen Siegesarmee gewesen, und in seiner Vorstellung wäre er es gewesen, der am Ende als Sieger geherrscht hätte.

Besonders deutlich wird in diesem Fall die Gefahr, die von einer Kombination der besonderen Endzeit-Erwartung und der Abschottung der Gemeinschaft von der Außenwelt ausging. Das war ein wesentlicher Punkt, warum die Gruppe bis ins Extrem radikalisiert wurde, auch wenn bereits vorher mit tödlicher Gewalt gegen Kritiker oder drohende Gefahren von außen wie innen vorgegangen wurde.

Und noch eines wird deutlich: Solche radikalisierten neureligiösen Gruppen können auch über das Wohlergehen ihrer eigenen Mitglieder hinaus eine Gefahr werden. Das zeigt sich hier drastisch, wenn vollkommen unbeteiligte Menschen bei den Giftgasanschlägen und Morden der Gruppe starben. Häufig richtet sich die Gewalt problematischer Gruppierungen nach innen oder an direkte Kritiker. Das ist schlimm genug – aber Aum zeigt hier noch einmal eine andere Dimension auf, zu der extremer Fanatismus führen kann.

HEAVEN'S GATE: DAS TÖDLICHE TOR ZUM NEXT LEVEL

Am 26. März 1997 rief ein Mann bei der Polizei in San Diego im US-Bundesstaat Kalifornien an. Das Gespräch begann folgendermaßen:

Polizist: Hallo.

Anonymer Anrufer: Ich möchte einen anonymen Tipp abgeben. Mit wem muss ich sprechen?

Polizist: Okay, worum geht es?

Anonymer Anrufer: Es geht um einen Massenselbstmord. Und ich kann Ihnen die Adresse geben.

Dieser Anruf brachte etwas in Gang, das eine kleine neureligiöse Bewegung weltweit in die Schlagzeilen bringen sollte. Der anonyme Anrufer hatte in einer Villa in San Diego die Leichen von 21 Frauen und 18 Männern gefunden. Sie alle waren Mitglieder einer Gruppe, die sich „Heaven's Gate" nannte: „Tor zum Himmel". Und sie alle hatten sich das Leben genommen. Was sich den Beamten anschließend in der Villa zeigte, war gespenstisch: Die 39 Personen lagen in ihren Betten, bedeckt von purpurroten Tüchern. Alle waren komplett schwarz gekleidet und trugen nagelneue schwarz-weiße Turnschuhe. Um ihre Handgelenke waren Armbänder angelegt, die die Aufschrift „Heaven's Gate Away Team" trugen – eine Anlehnung an die Science-Fiction-Serie „Star Trek". Der Begriff „Away Team" – Außenteam – bezeichnet dort Besatzungsmitglieder, die auf einer Mission außerhalb des Raumschiffs, zum Beispiel auf einem Planeten, sind. Fein säuberlich lagen die Ausweise der Toten bereit. Bei sich hatten sie auch jeweils einen Fünf-Dollar-Schein und einige Münzen.

Im größten Schlafzimmer des Hauses lag der Leichnam eines 66-jährigen Mannes, wie die anderen auch unter einem purpurfarbenen Tuch. Sein Name war: Marshall Applewhite. Er war der Anführer von „Heaven's Gate".

Es ist eine schauderhaft-gruselige Szene. Und in der Recherche zu diesem Fall bin ich der Frage meines elfjährigen Alter Ego nachgegangen, die ich im Vorwort erwähnt habe und die mich auch heute noch fasziniert: Wie konnte es dazu kommen? Was waren die Motive, dass sich fast 40 Menschen gleichzeitig und freiwillig das Leben nehmen? Ich möchte euch in diesem Fall nicht nur die Ergebnisse meiner Recherche darstellen, sondern euch ein wenig mit in die Recherche hineinnehmen.

Heaven's Gate hieß nicht immer Heaven's Gate, sondern hatte vorher noch einige andere Namen: „Human Individual Metamorphosis", „The Process", „The Total Overcomers", „The Class" – all das waren Namen, unter denen die Gruppe im Laufe der Zeit auftrat. Die Angaben darüber, wann die Gruppe wie hieß, sind aber unterschiedlich. Unwesentlich ist das nicht: Um wirklich zu verstehen, was im März 1997 passiert ist, muss man tief graben und sich die Entstehung und Geschichte dieser Ufo-Kultes anschauen.

Wenn man in der Suchmaschine seiner Wahl „Heaven's Gate" eingibt, stößt man ziemlich schnell auf die Webseite heavensgate.com. Diese Seite sieht verdächtig nach einer Webseite aus den 90ern aus, die seither unberührt im Äther schwebt. Recherchen im „Internet Archive" ergeben, dass sie mindestens seit Dezember 1996 in dieser Form und Optik existiert. Ganz oben auf der Seite blinkt aufdringlich eine Schrift „RED ALERT", darunter prangt das Heaven's-Gate-Logo. Dort steht zu lesen: „Hale Bopp brings Closure to Heaven's Gate" („Hale Bopp bringt Heaven's Gate zum Abschluss"). Tatsächlich handelt es sich um die Originalwebseite der Gruppe, die im Jahr vor dem Massensuizid online ging und seither existiert. Die gesamte Glaubenswelt von Heaven's Gate ist dort in Dutzenden Unterseiten dargestellt.

Interessanterweise findet sich auf der Webseite auch eine aktive E-Mail-Adresse. Um meiner Frage einen Schritt näher zu kommen, wann die Gruppe denn genau wie hieß, habe ich dort eine E-Mail hingeschrieben und nachgefragt: Wie war denn das mit den Namen von Heaven's Gate – wann hieß die Gruppe wie? Es kam – damit hatte ich nicht gerechnet – eine Antwort zurück. Nach exakt 47 Minuten. Und zwar folgende (von mir übersetzt ins Deutsche):

In der Zeit von 1974 bis 1978 nannte man uns „Human Individual Metamorphosis". Danach und in den 1980er-Jahren bezeichneten wir uns als „The Process". Als wir in die 1990er-Jahre übergingen und Videoarbeiten für die Öffentlichkeit produzierten, benutzten wir den Begriff „Total Overcomers Anonymous", wenn wir mit der Welt in Kontakt traten. Im Frühjahr 1996 mussten wir einen neuen Namen für unsere neue Website finden, und so entstand „Heaven's Gate". All diese Namen waren nur für den öffentlichen Gebrauch gedacht, denn intern gab und gibt es seit Beginn nur einen Begriff, unter dem wir uns selbst kennen: „The Class". Das Einzige, was wir tun wollten, war, die „nächste Stufe" zu erreichen.

Nun hatte ich also eine E-Mail von einem mysteriösen Absender, der sich im Namen von Heaven's Gate als „Wir" ausgab. Wie bitte? Ich dachte, die sind alle gestorben? Doch dieser Frage würde ich später noch auf den Grund gehen. Für diesen Moment war entscheidend: Es gab offenbar eine Selbstauskunft der Gruppe, wann sie wie hieß. Und die Informationen konnte ich größtenteils verifizieren: Heaven's Gate wählt offenbar erst im Jahr vor dem tragischen Ende den Namen, unter dem die Gruppe weltbekannt wird. Sie selbst nannten sich untereinander immer „The Class". Nach außen hin hießen sie „The Total Overcomers Anonymous", „The Process" und ganz zu Beginn „Human Individual Metamorphosis". Die Frage nach dem tragischen Warum, dem Ende von Heaven's Gate, wird also zur

Frage nach dem Beginn einer Gruppierung namens „Human Individual Metamorphosis".

Zwei Seelenverwandte treffen sich

„Human Individual Metamorphosis" war – vorsichtig gesagt – eine merkwürdige Truppe. Zunächst bestand sie nur aus zwei Personen, die sich 1972 getroffen hatten: Marshall Applewhite und eine Krankenschwester namens Bonnie Lu Nettles, die auch als Astrologin und Medium gearbeitet hatte. Beide entstammten einem christlichen Elternhaus, Applewhite war Sohn eines texanischen Predigers. Mit der Zeit haben sich beide von ihren christlichen Wurzeln größtenteils entfremdet und gingen in der New-Age-Bewegung auf, insbesondere der Einfluss der Astrologin Nettles auf Applewhite war hier zu spüren.

Beide waren fasziniert vom Ufo-Glauben. Was uns heute fremd oder merkwürdig erscheint, war in der damaligen Zeit keine Seltenheit. Nur wenige Jahre zuvor, 1969, gelang der NASA die erste erfolgreiche Mondlandung. 1972 landete die letzte Apollo-Mission auf dem Mond. Auch Serien wie „Star Trek" waren in den 70er-Jahren hochpopulär. Der Glaube an die Existenz von Außerirdischen und die Vorstellung, dass sie in „Reichweite" seien oder möglicherweise bereits die Erde besucht hätten, war in der damaligen Zeit keine solche Randerscheinung, wie es heute vielleicht erscheinen mag. Das zeigt beispielhaft der weltweite Erfolg von Erich von Däniken, der zu dieser Zeit zu Ruhm gelangte und Ende der 60er, Anfang der 70er mehrere Bestseller zu der Frage schrieb, ob Außerirdische bereits einmal die Erde besucht hatten. Däniken gilt als der wohl prominenteste Vertreter der sogenannten Prä-Astronautik. Diese zielt darauf ab, die angebliche Anwesenheit außerirdischer Intelligenzen auf der Erde in der Frühgeschichte und in der Antike zu untersuchen und zu beweisen. Man kann sie getrost als Pseudowissenschaft bezeichnen – seriöse Wissenschaftler*innen lehnen entsprechende Untersuchungen und Thesen als nicht belegbar ab.

Doch zurück zu Applewhite und Nettles. Die beiden trafen sich 1972 in dem Krankenhaus, in dem Nettles zur damaligen Zeit arbeitete. Nicht mehr ganz klar ist heute, warum Applewhite im Krankenhaus war – es gibt dazu unterschiedliche Angaben. Je nach Quelle findet man Informationen über „Schizophrenie“ (das passt natürlich aus der Retrospektive wunderbar zu einem späteren Anführer eines Massensuizids), die „Heilung von seiner Homosexualität“ (Applewhite war bisexuell) oder Herzproblemen. Fakt ist: Wir wissen heute nicht mehr genau warum, sondern nur, dass die beiden sich im Krankenhaus trafen. Nettles und Applewhite verstanden sich sofort als Seelenverwandte. Sie schlossen eine Art spirituellen Bund: Nettles erklärte Applewhite als geübte Astrologin, warum sie sich getroffen haben: Sie war der Überzeugung, dass sie sich aus einem früheren Leben kannten und nun, in ihrer neuen Inkarnation, gemeinsam eine wichtige Mission zu erfüllen hatten.

Sie widmeten sich fortan ganz ihrer spirituellen Weiterentwicklung und gaben sich sogar andere Namen, wie übrigens immer wieder in den folgenden Jahren. Warum genau und welche Bedeutung diese Namen hatten, lässt sich heute ebenfalls nicht mehr nachvollziehen. Applewhite trug dabei kreative Namen wie Do, Bo, Tiddly, Nincom oder Guinea. Nettles hingegen hörte auf Namen wie Ti, Peep, Wink, Pig oder, ja: Poop. Der Einfachheit halber nenne ich die beiden entweder Nettles und Applewhite oder Ti und Do – das waren die letzten Namen, mit denen sie sich bezeichneten. In dieser Anfangsphase begriffen sich die beiden aber zunehmend als Einheit und nannten sich häufig schlicht „The Two“, also „die Zwei“. Auf der Suche nach ihrer spirituellen Identität reisten sie fortan unter dieser Bezeichnung durch die USA.

Ungefähr ein Jahr später fand diese Suche ein Ende in einem biblischen Text. Die beiden fanden ihre „spirituellen Identitäten“ und ihre Bestimmung in einem Text der Offenbarung des Johannes, Kapitel 11. Dort ist die Rede von „zwei Zeugen“, die von Gott auf die Erde geschickt werden, um dort als Endzeit-Propheten aufzutreten. Ihr Schicksal ist besiegelt: Sie werden vom Satan getötet, schließlich aber von Gott auferweckt und in einer Wolke in den Himmel geholt.

Mit diesen beiden Zeugen identifizierten sich Nettles und Applewhite. Sie waren davon überzeugt, dass die Endzeit angebrochen sei und das Ende – samt Entrückung der Gläubigen – kurz bevorstünde. Ihre Aufgabe sei nun, diese Botschaft in die Welt zu bringen. Dieser Glaube vermischte sich sowohl mit der New-Age-Weltsicht, die sich die beiden in den Jahren zuvor bereits gründlich erarbeitet hatten, als auch mit einer Technologisierung. Zusätzlich verbanden sie diese Glaubenssätze mit dem damals sehr populären Ufo-Glauben. So war die „Wolke“, von der in der Offenbarung die Rede ist, in der Vorstellung der beiden ein Ufo, das sie schließlich in den Himmel mitnehmen würde.

Am Ende stand also eine Mischung aus New Age, christlicher Apokalyptik und technologisiertem Ufo-Glauben. Daraus entstammte auch die Lehre, die vom Grundgedanken her bis zum Ende die zentrale Lehre von „Heaven's Gate“ bleiben sollte: Nettles und Applewhite waren davon überzeugt, dass nach ihrem Märtyrertod und ihrer Auferstehung ein Ufo kommen werde, um die beiden und alle, die ihnen folgten, mitzunehmen. Es war nichts anderes als der Glaube an eine technologisch inszenierte Entrückung. Die Körper der Entrückten würden dabei, so glaubte man, durch biologische und chemische Prozesse physisch zu perfekten außerirdischen Wesen transformiert. Diesen finalen Zustand nannten die beiden „The Next Level“, „Evolutionary Level above Human“ oder „Kingdom of Heaven“ – all diese Begriffe sind synonym zu verstehen. Und in diesem Zustand sollten die dann transformierten Körper ewig leben. Es gibt – heute noch auf Youtube abrufbar – ein Lehrvideo von Marshall Applewhite, in dem er sehr präzise beschreibt, wie ein solcher Außerirdischer aussieht. Das Video stammt aus den frühen 90er-Jahren, also einige Jahre vor dem Massensuizid. Darin sagt er folgendes (ins Deutsche übersetzt):

„Die Außerirdischen haben einen Körper, der dem menschlichen Körper ähnlich ist. Dem menschlichen Körper liegt dasselbe Design zugrunde, nur dass der menschliche Körper tierischer ist. Der Mensch hat Haare, braucht Zähne, hat körperliche Merkmale, die für diese Umgebung geeignet sind. Wenn man sich in eine Umgebung begibt, in der es nicht nötig ist, Dinge zu essen, die man von Knochen reißen oder deren Kerne man aus einer Nuss holen muss, braucht man sicherlich keine Zähne. Haare werden auch nicht benötigt. [Ein Außerirdischer ist] ein Lebewesen, das sehr attraktiv aussieht, zwei Augen hat, ein Überbleibsel einer Nase und von Ohren. Das heißt, wir würden das als Überbleibsel bezeichnen, obwohl sie ausgezeichnet als Nase und Ohren funktionieren. Sie haben einen Kehlkopf, den sie aber nicht wirklich benutzen müssen, weil sie in Gedanken kommunizieren. Sie kommunizieren mit ihrem Verstand. Und das ist ein Außerirdischer – der Körper eines Mitglieds des ‚Evolutionary Level above Human', dem ‚Kingdom of Heaven', dem ‚Kingdom of God'."

Applewhite und Nettles kamen nun ihrer selbsterklärten Berufung nach: Sie zogen mit ihrer Botschaft umher. Sie verkündeten, dass es für die Menschen darum geht, transformiert zu werden und zu diesem „Next Level" aufzusteigen – es war für sie ein real existierender Ort, der mit einem Ufo erreicht werden könne. Es ging um eine individuelle Transformation des Menschen – daher auch der Name, den die beiden ihrer Gruppe zu dieser Zeit gaben: „Human Individual Metamorphosis". Die beiden selbst sahen sich bereits geistig als Teil dieser anderen Welt.

Sie behaupteten, selbst keine Menschen, sondern Außerirdische in einem menschlichen Körper zu sein.

Der Anfang lief schleppend und war für die beiden frustrierend, weil ihnen niemand so recht Glauben schenkte. Ihre Thesen und Verkündigungen stießen nur auf verhaltene Resonanz. Hinzu kam, dass Applewhite immer wieder mit dem Gesetz in Konflikt geriet – er musste zwischendurch wegen Autodiebstahls für sechs Monate ins Gefängnis. Doch die beiden blieben hartnäckig. Ti und Do schaffen es tatsächlich, mehrere Dutzend Personen zu gewinnen, die bereit waren, ihr bisheriges Leben aufzugeben und den beiden Zeugen zu folgen. In dieser Anfangszeit gab es noch keinerlei feste Gruppenorganisation. Ti und Do kommunizierten zwar ein festes Set an Glaubenssätzen, aber setzten nicht sonderlich viel daran, diese durchzusetzen. Ihre Anhänger*innen wurden in immer wieder wechselnde Zweiergruppen aufgeteilt, die einander im Auge behalten sollten. Zu den Glaubenssätzen gehörte auch, dass Rauchen, Trinken, Drogen oder Sex untersagt waren, da diese als Formen menschlicher Bindungen gedeutet wurden, die strikt aufgegeben werden sollten. Um das zu trainieren, wurden zum Beispiel auch gezielt ein Mann und eine Frau zu einem Zweierpaar zusammengeführt (bei homosexuellen Personen war die Zuordnung so weit möglich gleichgeschlechtlich), damit sie diese Verlangen verspürten und überwinden konnten. Ti und Do hielten sich – so ist es zumindest überliefert – auch an diese Regeln und pflegten eine rein platonische Beziehung. Diese Zweiergruppen von „Human Individual Metamorphosis" zogen nun durch das Land, um weiter zu missionieren. Treffen der gesamten Gruppe gab es nur gelegentlich.

Konsolidierung einer bisher losen Gefolgschaft

Es braucht nicht viel Fantasie, um zu sagen, dass eine solche Organisationsstruktur für das dauerhafte Überleben einer Gruppe nicht besonders gut geeignet ist. Das zeigt sich auch in einem Interview, das Nettles und Applewhite Mitte der 70er Jahre gaben: Sie wussten gar nicht, wie viele Menschen ihnen nachfolgten, und schätzten die Anzahl im Gespräch auf 300 bis 1 000. Das ist eine bemerkenswerte Spanne, die für ziemliche Unwissenheit spricht. Man kann wohl getrost sagen: Wäre das so weitergegangen, wäre die Bewegung im Sande verlaufen. Das realisierten aber auch die beiden Zeugen.

Und so entschieden sie, die Gruppe dauerhaft zusammenzubringen: Sie forderten alle, die an ihre Lehren glaubten, auf, zusammenzukommen. 88 Menschen folgten schließlich dem Ruf und zogen zusammen auf ein Grundstück. Die Rolle von Ti und Do änderte sich im Zuge dieser Konsolidierung: Sie setzten nun strenge Verhaltensregeln ein und machten deutlich, dass alle Autorität, auch religiöse, nur von ihnen ausging. Noch im selben Jahr schlossen sie auch 19 Mitglieder aus der Gruppe aus. Das alleine zeigt schon, dass es jetzt deutlich strenger zuging und sich hier tatsächlich eine exklusive Gruppe bildete. Es gab eine klare Abgrenzung zwischen der Gemeinschaft und der Außenwelt. Man blieb in der Folge zwar als Gruppe zusammen, aber hatte keinen festen Ort: „Human Individual Metamorphosis" war eine Gruppe ohne festen Ort, die durch Nordamerika reiste und viel unter freiem Himmel lebte, zum Beispiel auch auf Campingplätzen.

Und so zogen die Jahre ins Land. Die Gruppe legte ihren ersten Namen ab, nannte sich zwischenzeitlich „The Process" und in den 1990ern dann „The Total Overcomers Anonymous". Dabei spielte die Durchführung von großen Missionierungsaktionen keine Rolle. Neue Mitglieder kamen vor allem über die Ebene der persönlichen Begegnungen hinzu. Und immer wieder verließen Mitglieder auch die Gruppe – die Fluktuation war sehr hoch. Während der insgesamt rund 22-jährigen Geschichte der Gruppe (gerechnet nur bis 1997) stießen insgesamt mehrere Hundert Menschen zu der Sekte, die allermeisten verließen sie aber auch wieder.

Dann kam es zu einem großen Einschnitt, der die Struktur und Theologie der Gruppe ordentlich umwälzen sollte. Im Jahr 1985 starb Bonnie Nettles an Krebs. Ohne Zweifel kann man sagen: Dieses Ereignis legte den Grundstein für den Massensuizid der Gruppe zwölf Jahre später.

Ein Tod, der alles verändert

Applewhite war nun der einzige Führer. Bis dahin hatte Nettles ganz wesentlich die Theologie der Gruppe geprägt; das wird auch aus Aussagen ehemaliger Mitglieder klar. Nettles war die eigentlich prägende Kraft der Gruppe gewesen. Und der zurückgebliebene Applewhite stand vor einem Problem: Er musste seinen Anhänger*innen erklären, was passiert war. Warum raffte eine irdische Krankheit wie Krebs die große Prophetin, die Zeugin der Endzeit, dahin?

Doch Applewhite reagierte souverän. Er war ein charismatischer Redner und schaffte es, die Theologie ohne große Brüche den tragischen Geschehnissen anzupassen: Nettles war, so verkündete er, heimgekehrt in das „Next Level“, sie hatte ihr Vehikel, den menschlichen Körper, zurückgelassen. Und damit trat eine Vorstellung in das System der Gruppe, die zuvor so explizit nicht vorhanden war: Bislang ging man davon aus, im jetzigen, weltlichen Körper von einem Ufo ins Next Level geholt zu werden. Doch jetzt tauchte der Gedanke auf, der später so verheerend werden sollte – der Gedanke, man müsse seinen menschlichen Körper verlassen, bevor man zu einem außerirdischen Wesen transformiert werden könne.

Bevor wir zum tragischen Ende der Sekte kommen, müssen wir noch darüber reden, was die Anhänger*innen eigentlich geglaubt haben. Denn anders ist auch nicht zu verstehen, warum sie sich gemeinschaftlich das Leben genommen haben. Auch wenn die grundlegenden Glaubenssätze von Beginn bis zum Ende die gleichen waren, so wandelten sich über die Zeit einige Dinge. Hier soll es nun vor allem darum gehen, was am Ende geglaubt wurde – und daher die 39 Menschen in den Tod trieb.

Dass sich Ti und Do als außerirdische Wesen in menschlichen Körpern verstanden, war schon früh in der Geschichte der Gruppe klar. Hinzu kam im Laufe der Zeit, dass man auch Jesus als ein solches Wesen verstand. Immer wieder wurde in Ansprachen Applewhites deutlich, dass er sich in direkter Verbindung mit Jesus sah. Er bezeichnete sich gegen Ende manchmal sogar als „die Wiederkunft Jesu".

Die Bibel schätzte Applewhite sehr hoch. Sie war für ihn Zeugnis vom „Kingdom of Heaven", jenem für ihn tatsächlich physisch existierenden Ort. Interessant ist, dass er die Bibel aber mit einer ganz bestimmten Verstehensvoraussetzung las: Er ging bei all seinen Interpretationen davon aus, dass es Außerirdische gebe und dass zu früheren Zeiten Außerirdische auf der Erde gewesen seien und ihre Spuren hinterlassen hätten. Der Gott der Bibel selbst sei ein hoch entwickelter Außerirdischer (den Applewhite im Übrigen – wie auch Jesus im Neuen Testament – als „Vater" bezeichnete). Deutlich sind hier die Inspirationen, die Applewhite aus der bereits genannten Prä-Astronautik zog: Das Buch „Erinnerungen an die Zukunft" von Erich von Däniken, erschienen 1968, hat, so vermutet man, auch Ti und Do inspiriert. Die Bibel war für Applewhite also ein Zeugnis außerirdischen Kontakts mit den Menschen. Diese Außerirdischen sollten und wollten den Menschen dabei helfen, sich zu transformieren.

Und hier wird es an manchen Stellen nun auch sehr wirr, wenn man sich die Verkündigung von Applewhite anschaut. In manchen Passagen spricht er davon, dass der Außerirdische, den die Bibel als Gott bezeichnet, seine an Krebs verstorbene Partnerin Ti gewesen sei. Er sah sich also gegen Ende nicht nur selbst als inkarnierter Jesus, sondern Ti als diejenige Person, die die Bibel als Gott, den Vater bezeichnet. Er selbst führt das folgendermaßen aus:

„Diejenigen, die jetzt vor mir sitzen, waren Schüler von Ti und Do. Von Ti, meinem Vater. Sie waren Schüler von Ti und Do, und sie sind immer noch Schüler von Ti und Do, auch wenn Ti 1985 in den Himmel zurückgekehrt ist. Und Ti ist mein himmlischer Vater, der mich in dieses Reich hineingeboren hat, bevor diese Zivilisation begann. Jetzt bin ich nicht hier, um euch davon zu überzeugen, oder wer ich bin oder wer diese sind. Ich bin hier, um euch die Möglichkeit zu geben, die Wahrheit zu erfahren. So könnt ihr, wenn ihr euch auf irgendeiner Ebene damit verbindet, das Recycling überleben, das bald stattfinden wird.“

In diesen Äußerungen wird nicht nur die Bezeichnung von Ti als „Vater“ deutlich, sondern noch ein weiterer wesentlicher Aspekt der Glaubenssätze von Heaven's Gate: Diese Erde wird, so glaubte man, in regelmäßigen Abständen recycelt. Applewhite zufolge gibt es einen unausweichlichen Kreislauf, durch den die Erde immer wieder erneuert wird. Für diejenigen, die zurückbleiben, habe das fatale Folgen – welche, sagte er nicht. Er betonte auch immer wieder, dass dies nicht sofort das Ende der Welt bedeuten würde. Er ließ sich also gewissermaßen eine Hintertür offen, falls einfach nichts passieren würde. Und nach Applewhite war die einzige Möglichkeit, dieses Recycling der Erde zu überstehen: der Aufstieg in das „Next Level“.

„Verlass die Erde mit uns“

Wenige Monate vor dem Tod Applewhites und seiner Anhänger*innen sprach der Anführer der Gruppe nun auch deutlich aus, worum es geht. In Videoaufnahmen, die die Gruppe gerade in ihren letzten Jahren immer wieder aufzeichnete und zu Propagandazwecken verbreitete, sagte er Sätze wie: *„Wir nennen dieses Video: ‚Der Planet Erde steht kurz vor dem Recycling'. Deine einzige Chance zur Evakuierung ist, die Erde mit uns zu verlassen."*

Doch was war der einschneidende Punkt, der die Mitglieder von Heaven's Gate davon überzeugte, dass es nun an der Zeit ist, zu gehen? Es war keine Entwicklung, die sich erst kurz vor den tragischen Ereignissen abgezeichnet hätte. Schon Anfang der 90er-Jahre hatte Applewhite davon gesprochen, dass das Ende sehr nahe sei. Einen konkreten Termin nannte er aber nie.

Einer der Faktoren, die schließlich zum Massensuizid führten, war die Art und Weise, wie Applewhite die Theologie der Gruppe nach dem Tod von Nettles gestaltete. Er bereitete die Mitglieder darauf vor, dass ein Verlassen des menschlichen Körpers möglicherweise notwendig sei, um das sogenannte Next Level zu erreichen. Ein Weg, dies zu erreichen, wäre eine Art Martyrium gewesen – so, wie es das biblische Buch der Offenbarung bereits für die zwei Zeugen vorhersagte. Und so abwegig war der Gedanke eines Martyriums für die Gruppe gar nicht. Rufen wir uns wieder den geschichtlichen Kontext vor Augen: Es hatte in der Vergangenheit mehrere Vorfälle gegeben, bei denen die Behörden in tödliche Schießereien mit solchen abgeschotteten Gruppierungen geraten waren. Das Massaker bei der Stürmung des Mount-Carmel-Komplexes der Branch Davidians im Jahr 1993 war ein tragisches Beispiel. Ausführlich habe ich diesen Fall in diesem Buch an anderer Stelle beschrieben.

Applewhite und seine Anhänger*innen hofften nun anscheinend tatsächlich, dass es ihnen ähnlich ergehen würde. Sie schmiedeten Pläne, dass sie im Kampf für die gute Sache fallen würden. Es gab sogar kurz die Überlegung, eine Schießerei mit „Regierungstruppen" anzuzetteln, die Gruppe kaufte sich auch Waffen dafür. Letztlich war dieser Weg aber aus Sicht von Heaven's

Gate kein optimaler, man entschied sich dagegen, ihn zu beschreiten. Der Grund ist offensichtlich: Wenn man unbedingt sterben möchte, ist das keine gute Option. Man konnte sich schlicht nicht sicher sein, tatsächlich bei einer solchen Schießerei umzukommen. Zudem hätte man selbst aktiv zu den Waffen greifen müssen, die Regierung kümmerte sich herzlich wenig um Applewhites Truppe.

Am Ende sah Heaven's Gate die Notwendigkeit, die Sache selbst in die Hand zu nehmen. Auch heute noch findet man auf der Homepage der Sekte einen Text, der mit „Unsere Stellungnahme gegen Suizid“ überschrieben ist. Und man fragt sich im ersten Moment, wie das zusammenpasst. Der Groschen fällt, wenn man den kurzen Text liest. Heaven's Gate macht nämlich das, was man bei sogenannten Sekten häufig findet: Sie nutzen bekanntes Vokabular, verstehen darunter aber etwas völlig anderes und deuten es um.

Aus dem Text geht hervor, dass Suizid in der Logik von Heaven's Gate nicht hieß, den physischen Körper zu töten. Vielmehr verstand man darunter, dass man sich dem „Next Level“ verweigere, wenn es einem angeboten wird. Das heißt im Klartext: Sobald die Möglichkeit besteht, das „Next Level“ durch das Zurücklassen des irdischen Körpers zu erreichen, wäre es für die Anhänger*innen Suizid, dies nicht zu tun und weiter auf der Erde zu leben, die dem Untergang geweiht ist. Die Bedeutung wird also genau ins Gegenteil verkehrt. Das heißt also auch, dass Heaven's Gate aus der eigenen Sicht gar keinen Suizid begangen hat, sondern lediglich bewusst diese Welt zugunsten einer besseren verlassen hat.

Die offensichtliche Möglichkeit, durch Suizid aus der Welt zu scheiden, stand nun im Raum. Diese Überlegungen begannen bereits 1994, also knapp drei Jahre vor dem eigentlichen Ereignis. Ein weiterer Beweis dafür, dass die Gruppe schon Jahre vorher Pläne hatte, ist die Tatsache, dass sie sich 1994 ein Buch besorgte, in dem detailliert beschrieben wird, wie man sich am besten das Leben nimmt: ein Leitfaden für todkranke Menschen, die sich das Leben nehmen wollen.

Dass aber gleichzeitig 1994 noch nicht ganz klar war, wann und ob die Gruppe diesen letzten Schritt wirklich gehen würde, zeigt sich an einem anderen Punkt. 1994/95 ließen sich sechs Männer der Gruppe, darunter auch Applewhite, kastrieren. Ein konsequenter Schritt, wenn man körperliche Begierden so vehement ablehnt, wie es in der Gruppe der Fall war. Zugleich aber wäre das ein ungewöhnlicher Eingriff für jemanden, der plant, sich ohnehin bald das Leben zu nehmen. Zumal es sich bei einer Kastration um einen schwerwiegenden Eingriff handelt, der unter Umständen auch eine sehr lange Erholungsphase nach sich ziehen kann. So war es offenbar auch bei Applewhite, der sich nach der Operation sehr lange von den Folgen erholen musste. Ganz deutlich zeigt diese Episode in jedem Fall: So ganz war die Möglichkeit nicht vom Tisch, eventuell doch auf der Erde zu bleiben.

Doch es gab noch mehr Faktoren, die den Weg schließlich ebneten: Es stellte sich nach und nach in der Gruppe ein gewisser Frust ein. Es war der Frust, nicht gehört zu werden. Ebenfalls in den Jahren 94/95 gab es verstärkt Versuche, über das immer populärer gewordene Internet die Botschaft von Ti und Do zu verbreiten. Der Erfolg war aber bescheiden. Heaven's Gate wurde weitgehend ignoriert. Und wo nicht, machte man sich über sie lustig und lehnte die Botschaft rundheraus ab. Ein ehemaliges Mitglied sagte, dass sich in dieser Zeit immer weiter der Gedanke verfestigte, dass es langsam an der Zeit sei, zu gehen.

Ein Ufo im Schlepptau des Kometen?

Dann wurde im Jahr 1995 der Komet Hale-Bopp entdeckt. Es war klar: Das wird ein Jahrhundertspektakel. Astronomen in aller Welt feierten diesen Kometen, der mehr als ein Jahr lang mit bloßem Auge am Himmel zu sehen sein sollte. Das alleine war natürlich für den Ufo-Kult um Applewhite bereits ein Zeichen, das er nicht vorüberziehen lassen konnte. Dann kam noch hinzu, dass es in den Medien Spekulationen über ein riesiges Objekt gab, das den Kometen begleiten sollte. Diese Spekulationen kamen nicht von Heaven's Gate selbst, sondern wurden in einer Radioshow geäußert, die damals Millionen von Menschen hörten. Dort rief ein Amateurastronom an und erzählte, er habe eine unglaubliche Entdeckung gemacht bei der Beobachtung von Hale-Bopp: Er habe ein helles Objekt gesichtet, das den Kometen begleite.

Anrufer: *Viele Leute haben das Gefühl, dass mit Hale-Bopp etwas nicht stimmt.*

Moderator: *Nun, ich muss zugeben, dass es wirklich wenig Bilder vom Hubble-Weltraumteleskop oder von großen Observatorien gibt. Und ich kann Ihnen sagen, dass sie aufgehört haben, Bilder zu veröffentlichen [...], so Ende Mai 1996. Das hat meine Neugier geweckt.*

Anrufer: *Warum sollten sie das tun?*

Moderator: *Sie haben tatsächlich etwas gesehen, von dem sie dachten, dass es die Menschen beunruhigen könnte. Und jetzt haben Sie das vielleicht auf Film.*

Anrufer: *Ja. Dieses Ding, das ich heute Abend fotografiert habe, ist einfach aufgetaucht. Ich habe [Vergleichs-]Bilder vom Kometen von gestern Nacht und von der Nacht davor. Das ist wirklich eine große Sache. Nicht weit weg, schätze ich, vielleicht etwa 150 000 Meilen von Hale-Bopp entfernt. Wenn es denn so weit draußen ist wie Hale-Bopp. Ich weiß es nicht, aber es ist im selben Bild. Ich gehe einfach davon aus, dass es in dieser Gegend ist. Es scheint mehrere Male größer als die Erde zu sein. Ich schätze, etwa viermal größer als die Erde. Und es scheint etwas zu geben, das aussieht wie die Ringe um den Saturn [...]. Ich dachte: Vielleicht ist es einfach ein Stern. Ich habe eine Sternenkarte, die mit dem Computer erstellt wurde. Ich kann vorher sa-*

gen, welche Sterne im Hintergrund sein werden. Und da war kein Stern. Einfach nichts. Es gibt ein paar Sterne, die im Bild rechts von Hale-Bopp auftauchen, und die sind sichtbar. Aber dieses große weiße Ding tauchte nicht auf. Ich habe das Datum auf meiner Uhr überprüft, das Datum auf dem Computer überprüft und die Bilder auf dem Computer angesehen. [...] Mein Herz begann schneller und schneller zu schlagen. [...] Ich habe etwas fotografiert, das tatsächlich da draußen ist und das groß ist. [...]

Moderator: *Was könnte das sein?*

Anrufer: *Ich habe keine Ahnung.*

Moderator: *Was auch immer es ist, wenn es sich in derselben Region wie Hale-Bopp befindet, wäre es grob geschätzt etwa viermal so groß wie die Erde.*

Anrufer: *Es ist definitiv größer als die Erde. Das ist wirklich grob geschätzt, ich werde [...] das genauer überprüfen und messen müssen.*

Die Radioshow beschäftigte sich mit paranormalen Phänomenen, und das – vorsichtig formuliert – nicht unbedingt aus einer skeptischen Perspektive. Dort wurden also gerne einmal sehr krude Theorien verbreitet, was diese Hale-Bopp-Episode bestätigte. Nach dem eben zitierten Anruf meldete sich sodann gleich noch ein weiterer Anrufer in der Show. Der wiederum behauptete von sich, per Fernwahrnehmung den Kometen genauer betrachtet zu haben. Fernwahrnehmung ist eine spezielle Art von Hellsehen, eine Pseudowissenschaft, deren Erforschung allerdings tatsächlich während des Kalten Krieges lange von der CIA finanziert worden war. Dieser Anrufer sagte nun, es handle sich seinen „Erkenntnissen“ zufolge bei dem Objekt eindeutig um ein nicht natürliches und sogar gesteuertes Objekt, also um Außerirdische.

In entsprechenden Kreisen schlug das natürlich ein wie eine Bombe. Da half es auch nichts, dass ernst zu nehmende Astronom*innen sehr schnell Entwarnung gaben und die Sache aufklären konnten: Der Amateurastronom hatte schlicht in seinem Computerprogramm falsche Einstellungen, sodass er einen gewöhnlichen Fixstern übersehen hatte, der zum Zeitpunkt seiner Beobachtungen hinter dem Kometen stand. Nichts anderes war das, was er als angeblich unerklärliches Objekt beobachtet hatte.

Dennoch, wie das bei Verschwörungstheorien so ist: Sie halten sich hartnäckig. Und für Heaven's Gate waren diese Beobachtung und die Spekulationen ein weiterer Punkt, der die Ansicht befeuerte, dass das Ende nun gekommen sei. Es gibt Berichte, dass Applewhite sogar im Januar 1997, rund zwei Monate vor dem Suizid, für rund 3 600 Dollar ein Teleskop gekauft hat, um das vermeintliche Ufo zu beobachten. Er brachte das Teleskop dann eine Woche später zurück, weil es angeblich zu schwach gewesen sei, um das Raumschiff zu sehen.

So kurios diese Episode mit dem vermeintlichen Ufo auch ist und sosehr sie in die krude Gedankenwelt von Heaven's Gate passte – entscheidend dafür, dass Hale-Bopp von den Anhänger*innen als Signal für das Ende gesehen wurde, war nicht das angebliche Ufo, das ihm folgte. Es war der Komet an sich. Das schrieb die Gruppe auf ihrer Webseite auch, auf der dann wenige Monate vor dem Massensuizid Folgendes steht – bis heute prangt dieser Absatz unter heavensgate.com oben auf der Webseite (von mir ins Deutsche übersetzt):

„ALARMSTUFE ROT: Hale-Bopp bringt Heaven's Gate zum Abschluss. Ob Hale-Bopp einen ‚Begleiter' hat oder nicht, ist aus unserer Sicht irrelevant. Dennoch erfüllt uns seine Ankunft bei „Heaven's Gate" mit großer Bedeutung und Freude. Die Freude besteht darin, dass uns unser ältestes Mitglied im ‚Evolutionary Level Above Human' (dem ‚Kingdom of Heaven') klargemacht hat, dass Hale-Bopps Ankunft der ‚Marker' ist, auf den wir gewartet haben."

Damit war also klar: Der Zeitpunkt war gefunden. Am 22. März erreichte Hale-Bopp seinen erdnächsten Punkt, und um diese Zeit herum fanden auch die Suizide statt. In den Tagen zuvor veröffentlichte Heaven's Gate noch sogenannte „Exit-Videos", in denen die Mitglieder noch einige Worte an die Außenwelt richteten und erklärten, warum sie diesen tödlichen Schritt gehen würden. Wer sich die Videos anschaut, dem wird klar: Aus Angst handelten die Anhänger*innen von Ti und Do nicht, auch wenn das in den Medien damals häufig so kolportiert wurde. Aus den Aufnahmen sprach keine Angst vor einem angeblichen Ufo, sondern vielmehr eine freudige Erwartung. Und das passt auch zu den Glaubensüberzeugungen von Heaven's Gate. Denn wovor sollten sie Angst haben? Zwei der Statements, eines von einer jungen Frau und eines von einem Mann, lautete folgendermaßen:

Frau: *„Ich möchte einfach allen mitteilen, wie glücklich und dankbar ich mich fühle, hier zu sein. Und ich möchte euch wissen lassen, dass das, was wir gleich machen werden, wirklich nichts ist, worüber man negativ denken sollte. Wir alle wählen aus freiem Willen, mit Ti und Do den nächsten Schritt zu gehen, und sie sind sicherlich nicht das, als was die Medien sie darstellen werden. Ich hatte nie die Gelegenheit, Ti in dieser Inkarnation in ihrem menschlichen Vehikel zu treffen. Aber ich kann euch sagen, dass Do die außergewöhnlichste, würdevollste und zielgerichtetste Person ist, die man je treffen kann. Er hat uns so sehr geholfen und so viel ertragen [...]. Und ich denke, das ist wirklich alles, was ich sagen möchte."*

Mann: *„Eine Sache, die mir in den Sinn kommt, ist, dass ich weiß, dass die Medien dies behandeln werden – es sei denn, wir verlassen diesen Ort in einem Raumschiff, ohne dass unsere Körper, unsere Vehikel zurückbleiben. Dann werden die Medien es als eine Art seltsamen, bizarren Kult darstellen, einen Selbstmordkult, wie auch immer sie es nennen möchten. Aber schaut tiefer als die Worte, sucht nach dem, was wir den Menschen beigebracht haben, und schaut auf die Botschaft, die wir hinterlassen haben. Denn wir wissen, dass* *es schwierig ist, zu verstehen, dass das „Nächste Level" eine Hingabe erfordert, eine Art endgültige Zutat: Den Körper aufzugeben, um tatsächlich ins „Next Level" aufzusteigen. Es ist schwer zu begreifen. Denjenigen, die wir zurückgelassen haben, sei gesagt: Wir gehen über zu etwas Größerem und Besserem. Und wir hoffen, dass ihr eines Tages verstehen werdet, und vielleicht werdet ihr euch uns anschließen."*

Wenige Stunden nach diesen Video-Statements waren die Mitglieder von Heaven's Gate tot. Es ist in den Äußerungen eindrücklich zu hören, wie sehr sie davon überzeugt waren, den richtigen Schritt zu gehen und keine Alternative zu sehen. In den Videos gibt es keinerlei Anzeichen dafür, dass sie unter Druck gesetzt oder gezwungen wurden – insgesamt gibt es bei Heaven's Gate keine Hinweise darauf. Spannend sind aber die Motive, die hier durchschimmern: Das Bewusstsein, was andere denken, ist da. Und in dem zweiten Statement wird auch erneut klar, dass es irrelevant war, ob ein Ufo kommt oder nicht – die Möglichkeit wird ganz explizit angesprochen. Betont wird die Notwendigkeit, den Körper zurückzulassen. Auch wird in anderen Statements explizit mehrfach betont, die Erde habe nichts zu bieten, was die jeweilige Person hier halten würde.

Auch Do veröffentlichte noch einmal ein solches „Exit-Video", auf dem er alle seine „Students" vorstellte, die in schwarzen Uniformen vor ihm saßen. Die Heaven's-Gate-Gemeinschaft lebte zu diesem Zeitpunkt in einer Villa in einem Vorort von San Diego. In dieser Immobilie hatten sie sich eingemietet – Geld hatten sie in ihrer letzten Zeit vor allem durch Webdesign-Dienstleistungen verdient.

In dieser Villa endete also die Geschichte von Heaven's Gate. An dem Wochenende vom 22./23. März 1997 nahm sich die Gruppe nach und nach das Leben – in drei Schichten. Alles war minutiös organisiert. Die Mitglieder vergifteten sich mit einer großen Dosis Phenobarbital (ein starkes Schlaf- und

Beruhigungsmittel) und Alkohol, stülpten sich anschließend Plastiktüten über den Kopf und legten sich in ihre Betten. Jede und jeder hatte eine gepackte Tasche neben sich stehen – sie gingen davon aus, auf eine Reise zu gehen. Zudem hatten sie etwas Geld bei sich – eine bei Heaven's Gate übliche Praxis, wenn man das Haus verließ, damit man immer auch wieder Kleingeld für die Rückfahrt hatte.

Der Mann, der schließlich die Leichen fand und den anonymen Tipp bei der Polizei absetzte, war Rio Di Angelo. Di Angelo war nicht zufällig in der Villa – er war nämlich bis wenige Wochen vor dem Massensuizid selbst ein Mitglied von Heaven's Gate gewesen. An dem fraglichen Tag hatte ihn eine Nachricht erreicht, die die Gruppe vor ihrem „Exit" an ihn verschickt hatte, und so fuhr er zu dem Haus und ging hinein – im vollen Bewusstsein, was ihn dort erwarten würde.

Und wer antwortet auf die Mails?

Eine Frage bleibt noch offen: Was aber hat es mit der mysteriösen E-Mail auf sich, die mich zu Beginn meiner Recherchen erreicht hat? Ihr erinnert euch – auf meine Anfrage nach den Anfängen von Heaven's Gate an die auf der Webseite angegebene E-Mail-Adresse kam eine rasche Antwort zurück. Dafür gibt es eine einfache Erklärung, denn bei der Gruppe gab es im Laufe der Jahre eine hohe Fluktuation. Hunderte Menschen sind mit Heaven's Gate in Kontakt gekommen, haben die Gruppe aber teils lange vor dem tragischen Ende wieder verlassen. Entsprechend gibt es recht viele Ex-Mitglieder – falls man diese so überhaupt bezeichnen kann. Denn einige von ihnen halten bis heute an den Lehren von Heaven's Gate fest und sehen auch die Aktion der Gruppe nicht als Suizid, sondern als Aufstieg in eine höhere Daseinsebene. Sie verstehen sich nach wie vor als Teil der Bewegung, die Ti und Do ins Leben riefen. Im Jahr nach dem

Massensuizid in San Diego gab es in den USA noch einige andere Selbsttötungen, die nach einem ähnlichen Muster wie in der Villa verlaufen sind – es handelte sich um ehemalige Mitglieder, die nun mit Verzögerung in die tödlichen Fußstapfen des „Heaven's Gate Away Teams" traten. Es gibt bis heute Internet-Aktivitäten von Personen, die Ti und Dos Lehren folgen: Man findet zum Beispiel eine Podcastfolge von Heaven's-Gate-Anhänger*:innen und einen aktiven Blog eines Anhängers – die Kommentare auf dem Blog zeigen, dass er nicht alleine ist.

Und so löst sich auch das Rätsel um die E-Mail auf, die vor diesem Hintergrund gar nicht so mysteriös ist: Die Webseite der Gruppe wird bis heute von zwei ehemaligen Weggefährten von Applewhite und Nettles betreut, die in Arizona leben. Das kann man in entsprechenden Medienberichten nachlesen, oder einfach per Mail erfragen – sie reagieren sehr geduldig und freundlich. Sie beantworten bis heute gewissenhaft E-Mails, die an die Adresse auf der Webseite geschickt werden, auch wenn sie etwas kurz angebunden sind und keinerlei Interesse daran zeigen, die Lehren von Heaven's Gate aktiv weiterzuverbreiten. Im Zuge meiner Recherchen habe ich noch ein paar weitere Nachfragen per E-Mail gestellt, zum Beispiel auch, warum sie damals nicht mit der Gruppe in das „Next Level" aufgestiegen seien und ob sie planen, das noch zu tun. Daraufhin kam die Antwort: Sie hätten die Anweisung erhalten, die Webseite und damit das „intellektuelle Erbe" von Heaven's Gate zu pflegen. Sie warten nun, so schrieben sie mir, auf kommende Möglichkeiten, in das „Next Level" aufzusteigen. Ich habe dann gefragt, ob sie der Welt davon erzählen würden, wenn eine solche Möglichkeit wieder kommt. Ihre kurze Antwort lautete: *„Für die, die daran interessiert sind, wird es offensichtlich sein."*

Was war da los?

Gibt es eine eindeutige Antwort auf die Frage meines elfjährigen Alter Ego, auf die Frage des Warum? Weshalb nimmt man sich wegen eines Kometen das Leben? Die Antwort lautet: So einfach ist die Sache nicht. Mir wurde klar: Hale-Bopp war keineswegs der Auslöser für diesen Selbstmord, und es war auch nicht die Angst vor einem Ufo hinter dem Kometen. Der Massensuizid war in der kruden Theologie von Heaven's Gate eine Notwendigkeit. Hale-Bopp war schließlich nur ein willkommener Anlass, zu Ende zu bringen, was vermutlich früher oder später ohnehin passiert wäre (zum Beispiel zum Jahrtausendwechsel). Mit Angst hatte das Ganze gar nichts zu tun. Im Gegenteil. Angst hatten die Mitglieder nicht; für sie handelte es sich vielmehr um eine Art Beförderung. Sie freuten sich.

In der Analyse finde ich mehrere Dinge spannend. Da ist zum Beispiel der Gedanke, dass die Radikalisierung erst möglich war, nachdem sich die Gruppe zusammengefunden hatte und gemeinsam unterwegs war – nachdem man sich also zurückzog und klare Grenzen hin zur „Welt da draußen" zog. Heaven's Gate verstand sich als Elitegemeinschaft um Ti und Do herum, als Gemeinschaft, die deutlich auf einer anderen Stufe der Erkenntnis stand als alle anderen. So klingt es auch in den Exit-Videos, in denen immer wieder deutlich wird: Ihr versteht nicht, was wir tun, weil ihr auf einem anderen Level seid. Mich hat besonders betroffen gemacht, dass kurz vor ihrem Tod viele der Mitglieder sagen, dass es nichts gebe, was sie auf dieser Welt halte. Es war eine Gruppe von Menschen, die mit der Welt abgeschlossen hatte, und die so überzeugt davon waren, dass im „Next Level" etwas Besseres auf sie wartet, dass sie dafür bereitwillig ihr Leben hier beendet haben.

Applewhite verstand es, die Abschottung von der Welt so zu perfektionieren, dass es für seine Nachfolger*innen keine Perspektive mehr gab außer dem Ausstieg in eine neue Dimension. Dabei hat er keinen Zwang angewendet. Nach allem, was man weiß, stand es jedem Mitglied der Gruppe frei, die Gemeinschaft jederzeit zu verlassen. Das haben Hunderte im Laufe der Zeit auch getan.

Und das ist ein weiterer spannender Punkt auf der Frage nach dem Warum, denn man muss die Suizide aus dem Jahr 1997 in gewisser Hinsicht auch in Relation setzen zu den Hunderten von Menschen, die über die Jahre hinweg mit Heaven's Gate in Kontakt gekommen waren und die Gruppe wieder verlassen haben. Die, die bis zum tödlichen Ende geblieben sind, waren die, die – aus welchen Gründen im Einzelnen auch immer – aus tiefer Überzeugung an die Botschaft von Ti und Do geglaubt haben.

MRTC: MARIENKULT IN FLAMMEN

Unsere Sicht auf die Welt ist stark davon geprägt, woher wir kommen und wo wir leben. Was wie eine Plattitüde klingt, wird in diesem Beispiel eines Verbrechens, das im Zusammenhang mit einer sogenannten Sekte steht, besonders deutlich. Denn vermutlich kennt in Europa kaum jemand diesen Fall. Immer wieder in den Medien sind die Tragödien von Jonestown, Heaven's Gate, Waco oder der Sonnentempler – sie fehlen in kaum einer Dokumentation über das Thema Sekten. Anders ist das bei der „Bewegung zur Wiederherstellung der Zehn Gebote": Auf ihr Konto gehen wohl rund 800 Menschenleben. Damit steht sie, wollte man ein solch makabres Ranking erstellen, nach „Peoples Temple" auf Platz zwei der sogenannten Sekten mit den meisten Todesopfern. Die folgende Geschichte ist nicht nur äußerst tragisch und erschreckend, sondern lehrt uns auch eine wichtige Lektion bezüglich unserer eurozentristischen Weltanschauung. Im Original nannte sich die Gruppe „Movement for the Restoration of the Ten Commandments of God", kurz: MRTC.

Ein verheerender Brand

Kanungu ist eine Stadt im Südwesten Ugandas, rund 360 Kilometer von der Hauptstadt Kampala entfernt. Umgeben von Obstplantagen befindet sich am Rande der Stadt ein Grundstück. Dieses Grundstück war die Heimat einer religiösen Gemeinschaft, die lange Zeit völlig unauffällig war. Bis zum 17. März 2000.

Auf dem Grundstück stand eine Kirche – das spirituelle Zentrum der religiösen Bewegung, die sich „Movement for the Restoration of the Ten Commandments of God" nannte. Am Abend des 16. März 2000 strömten Hunderte Anhänger*innen dieser Gruppe, mehrheitlich Frauen und Kinder – in weißen und grün-schwarzen Gewändern gekleidet –, in die Kirche. In der Nacht fand hier ein Fest statt, das als Vorbereitung auf den kommenden Tag gefeiert werden sollte.

Am frühen Freitagmorgen hatten sich alle Gläubigen versammelt. Die Fenster und Pforten der Kirche wurden abgeriegelt. Zeugen würden sich später daran erinnern, dass die Gemeinde stundenlang Hymnen und religiöse Lieder sang.

Gegen 10:15 Uhr erschütterten explosionsartige Detonationen die Nachbarschaft. Innerhalb kürzester Zeit brennt die Kirche lichterloh, Flammen schlagen aus dem Gebäude. Schnell machen erste Gerüchte die Runde. Sie besagen Schreckliches: Die Eingeschlossenen hätten sich und ihre Kinder mit Benzin übergossen und angezündet. Die Ermittlungen sollten später zeigen, dass auch Sprengstoff gezündet wurde. Den Einwohner*innen Kanungus, die nach den Erschütterungen zur Kirche eilten, bot sich ein Bild des Grauens, nachdem die Flammen gelöscht waren: Die Kirche war bis auf die Grundmauern niedergebrannt; verbrannte Leichname lagen überall in dem zerstörten Gebäude.

Hunderte Menschen, darunter zahlreiche Familien mit kleinen Kindern, verloren in der Kirche ihr Leben. Die Behörden gingen zunächst von einem religiös motivierten Massensuizid aus. Doch der Schrecken hatte kein Ende – und förderte Unfassbares zutage: Im Zuge der Ermittlungen fanden die Behörden Massengräber auf dem Grundstück – Gräber von Anhänger*innen der Gemeinschaft, die bereits vor dem Brand getötet worden waren. Bis in den Mai hinein exhumieren die ermittelnden Behörden weitere Leichen. Die Angabe der Opferzahlen schwankt bis heute – offizielle Quellen sprechen von 778 Toten, andere von bis zu 924. Im letzteren Fall wäre die Opferzahl höher als bei Peoples Temple. Sicher ist: Bei dem Massaker in Kanungu handelt es sich, was Opferzahlen betrifft, um eines der schwersten Verbrechen im Zusammenhang mit Sekten.

Ein einfacher Marienkult?

Beim Versuch der Rekonstruktion der Geschichte des MRTC stößt man auf einige Probleme. In vielen Fällen ist die Quellenlage uneindeutig, manchmal findet man auch widersprüchliche Angaben. Fakt ist, dass sich die Ursprünge der Bewegung auf die 1980er-Jahre zurückführen lassen. Damals gab es eine Reihe von Ereignissen, die innerhalb der katholischen Kirche Afrikas als „Erscheinungen der Jungfrau Maria" gedeutet wurden: Im Jahr 1987/88 beispielsweise behaupteten mehrere katholische Christen im Südwesten Ugandas, Visionen von Jesus und der Jungfrau Maria gehabt zu haben. Zu diesen Menschen gehörten auch Paul Kashaku und seine Tochter Credonia Mwerinde. Kashaku war kein unbeschriebenes Blatt, was Visionen anging. Bereits im Jahr 1960 hatte er behauptet, eine Vision seiner verstorbenen Tochter Evangelista gehabt zu haben, in der sie ihm gesagt habe, dass er auch künftig „von Erscheinungen des Himmels heimgesucht" werden würde. Das erfüllte sich seiner Deutung nach nun im Jahr 1988, als er von Jesus, der Jungfrau Maria und dem Heiligen Josef besucht worden sein will. Die heilige Familie habe ihn aufgefordert, sein Grundstück in der Nähe der Stadt Kanungu als Versammlungsort für Gläubige zu nutzen.

Und das tat er dann auch. Um Anhänger*innen zu gewinnen, beauftragte Kashaku im Juni 1989 seine Tochter Credonia und seine Enkelin Ursula Komuhangi, diese Botschaft der Heiligen Jungfrau in andere Teile des Landes zu bringen. Eine wichtige Rolle spielten dabei wohl die Zehn Gebote aus dem Alten Testament: Sein Hauptauftrag, so verstand es Kashaku, war, die Menschen davon zu überzeugen, dass es von zentraler Wichtigkeit sei, die Zehn Gebote strikt einzuhalten.

Noch im selben Jahr trafen die beiden missionierenden Frauen auf einen Mann namens Joseph Kibweteere. Sie berichteten ihm von ihrer Kommunikation mit der Jungfrau Maria. Kibweteere wiederum behauptete, seit 1984 ähnliche Visionen gehabt zu haben. Kibweteere war Katholik, stammte aus Uganda und war in den 1970er-Jahren Politiker und ein lokal bekanntes Mitglied der Katholischen Demokratischen Partei. Die drei verstanden sich gut, die ähnlichen Visionen verbanden sie. So beschlossen sie, künftig gemeinsame Wege zu gehen: Es kam zum Austausch zwischen Kibweteere, den beiden Frauen und letztlich auch Kashaku. Man tauschte sich aus über die Erfahrungen mit der Marien-Vision. Schließlich wurde der Beschluss gefasst, eine gemeinsame Bewegung zu gründen: Die Bewegung zur Wiederherstellung der Zehn Gebote. Man begann eine rege Missionstätigkeit, um neue Anhänger*innen zu gewinnen – vorrangig gelang das zu Beginn im katholischen Umfeld: Eine Handvoll katholischer Priester und Nonnen bekehrte sich zu den prophetischen Visionen der Gruppe. Zu diesen Frischbekehrten gehörte ein Mann, der für die tödlichen Ereignisse im Jahr 2000 eine ganz wesentliche Rolle spielen sollte: Pater Dominic Kataribabo, ein ugandischer Dominikanerpriester, der in den USA studiert hatte.

Die Bewegung ist also aus dem Kreis der katholischen Kirche in Uganda hervorgegangen. Es handelte sich ursprünglich um einen Marienkult. Und das ist eine für das afrikanische Christentum recht typische Erscheinungsform, wie der Religionswissenschaftler Gerald Willms schreibt. Es gab und gibt dort zahlreiche Kirchen und Gemeinschaften, die oft prophetische Züge tragen, sich auf Visionen berufen. Sie bewegen sich im Kontext eines charismatischen Christentums (das insbesondere das Wirken des Heiligen Geistes betont) und haben häufig eine starke endzeitlich-apokalyptische Ausrichtung – warten also auf ein nahendes Ende dieser Welt. Und, das wird später noch wichtig werden: Oft vermischen sich in solchen Gemeinschaften christliche Vorstellungen und Lehren mit den Einflüssen von lokalen, traditionellen Kulturen, die nicht selten animistisch geprägt sind.

Im letzten Drittel des 20. Jahrhunderts hatten solche Gruppen eine große Anziehungskraft. Sie waren „Horte der Hoffnung", die dem harten Alltag und Leben etwas entgegensetzen konnten. Das Leben war geprägt von politischer Willkür, von Armut und von tödlichen Krankheiten wie Aids. Viele Menschen waren angesichts mangelnder Perspektive pessimistisch und fatalistisch. Die römisch-katholische Kirche geriet ins Hintertreffen, wurde von Skandalen überschüttet und die Gläubigen wurden unzufrieden: Die dadurch entstehende Leerstelle füllte sich in den späten 80er-Jahren mit vielen „postkatholischen" Gruppen. Gerade die Ablehnung der Autorität von Kirche und Staat machte entsprechende Prediger*innen attraktiv. Von beiden waren die Menschen enttäuscht. Ein ehemaliges Mitglied erklärte seine Motivation, sich der Bewegung für die Wiederherstellung der Zehn Gebote Gottes anzuschließen: *„Wir traten der Bewegung als Protest gegen die katholische Kirche bei. Wir hatten gute Absichten. Die Kirche befand sich auf dem Rückzug, die Priester waren in Skandale verwickelt und die Aids-Plage forderte ihren Tribut von den Gläubigen. Die Welt schien kurz vor dem Untergang zu stehen."*

In den frühen Jahren der Gruppengründung gab es noch Versuche, sich mit anderen Gruppen zu vereinigen, die Ähnliches verkündeten. Diese Versuche scheiterten jedoch. Und so fokussierte man sich darauf, die eigene Organisation auszubauen: Die Struktur der Bewegung begann sich zu entwickeln. Anfänglich fungierte Kashaku als Anführer, er verstarb jedoch im Jahr 1991 im Alter von 101 Jahren. Nach seinem Tod übernahm Kibweteere, gemeinsam mit Credonia Mwerinde und Kataribabo, die Führung der Gruppe.

Dabei hatten die drei jeweils unterschiedliche Aufgaben: Kibweteere hatte bereits zuvor Bekanntheit erlangt und einen erheblichen Einfluss, auch über die Gruppe hinaus. Er repräsentierte die Bewegung nach außen und wurde als ihr Gesicht angesehen. Credonia Mwerinde erhielt immer wieder neue

Visionen und wurde als das prophetische Oberhaupt der Gruppe angesehen. Kataribabo wiederum übernahm die Rolle des „Theologen", er war für die Formulierung und Ausarbeitung der Glaubenssätze verantwortlich. In diesem Zug verfasste er das Buch *„A Timely Message from Heaven: The End of the Present Times. Delivered Through the Seers with Orders to Inaugurate a Movement for the Restoration of the Ten Commandments of God"*. Es erschien 1991 und kann als die „Bibel" der Bewegung betrachtet werden.

Die ersten Jahre war das Haus von Kibweteere der Ort, an dem die Gläubigen sich versammelten. Doch hier kam es schon früh zu Konflikten, insbesondere mit Kibweteeres Familie. Es lag vermutlich vor allem am unberechenbaren und gar gewalttätigen Verhalten von Credonia Mwerinde. Ihre Visionen und die Umstände, unter denen sie diese erhalten haben will, nahmen offenbar mitunter krude Züge an: Mwerinde behauptete, Botschaften von der Jungfrau Maria über Telefone zu erhalten, die in Tassen und Tellern versteckt waren. Regelmäßig sei ihr in den Visionen mitgeteilt worden, dass Kibweteere zum Beispiel seine Kinder aus der Schule nehmen oder seine Besitztümer verkaufen solle, um die inzwischen in seinem Haushalt lebenden Menschen zu ernähren. Laut einer Aussage von Edith, einer der Töchter von Kibweteere, verkündete Mwerinde bei einer Gelegenheit sogar, dass die Jungfrau ihr gesagt habe, dass sofort ein Opfer nötig sei: Alle Kinder unter fünf Jahren müssten getötet werden. Glücklicherweise blieb das folgenlos. Außerdem soll Mwerinde ihre Anhänger*innen geschlagen und Familienmitglieder misshandelt haben, indem sie ihnen zum Beispiel Nahrung oder medizinische Versorgung verweigerte. Zur Rede gestellt, behauptete sie immer wieder, dass sie lediglich die Anweisungen der Gottesmutter befolgen würde.

Auch wenn der genaue Wahrheitsgehalt solcher Überlieferungen nicht mehr überprüfbar ist, zeigt sich doch, dass Credonia

Mwerinde eine konfliktträchtige Person war. Schließlich eskalierte die Situation, sodass die Gruppe gezwungen war, das Haus von Kibweteere zu verlassen. Kibweteere ging mit der Gemeinschaft mit. Im Jahr 1992 zog die Gruppe dann auf ein Grundstück in Kanungu, nahe der kongolesischen Grenze. Dort errichtete man ein kleines Dorf und nannte es *„Ishayuuriro rya Maria" („Rettungsort für die Jungfrau Maria")*. Mit Spenden und dem Geld der Mitglieder, die in aller Regel bei ihrem Beitritt ihre Häuser und Besitztümer verkauften, wurden dort eine Kirche, ein kleiner Häuserkomplex, Büros und auch eine Schule gebaut. Im Jahr 1994 wurde MRTC schließlich als Nichtregierungsorganisation registriert – das ist der erste offizielle Eintrag, der aktenkundig ist. Der Bewegung wurde in diesem Zuge auch genehmigt, ein Internat zu unterhalten, allerdings wurde die Lizenz dafür 1998 wieder aufgehoben. Die Gründe hierfür waren, dass man dort offenbar verfassungswidrige Lehren verkündete, gegen die öffentlichen Hygienevorschriften verstieß und es Gerüchte über mögliche Misshandlungen von Kindern in der Siedlung gab.

Dem Wachstum der Bewegung tat das keinen Abbruch. Insbesondere aus den nahe gelegenen ländlichen Bezirken und auch aus der Hauptstadt Kampala gewann die Gruppe immer neue Anhänger*innen. Es gab auch „Evangelisierungszentren", in denen dauerhaft Missionar*innen des MRTC tätig waren. Die „Bewegung für die Wiederherstellung der Zehn Gebote" blieb aber insgesamt eine überschaubare Vereinigung, die angesichts der Fülle ähnlicher Kirchen und Vereinigungen weitgehend unter dem Radar der Behörden agierte. Das zeigt sich auch darin, dass niemand jemals so richtig wusste, wie groß die Gruppierung eigentlich war. Die Schätzungen der Mitgliederzahl schwanken stark. Sie beginnen bei rund 250 in manchen Quellen und gehen bis zu 5 000 hoch in den späten 90ern – Letzteres wäre schon eine recht beachtliche Größenordnung. Die Wahrheit liegt vermutlich irgendwo in der Mitte.

In ihrer Umgebung galten die Anhänger*innen des MRTC als disziplinierte, fromme und höfliche Menschen, die einen untadeligen Lebensstil führten. Man nahm sie wahr, aber beschäftigte sich nicht weiter mit ihnen. Die Katastrophe vom März 2000 änderte dieses augenscheinlich friedliche Bild mit einem Schlag.

Kommt die Rettung in der Arche Noah?

Bevor wir uns die weiteren Ereignisse anschauen, müssen wir verstehen, was in der Gruppe geglaubt wurde und wie man dort lebte, da sonst die Hintergründe nicht verständlich sind. Dominic Kataribabo, der „Theologe" der Gruppe, verortete sie trotz Differenzen im Rahmen der katholischen Kirche. Viele Rituale im MRTC ähnelten anderen römisch-katholischen Gemeinden in Uganda, aber der wesentliche Unterschied lag in der starken Betonung moralischer Standards durch die Zehn Gebote und apokalyptische Endzeit-Aussagen. Die Mitglieder kommunizierten beispielsweise über Zeichensprache miteinander, um sicherzustellen, dass keine Gebote verletzt wurden. Ein ehemaliges Mitglied erklärte, dass die Lippen nur geöffnet werden durften, um Nahrung zu sich zu nehmen, Lieder zu singen oder zu beten.

Die Mitglieder nahmen auch an Ritualen ähnlich denen teil, die in Klöstern praktiziert werden: Es gab straffe Gebetszeiten und man lebte insgesamt ein sehr schlichtes Leben. Das trug durchaus auch dazu bei, dass man weitgehend die Nichtbeachtung irgendwelcher Behörden genoss. Die MRTC-Mitglieder ließen sich nichts zuschulden kommen, zahlten ihre Steuern und Abgaben pünktlich, und sie kooperierten gewissenhaft und loyal mit den Behörden. Klösterlich waren auch die Moralvorstellungen: Sex war (offiziell) tabu, selbst unter verheirateten Paaren.

Credonia Mwerinde sorgte mit Vehemenz dafür, dass sich alle an die strengen Vorschriften hielten. Alle, die einen Platz im Himmel haben – und behalten – wollten, mussten sich an die Regeln halten, die sie aufstellte. Dazu gehörte zum Beispiel ein streng durchgetakteter Tagesplan, der kaum Freizeit zuließ. Den Komplex in Kanungu verstand man als „Arche Noah“: Alle, die sich zur Zeit der Wiederkunft Jesu an diesem Ort befinden, würden in die neue Welt überführt.

Die Führung versuchte weitgehend, die Mitglieder untereinander zu isolieren. Warum, darüber lässt sich nur spekulieren. Sicher ist aber, dass durch ein solches Vorgehen die Bindung an die Leitung verstärkt wird. Es wird nahezu unmöglich gemacht, sich kritisch mit anderen über die Gruppe auszutauschen und so zuzulassen, dass möglicherweise Unmut verbreitet oder gar organisierte Formen annimmt. Mitglieder der Bewegung wurden zum Beispiel regelmäßig versetzt, um sicherzustellen, dass sie sich nicht näher kennenlernten. Es wurde ihnen strikt untersagt, miteinander zu sprechen. Manchmal wurden sogar Mitglieder derselben Familie getrennt untergebracht. Wer dem MRTC beitrat, wurde aufgefordert, seinen ganzen Besitz an die Führungsriege zu übergeben. Da man die Wiederkunft Jesu erwartete, war es für die Mitglieder sinnlos, an ihrem weltlichen Besitz festzuhalten.

Auch wenn die Bibel die Grundlage der konservativ-christlichen Gruppe war, so gab es ein weiteres Buch, das neben der Bibel den Rang der höchsten Offenbarung einnahm – es ist das bereits genannte „A Timely Message From Heaven: The End of the Present Time“ von Dominic Kataribabo. Jedes Mitglied musste dieses Buch viele Male lesen, bevor es der Gruppe beitreten durfte – es war eine Art Aufnahmeritual, das bis zu einer Woche dauern konnte. Besonders zwei Elemente der Theologie der Gruppe stechen in diesem Werk hervor, und beide sind wichtig, um das tragische Ende zu verstehen: der Endzeitglaube und der Glaube an einen strafenden Gott.

Da ist zunächst die Lehre von einer nahen Endzeit und Wiederkunft Jesu und Marias. In den Augen des MRTC stand das

Ende der Welt nahe bevor. Das MRTC war eine sogenannte „prämillenaristische“ Gruppierung. Der Prämillenarismus ist ein theologisches Konzept, das eine ganz bestimmte Vorstellung vom Ablauf der Endzeit hat. Diejenigen, die diesen Glauben teilen, glauben daran, dass Jesus Christus auf die Erde zurückkehren wird, um ein 1 000-jähriges Friedensreich zu errichten. Jesus wird in diesem Reich die Welt regieren und Frieden bringen. Das wird als das „Millennium“ bezeichnet. Vor der Rückkehr Jesu allerdings erwarten Prämillenaristen die sogenannte „Große Trübsal“ – eine Zeit der Unruhe und Probleme, Krankheiten, Naturkatastrophen und Kriege. Nach dem Ende des Millenniums erwarten sie das endgültige Gericht und den Beginn der Ewigkeit. Wenn man nun also die nahende Wiederkunft erwartete, so sah man sich zeitlich am Ende dieser Zeit der Großen Trübsal: mitten in den Unruhen, den ungemütlichen Zeiten auf der Erde.

Gepaart war das nun mit einer glühenden Marienverehrung, die im Laufe der Zeit auf Credonia Mwerinde selbst „überging“. Maria wurde in der Gruppe an die Seite Jesu gestellt. Man erwartete also nicht nur die Wiederkunft Jesu, sondern auch die von Maria – und man glaubte, dass in Gestalt von Credonia Mwerinde Maria bereits auf der Erde sei. So gewann die Erwartung der Endzeit zunehmend an Brisanz: Wenn Maria bereits da war, dann würde Jesus nicht mehr lange auf sich warten lassen!

Immer wieder verkündete Credonia zudem weitere Visionen, die den Gläubigen darlegen sollten, warum das Ende der Zeit nun ganz offensichtlich gekommen war. Zahlreiche Ereignisse, die für die Menschen dort (mehr oder minder) alltäglich waren, wurden konsequent auf die Große Trübsal und das nahende Ende hin gedeutet: blutige Bürgerkriege, Hungersnöte, Unwetterkatastrophen, Erdbeben, Insektenplagen oder Rinderseuchen. Insbesondere die Krankheit Aids spielte eine wichtige Rolle, da sie im MRTC als Teil des Strafgerichtes Gottes verstanden wurde. In fast allen Texten finden sich Hinweise auf die Bedeutung der katastrophalen Auswirkungen der Aids-Epidemie auf dem afrikanischen Kontinent, die schnelle Verbreitung der Krankheit war für die Gläubigen ein untrügliches Zeichen dafür, dass das Ende nah ist. All das wurde in einer Vision in dem Buch „A Timely Message“ mit einem konkreten Zeitpunkt verbunden. Dort heißt es:

„Ihr alle, die ihr auf diesem Planeten lebt, hört, was ich euch zu sagen habe: ‚Wenn das Jahr 2000 erfüllt ist, wird das folgende Jahr nicht 2001 sein. Das folgende Jahr wird das Jahr 1 für eine neue Generation sein, die auf diese Generation folgt. … Diejenigen, die Buße tun und zu Gott zurückkehren, gelangen in das Jahr 1 und sie werden ‚die Erlösten‘ genannt. […] Jeder, der nicht zu Gott zurückkehrt, wird vergehen zusammen mit der Generation, die mit dem Jahre 2000 endet. Auch werden viele an anderen Strafgerichten zugrunde gehen. Diese Generation endet in einer dreitägigen Finsternis. Am Ende der dreitägigen Finsternis wird sich eine neue Generation erheben. Denjenigen, die in das Jahr 1 gelangen, werden als Belohnung für ihren Glauben an Gott neue Erkenntnisse und Güter verliehen.“

Es war also klar: Mit dem Ende des Jahres 2000 wird die Zeit der Großen Trübsal vorbei sein, und Jesus wird wiederkommen – Maria war als seine Vorläuferin ja schon da.

Kommen wir zum zweiten Element, das in der MRTC-Lehre sehr prominent war: die Idee von einem gewaltvollen und strafenden Gott. Es reicht, beispielhaft einige Verse aus „A Timely Message“ zu zitieren, um zu verdeutlichen, wie präsent dieses Gottesbild war:

- „Gott wird der Welt Strafen schicken, die das Vergießen von Blut in vielen Ländern einschließen.“
- „Das ist das Ende der Sünde, es ist das Ende dieser Generation und es ist die Zeit, diejenigen zu bestrafen, die ungehorsam waren und die nicht bereut haben.“

- „Gott sagt weiter, dass Haustiere wie Katzen und Hunde bereits vom Teufel besessen sind. Aus diesen Tieren kämpft Satan tatsächlich gegen den Menschen, insbesondere gegen diejenigen, die diese Tiere besitzen."
- „Wilde Tiere werden aus der Erde kommen. […] Alle diese Tiere werden jagen denjenigen, der die Zehn Gebote nicht hat. Sie werden auf nie gekannte Weise erschrecken."
- „Die Täler werden zu den Bergen laufen und mitten in großem Getöse und dem Beben der Erde, dem Blitzen des Lichts und dem Donnern des Gewitters. Die Menschen werden versuchen zu fliehen, und die Berge werden aus Angst vor dem Zorn Gottes aufeinanderprallen. Steine werden dann hinunterrollen und die Menschen verletzen. Die Bestrafungen über die Störung der Erde sind schmerzhaft, aber die Opfer sterben nicht schnell. Viele Menschen werden so weit gehen und Gott fragen: ‚O Gott, warum tötest du uns nicht?' Aber sie werden nicht sterben, weil ihre Bitte weit entfernt ist von der Bitte um ihre Bekehrung."

Die Kombination aus nahender Endzeit-Erwartung und einem strafenden Gott übte großen Druck auf die Gläubigen aus, zur richtigen Zeit auf der richtigen Seite zu stehen, um harten Strafen zu entgehen. Das MRTC war zweifellos von einem angstbehafteten Glauben geprägt.

Eine Tragödie, mehrere Theorien

Wie es genau zu den verheerenden Ereignissen im Frühjahr 2000 kam, ist bis heute nicht vollständig geklärt. Es gibt vieles, was wir nicht wissen und wohl auch nie wissen werden über die Vorgänge, die ich zu Beginn geschildert habe. Fakt ist, dass der verheerende Brand die Bewegung erstmals überhaupt in ein größeres öffentliches Licht rückte. Es wurden nicht nur Hunderte

Leichen in der Kirche gefunden, sondern die ermittelnden Behörden entdeckten im Nachgang auch Massengräber mit weiteren Hunderten Toten, die auf unterschiedliche Arten ermordet worden waren. Man fand Menschen, die vergiftet, und Menschen, die erdrosselt worden waren. Obwohl rund 780 Leichen gefunden wurden, räumt der offizielle Bericht der ugandischen Menschenrechtskommission über den Vorfall ein, dass nicht ausgeschlossen werden kann, dass noch mehr unentdeckte Leichen vergraben sind.

Und die Führungsriege? Credonia Mwerinde, Joseph Kibweteere und Dominic Kataribabo gelten alle drei seit dem 17. März 2000 als verschollen. Zunächst ging man davon aus, dass sie unter den Toten seien. Aber sie wurden nicht gefunden – oder zumindest nicht offiziell identifiziert. Manche glauben, sie hätten den Brand überlebt. Es gibt angebliche Augenzeugenberichte, die gesehen haben wollen, wie zumindest Kibweteere und Mwerinde am Tag des Brandes flüchteten. Unklar ist, wie zuverlässig diese Berichte sind, und manche gehen auch davon aus, dass sie durch das verheerende Feuer in der Kirche ums Leben kamen. Im Jahr 2014 gab es angeblich Berichte der ugandischen Nationalpolizei, wonach sich Kibweteere in Malawi versteckt habe.

Es gibt mehrere Theorien über die Ereignisse vor dem Brand und die Frage, warum so viele Menschen sterben mussten.

Theorie 1: Betrug

Die erste Vermutung, was wohl passiert sein könnte, lautet schlicht: Es handelte sich um einen riesigen Betrugsfall. Insbesondere in der Anfangsphase der polizeilichen Ermittlungen war dies schnell das wahrscheinlichste Motiv, das offiziell kommuniziert wurde. Von der BBC zitierte Beamte der ugandischen Polizei erklärten beispielsweise, sie sähen keinen Sinn in den Morden, „es sei denn, die Absicht der Sektenführer war, Geld von ihren Anhängern zu nehmen“. Folgt man dieser Theorie, waren die Anführer*innen der Bewegung nie – oder zumindest nicht mehr – aufrichtig in ihren Überzeugungen gewesen, sondern hatten diese vielmehr benutzt, um ihre gutgläubigen Mitglieder auszubeuten.

Zur Katastrophe kam es dann offenbar, als sich eine Prophezeiung, wonach die Welt am 31. Dezember 1999 untergehen würde, nicht bestätigte. Viele Mitglieder begannen dann, skeptisch gegenüber der Führung zu werden und ihre Besitztümer zurückzufordern, die sie abgetreten hatten. Daraufhin habe der Kreis um Mwerinde begonnen (möglicherweise mit Unterstützung einiger ausgewählter Mitglieder), Hunderte der Abtrünnigen und Kritiker*innen zu ermorden und ihre Leichen zu vergraben – das würde die später von der Polizei entdeckten Massengräber erklären. Schließlich hätte, so diese Theorie, die Gruppenführung einen letzten Termin festgelegt, an dem sie einen kollektiven Selbstmord inszenierten: den 17. März 2000. So sollten die restlichen Mitglieder getötet werden.

In diesem Szenario geht man also davon aus, dass es sich nicht um einen Suizid, sondern um einen lupenreinen Mord aus Gier gehandelt hat. Die drei Hauptpersonen seien dann also nicht umgekommen, sondern geflüchtet und sollen bis heute im Verborgenen leben.

Theorie 2: Unmut der Gläubigen

Die gerade skizzierte Betrugs- und Fluchttheorie ist bis heute nie wirklich verschwunden. Auch die zweite Theorie hat mit der steigenden Unzufriedenheit der Anhänger*innen zu tun, unterstellt den Führungspersonen aber nicht, von vorneherein in Betrugsabsicht gehandelt zu haben. In diesem Szenario hatte die MRTC-Leitung den Weltuntergang mehrfach verschoben: Er soll zunächst für das Ende des Jahres 1992, dann für 1995 vorausgesagt worden sein. Schließlich habe man sich, nachdem diese Daten ereignislos verstrichen waren, auf den 31. Dezember 1999 festgelegt.

Es herrschte also bereits ein gewisser Unmut, der sich über die Jahre anstaute. Als nun Jesus auch am angeblich endgültigen Datum nicht wiederkam, geriet Credonia Mwerinde zunehmend unter Druck der Gläubigen. Sie versuchte erneut, ihre Anhänger*innen zu beschwichtigen. Sie erzählte von einer erneuten Vision, die den 17. März als finales Datum festlegte. Einige ließen sich davon beschwichtigen, andere wiederum waren nicht überzeugt – der Unmut in der Gruppe wuchs weiter. Viele begannen in diesem Zuge, ihre Besitztümer und Spenden zurückzufordern, andere warfen ihre Loyalität gegenüber der Gruppe über Bord und hinterfragten offen die Autorität von Mwerinde und den anderen Führern. Credonia versuchte, ihre Kritiker zu beschwichtigen, indem sie eine weitere Vision erhalten haben will: Die Jungfrau Maria habe ihr mitgeteilt, dass die Mitglieder ihr Geld wiederbekommen würden. Sie berief ein Treffen ein mit denen, die sich über die Gruppenleitung beschwerten – und nach diesem Treffen wurden sie nie mehr gesehen. Man geht davon aus, dass sie ermordet wurden. Die Führungsriege war nach diesen Ereignissen stark desillusioniert und sah keine Perspektive mehr für einen Fortbestand der Bewegung – und so plante sie den kollektiven Suizid für den 17. März. Unklar bleibt hierbei, was insbesondere in Mwerinde, Kibweteere und Kataribabo vorging – ob sie für sich selbst auch keine Perspektive sahen und mit den anderen in der Kirche starben oder ob sie die Flucht ergriffen. Auch unklar bleibt, inwieweit die Gläubigen selbst ihren Tod herbeisehnten oder sie zum Opfer eines brutalen Massenmordes wurden.

Es gibt jedoch Probleme mit beiden Theorien, die sich nicht ganz auflösen lassen. Es ist beispielsweise schwierig, die Zeitangaben mit den Angaben aus „A Timely Message“ zusammenzubringen. Dort heißt es eindeutig: *„Wenn das Jahr 2000 vollendet ist, wird das Jahr, das folgen wird, nicht das Jahr zweitausendundeins.“* Die Prophezeiungen über das Ende der Welt beziehen sich also klar auf den Übergang zwischen 2000 und 2001 und nicht zwischen 1999 und 2000. Ganz Ähnliches findet sich in der Gründungsurkunde des MRTC aus dem Jahr 1998. Dort wird beschrieben, dass eines der Ziele der Gruppe sei, alle Menschen in der Welt darauf hinzuweisen, sich auf das „Ende dieser Generation“ vorzubereiten. Auch hier wird der Übergang von 2000 auf 2001 als entscheidendes Datum genannt.

Andererseits gibt es eine ganze Reihe von Hinweisen darauf, dass zumindest ein kleiner Teil der MRTC-Mitglieder glaubte, dass am oder um den 17. März 2000 etwas Bedeutsames geschehen würde. Kibweteere soll zum Beispiel am Tag vor dem Brand einen Brief an seine Familie geschrieben haben. Darin bat er sie, „mit dem fortzufahren, was wir getan haben, weil wir umkommen werden“. Auch Mwerinde soll einem Freund weniger als eine Woche vor dem Brand gesagt haben, dass „wir in den Himmel kommen werden, und du wirst über uns im Radio hören und in den Zeitungen lesen“. Diese mysteriösen Hinweise beschränkten sich offenbar auch nicht auf die MRTC-Führung. Ein Mitglied soll Bekannten erzählt haben, dass er nach Kanungu gehen würde, „weil unser Leiter eine Botschaft von Gott erhalten hat, dass wir am 20. März Jesus und Maria treffen werden“. In einem anderen Fall schrieben die Eltern einer Frau an ihre Tochter, „dass sie sich darauf vorbereiten, in den Himmel zu kommen“. In wieder einem anderen Bericht soll ein Mitglied seine Ehefrau über „die Schließung der Arche“ informiert haben und darüber, dass es „kein Jahr 2001 geben wird“.

Möglicherweise lassen sich diese Widersprüche mit einer Angabe aus dem Buch „A Timely Message“ auflösen. Dort heißt es an einer Stelle, dass *„die Heilige Jungfrau Maria [...] uns so oft warnt, dass, wenn die Menschen weiterhin ungehorsam sind und Gott missfallen, er den angegebenen Zeitraum verkürzen und diese Generation beenden wird“*.

Vielleicht hat die MRTC-Führung also das Datum der Apokalypse als Folge der internen Unstimmigkeiten von 2000/2001 auf März 2000 vorverlegt – denkbar wäre das angesichts der geschilderten Umstände.

Heute ist die am weitesten verbreitete Annahme, der ich mich auch anschließen würde, eine Mischung der beiden Theorien: Es handelte sich nicht um einen Massensuizid, sondern um einen Massenmord, der von der Führung verübt wurde. Allerdings war das Ganze nicht von vorneherein als Betrugsmasche geplant, sondern entwickelte sich durch die Umstände in den letzten Monaten. Das Scheitern der Weltuntergangsprophezeiung(en) führte zu einer Revolte in den Reihen der Gruppe. Anschließend hat die Führungsriege beschlossen, ihre Anhänger*innen zu beseitigen. Dafür sprechen die Entdeckung von Hunderten Leichen an anderen Orten, dafür spricht auch die Tatsache, dass die Kirche mit Brettern vernagelt war: Niemand sollte entkommen.

Die ugandische Regierung nennt die Tragödie heute einen „Massenmord durch Priester aus Geldgier". Die damalige Vizepräsidentin Speciosa Kazibwe wird mit den Worten zitiert: *„Es handelte sich um gefühllose, gut inszenierte Massenmorde, die von einem Netzwerk teuflischer, bösartiger Krimineller begangen wurden, die sich als religiöse Menschen ausgaben."*

Missionskritik: Woher kam die Explosivität des MRTC?

An dieser Stelle ist es mir wichtig, noch eine weitere Perspektive einzubringen: Es ist die Perspektive von Peter Kanyandago, einem Theologen und emeritierten Ethik-Professor an der Martyrs University in Nkozi/Uganda. Er führt nämlich noch weitere Punkte an, die auch einen kritischen Blick auf die Geschichte europäischer Kolonialisierung werfen.

Zunächst zeigt er auf, dass es Parallelen zwischen Credonia Mwerinde und einer legendenhaften Frau namens Nyabingi gibt, um die sich im 20. Jahrhundert mehre Kulte formten. Immer wieder traten Menschen auf, die angeblich als Medium mit dieser Frau in Kontakt treten konnten. Nyabingi war also eine Art Göttin, die im Süden Ugandas verehrt wurde. Als christliche Missionare nach Uganda kamen, haben sie diesen Kult verboten und stattdessen den Marienkult eingeführt. Kanyandago schreibt nun, dass Credonia laut Berichten ein Nyabingi-Medium gewesen sein soll, bevor sie das MRTC mitgründete und zum Marien-Medium wurde. Es ist durchaus plausibel, dass es hier Vermischungen gab. Feldforschungen zeigen, dass Menschen, wenn sie Christen werden, ihre (in diesem Fall) afrikanische, tradierte Religion oft weiter praktizieren. Das Christentum wird häufig in lokale Traditionen aufgenommen und inkulturiert.

Kanyandago argumentiert, dass die tragische Geschichte des MRTC letztlich aufzeigt, wohin es führen kann, wenn – wie auf dem afrikanischen Kontinent zuhauf geschehen – Missionare mit einer angeblich überlegenen Religion kommen und versuchen, lokale Kulte zu unterdrücken. Er sieht die Zusammenhänge mit der Explosivität der Bewegung für die Wiederherstellung der Zehn Gebote folgendermaßen: Mit den christlichen Missionaren kam ein Gottesbild ins Spiel, das von einem strafenden Gott spricht. Damit verbunden ist häufig eine streng-exklusivistische Theologie; der einzige Weg zu ewigem Leben ist Jesus, die Alternative hingegen ist ewige Höllenqual. Dazu kommen strenge ethisch-moralische Regeln, an denen sich das korrekte „christliche“ Verhalten zu orientieren hat. Nun kommt das bei den Ortsansässigen folgendermaßen an, wie Kanyandago beschreibt: Sie hören diese neue Botschaft, sind stark verunsichert, schließen sich dem neuen Glauben an, verbinden ihn aber zugleich mit Elementen der eigenen Tradition. Eine Bewegung wie das MRTC versucht rigoros, alles Traditionelle zu unterdrücken, weil sie sich auf extreme Weise dem neuen Glauben verschreibt. Alle alten Praktiken und Rituale werden als gefährlicher Abfall vom „rechten Weg" gedeutet. Kanyandago schreibt: *„In diesem Fall scheinen die Unsicherheit und die Gewalt aus den Vorstellungen darüber gekommen zu sein, wie Gott mit Sündern umgeht. Wenn das Christentum versucht, afrikanische Praktiken zu unterdrücken, verschwinden diese nicht. Diese Kombination kann zu Gewalt führen. [...] Ich glaube, dass Religion nicht zu Gewalt führen muss. [...] Aber wir sollten klar und deutlich die Unsicherheiten ansprechen, die vor allem dann entstehen, wenn das Christentum andere Weltanschauungen unterdrückt. In jeder Religion gibt es Spannungen und Gewalt, aber der Fall von Kanungu zeigt: Je mehr Verneinung und Ablehnung vorhanden ist, desto mehr Gewalt ist zu erwarten."*

Die Gewalt ist also eine Folge davon, dass Menschen – natürlich – in ihrer Tradition verwurzelt sind und sie nicht ganz loslassen können. Und dass dies von extrem-exklusivistischen Gruppen wie dem MRTC und einem Gottesbild, das durch christliche Missionare kam, nicht geduldet werden kann. Ich halte das für eine wichtige Perspektive, wenn es um die Frage geht, warum es am Ende im Glauben der Anhänger*innen von Bewegungen wie dem MRTC tatsächlich um Leben und Tod ging.

Was war da los?

Es ist erschreckend, dass diese Geschichte kaum jemand kennt – so ist zumindest meine Erfahrung. In einschlägigen TV-Dokumentationen kommt die Bewegung zur Wiederherstellung der Zehn Gebote (fast) nie vor. Deshalb war es mir wichtig, sie hier zu erzählen und damit einen kleinen Teil dazu beizutragen, unseren Horizont zu erweitern. Und immerhin ist es selbst nach konservativen Schätzungen bezüglich der Opferzahlen mindestens das zweitgrößte bekannte „Sektenverbrechen" überhaupt.

Es gibt sicherlich viele Punkte, die am Ende eine Rolle gespielt haben. Auch wenn ich der Theorie anhänge, dass es kein Massensuizid, sondern kaltblütiger Mord war, so gibt es doch vorbereitend einige Dinge, die meines Erachtens wesentlich zu dieser Tragödie geführt haben. Punkte, die dafür gesorgt haben, dass es nicht früher schon zu einem Aufstand gegen die Führungsriege kam. Denn dafür hatte die Leitung gesorgt. Insbesondere die starke Isolation der Mitglieder und das Sprechverbot verhinderten, dass man sich vernünftig untereinander austauschen konnte. Zum einen wurde so erschwert, dass sich Widerstand formieren konnte. Zum anderen wurde aber auch etwas Wesentliches unterbunden, das vor allem im Austausch mit anderen geschieht: Selbstreflexion. Auch wenn man davon ausgeht, dass das Schweigegebot nicht konsequent eingehalten wurde, gab es durch die Umstände kaum Möglichkeiten, sich konstruktiv mit anderen auszutauschen. Ständig wurde man auf sich und seine eigene Gedankenwelt zurückgeworfen; eine offene Diskussionskultur gab es nicht. Man war dem „Input" der Gruppenleitung komplett ausgesetzt und hatte keine Möglichkeit, sie mit Gleichgesinnten zu reflektieren. Hinzu kam der streng durchstrukturierte Alltag, der kaum Freizeit zuließ. Die Gläubigen waren ständig beschäftigt mit Arbeit, Beten, Essen oder Schlafen – viel Energie zum eigenständigen Nachdenken blieb da nicht.

Die Geschichte des MRTC zeigt sehr eindrücklich, wie stark Glaubenssätze in die eigene Lebenswelt hinein kontextualisiert werden. Hier denke ich zum Beispiel an die Coronapandemie, die auch in Deutschland von vielen fundamentalistisch-christlichen Gruppen eindeutig als ein „Zeichen der Endzeit" gedeutet wurde. Schlicht deshalb, weil es die Menschen stark in ihrem Alltag betraf, das Leben prägte und einschneidend veränderte. Für die Bewegung war (und in vielen Teilen Afrikas ist) Aids ein entsprechend großes Thema. Es lag also durchaus nahe, dass Gläubige dort diese Krankheit als „Seuche der Endzeit" sahen. Hinzu kamen die Alltagserfahrungen von Hunger, Leid und Krieg (man denke hier an den grausamen Völkermord in Ruanda im Jahr 1994!) – all das war dort viel präsenter als für uns. Aus diesem Kontext ist es durchaus nachvollziehbar, dass Gruppen wie das MRTC von einer Zeit der großen Trübsal sprechen und sich Menschen nach einem 1000-jährigen Friedensreich sehnen.

Biblische Texte wie das Buch der Offenbarung, in denen zum Beispiel von all diesen „Zeichen der Endzeit" die Rede ist, werden immer auf den jeweils eigenen Lebenskontext hin gedeutet und als Prophezeiungen verstanden, die doch nun – ganz offensichtlich! – gerade eintreten. Was leider häufig vergessen wird: Auch die Verfasser dieser Texte hatten einen Lebenskontext. Im Falle der Offenbarung waren das die Christenverfolgungen im Römischen Reich.

Und so bleibt das Verbrechen. Eine Führungsriege, die vielleicht anfangs wirklich an die Sache geglaubt hat und Menschen eine Perspektive geben wollte. Die am Ende aber die verzweifelte und perspektivlose Situation Hunderter Mitglieder ausnutzte und zu Massenmördern wurde.

DER ALLMÄCHTIGE GOTT: TOD IM BURGER-RESTAURANT

Wu Shuoyan betrat am 28. Mai 2014, dem letzten Tag ihres Lebens, das McDonald's-Restaurant in Zhaoyan, einer Stadt im Osten Chinas. Sie kam gerade von der Arbeit nach einer langen Schicht in einem nahe gelegenen Modegeschäft. Die 37-jährige Frau freute sich auf den Feierabend, den sie mit dem Zwischenstopp im Burger-Restaurant einleiten wollte, bevor sie sich auf den Heimweg machte. Während sie die Menükarte über dem Tresen studierte, erhoben sich plötzlich sechs Personen von einem Tisch in ihrer Nähe. Lautstark verkündete einer von ihnen, dass sie Missionare seien, und begann zu predigen.

Nachdem er seine kurze Rede beendet hatte, gingen die sechs durch das Fast-Food-Restaurant und fragten alle Gäste nach ihren Handynummern. Doch Wu dachte nicht daran, sie herauszugeben. Völlig unerwartet begannen daraufhin zwei der Missionare, auf Wu einzuschlagen. Sie schnappten sich den Stil eines herumstehenden Schrubbers und droschen damit auf die am Boden liegende Frau ein. Immer wieder schlugen sie auch ihren Kopf auf den Boden. Andere Gäste, die die Szene schockiert beobachteten und eingreifen wollten, wurden von den übrigen Missionaren zurückgehalten. Die Szene wurde von den Überwachungskameras des Restaurants und von anwesenden Gästen mit Smartphones gefilmt.

Die Polizei und der Notarzt trafen am Tatort ein, als die Gruppe noch vor Ort war. Für Wu Shuoyan kam jedoch jede Hilfe zu spät. Sie erlag ihren Verletzungen auf dem Weg ins Krankenhaus. Sie starb, weil sie sich weigerte, religiösen Fanatikern ihre Handynummer zu geben.

Die Church of Almighty God

Es ist eine kurze Geschichte fanatischer Religiosität, die zu den Ereignissen in dem Fast-Food-Restaurant führten. Es war vor allem die Fanatisierung einer einzigen Familie: der Familie Zhang. Der Vater, Lidong Zhang, hatte früher als Geschäftsmann in einem Textilunternehmen gearbeitet, war zur Zeit des Mordes aber arbeitslos. Fast alle der Missionar*innen, die bei der Attacke auf Wu anwesend waren, gehörten zu seiner Familie: seine Liebhaberin Qiaolian, die drei Kinder aus der Ehe mit seiner eigentlichen Frau und eine Frau namens Lü Yingchun, die zwar nicht zur Familie gehörte, aber mit ihnen lebte.

Lü Yingchun war auch diejenige, die den Fanatismus in die Familie brachte. Sie war eine Anhängerin der neureligiösen Bewegung „Church of the Almighty God", auch bekannt als „Eastern Lightning". Gläubige dieser Religion, man geht von drei bis vier Millionen aus, glauben, dass Jesus Christus in Gestalt einer chinesischen Frau auf die Erde zurückgekehrt sei. Diese Frau nennen sie „Almighty God" – daher auch der Name der Neureligion. In der Literatur der Gruppe wird sie nie namentlich erwähnt, aber man geht davon aus, dass es sich um eine Frau namens Yang Xiangbin handelt, die im Jahr 1973 geboren wurde. Sie begann ab 1991 in chinesischen Hauskirchen damit, Texte zu verbreiten, die sie als Offenbarungen des Heiligen Geistes darstellte. In den darauffolgenden Jahren folgten ihr viele Menschen. Ein Mann namens Zhao Weishan, der zuvor als Physiklehrer tätig war, stieg schließlich neben Yang zu einer führenden Position innerhalb dieser Gruppierung auf.

Die Gruppe steht dem Kommunismus kritisch gegenüber. In ihrer Interpretation der Bibel, speziell des 12. Kapitels der Offenbarung, in dem von einem „Großen Drachen" die Rede ist – einer Figur, die oft als Satan gedeutet wird –, sehen sie ein Symbol für die Kommunistische Partei Chinas. Man kann sich vorstellen, dass man sich mit dieser Interpretation in Regierungskreisen keine Freunde gemacht hat. In ihrer Theologie skizziert die Kirche zudem einen göttlichen Plan für die Menschheitsgeschichte, der sich über 6 000 Jahre erstreckt und in drei Ären aufgeteilt ist: das Zeitalter des Gesetzes, des Alten Testaments, in dem Gott das Volk Israel führte. Es folgt das Zeitalter der Gnade, des Neuen Testaments, in dem Gott in der Gestalt Jesu Christi die Menschheit erlöste, ohne jedoch ihre sündige Natur gänzlich zu tilgen. Seit 1991 befinden wir uns diesem Glauben zufolge im Zeitalter des Königreichs, in dem Gott nun als allmächtiger Gott in seiner neuesten Inkarnation die vollständige Wahrheit enthüllt und die Menschheit von ihrer Sündhaftigkeit befreien soll. Überdies prophezeit die Gruppe ein zukünftiges Zeitalter des Tausendjährigen Reiches, in dem die Erde nach dem Ableben der aktuellen göttlichen Inkarnation in eine Ära des Friedens und der Freude übergehen wird.

Aufgrund des repressiven Vorgehens des chinesischen Regimes wurde die Religion im Jahr 1995, gerade einmal vier Jahre nach ihrem Entstehen, in China verboten. Sie galt als „gefährliche Sekte" – mutmaßlich vor allem aufgrund ihrer ablehnenden Haltung gegenüber der Kommunistischen Partei. Im Jahr 2001 erhielten Weishan und Xiangbin politisches Asyl in den USA. Seitdem leben und führen sie die Bewegung von New York aus. Es gibt weltweit Ableger dieser Gruppe, und auch hierzulande ist sie in sozialen Medien missionarisch aktiv: Auch mir wurden bereits Instagram-Beiträge von „Eastern Lightning" in den Feed gespült.

Nach dem Mord in dem Fast-Food-Restaurant war das auch die erste Version, die vor allem seitens der chinesischen Regierung kolportiert wurde: Der Mord wurde von Anhänger*innen dieser verbotenen Sekte begangen. Das, was sich später im Gerichtsverfahren zeigen sollte, lieferte aber ein eher wirres Bild von dem, was tatsächlich der Fall war.

Lü, eine Anhängerin der Church of Almighty God, lebte in Zhaoyan, der Stadt, in der sich später der Mord ereignen sollte. Sie war sehr aktiv im Internet, vor allem in Diskussionsforen. Dort verkündete sie die Botschaft der Gruppe und war eine eifrige Missionarin ihres Glaubens. Auf diese Weise kam Fan, die Tochter der Zhangs, schließlich mit ihr in Kontakt. Sie muss so begeistert von den Worten gewesen sein, dass sie sich im Oktober 2008 auf den Weg nach Zhaoyan machte, um Lü persönlich zu treffen – und damit nahm das Unheil seinen Lauf.

Anfangs schien alles noch harmlos, auch wenn es erschreckend ist, wie schnell sich die Ideologie Lüs in der Familie einnistete. Fan war schon bald eine glühende Anhängerin, sie saugte alles auf, was Lü über ihren Glauben erzählte. Schon wenige Monate später hatte Fan auch ihre Mutter überzeugt, dass die „Church of Almighty God" recht habe und der einzig richtige Weg sei. Es dauerte nicht lange, bis auch der Vater den neuen Glauben annahm. Die Church of Almighty God ist – damals wie heute – als „Hauskirche" organisiert – das heißt, dass es keine großen Gottesdienste gibt, sondern sich regelmäßig viele kleinere Gruppen in verschiedenen Haushalten treffen. Das ist nicht zuletzt der Verfolgungssituation in China geschuldet. Um Lü und Fan scharte sich schließlich eine kleine Gruppe von rund 20–30 Anhänger*innen.

Eine fanatische Splittergruppe entsteht

Es muss etwa um diese Zeit gewesen sein, dass die Gruppe sich zunehmend von der eigentlichen Church of Almighty God entfernte. Wie genau das stattfand, lässt sich nur schwer rekonstruieren. Die plausibelste Variante ist, dass die Gruppe über das Internet um das Jahr 2008 herum mit einem Buch namens „The Seven Thunders Sound" in Kontakt kam, auf Deutsch kann das mit „Das Erschallen der sieben Donner" übersetzt werden. Dieses Buch wurde von einem jungen Paar aus der Mongolei verfasst, das zu dieser Zeit im Gefängnis saß. Fan sah darin eine göttliche Offenbarung. Sie war felsenfest davon überzeugt, dass die beiden göttliche Propheten sein mussten. Sie identifizierte sie mit den beiden „Zeugen“, von denen im biblischen Buch der Offenbarung die Rede ist: Dort wird von zwei Zeugen berichtet, die von Gott auf die Erde geschickt werden, um dort als Endzeit-Propheten aufzutreten. Diese werden schließlich vom Satan getötet, anschließend von Gott auferweckt und in einer Wolke in den Himmel geholt. Vielleicht erinnert das den einen oder anderen an den Fall von „Heaven's Gate“, den ich in diesem Buch ebenfalls erzähle – auch dort identifizierten sich die beiden Anführer*innen mit dieser Vision.

Fan hatte fortan nur noch ein Ziel: Sie wollte die beiden nach Zhaoyan holen. Sie sammelte Geld, um es in die Mongolei zu schicken. Ihr Plan war, dass sie nach ihrer Entlassung mit dem Geld die Reise nach China antreten sollten, um dann bei der Familie Zhang zu wohnen. Es kam allerdings zum Bruch, denn die beiden weigerten sich, sich der Gruppe anzuschließen. Der Konter ließ nicht lange auf sich warten. Tief gekränkt behauptete Fan daraufhin, sie habe eine göttliche Offenbarung erhalten, die einen der beiden Mongolen als einen „teuflischen Geist“, also einen Dämon, entlarvte. Anschließend erklärten sich Fan und Lü Yingchun selbst zu diesen beiden Endzeit-Propheten, den zwei Zeugen aus der Offenbarung. Sie erhoben fortan den Anspruch unbedingter Autorität in der kleinen Gruppe. Später steigerte sich das – sie erklärten, sie seien viel mehr als nur Zeugen. Sie seien „Götter in ihrer Substanz“ und „Zwei fleischliche Körper, die die gleiche Seele teilen“. Man könnte sagen: Sie identifizierten sich fortan selbst als „Almighty God“ in dieser kleinen Splittergruppe der „Church of Almighty God“.

Ein wesentliches Mittel, sich die Autorität in ihrer Gruppe zu sichern, war, dass sie Menschen, die sie nicht akzeptierten, als

Dämonen identifizierten. Kritik war unerwünscht, sonst drohte der Ausschluss. Das traf auch Fans Mutter: Sie wurde am 20. Mai 2014, wenige Tage vor dem Mord in dem Fast-Food-Restaurant, aus dem Familienhaushalt verbannt. Die beiden „Götter" gaben daraufhin ihrem Mann, also Fans Vater Lidong, die Erlaubnis, mit seiner damaligen Liebhaberin zusammenzuleben.

Immer mehr gelangten Fan und Lü zu der Überzeugung, dass das Ende der Zeiten nahe sei. Sie kündigten an, dass sie bald die Erde verlassen würden, um in den Himmel zurückzukehren. Das intensivierte den Kampf gegen angebliche Dämonen noch weiter: Je näher der Tag rückte, an dem die beiden entrückt werden sollten, desto mehr würden sie von Dämonen angegriffen.

Es kann als Vorstufe zu der schrecklichen Tat am 28. Mai 2014 verstanden werden, dass die beiden nur zwei Tage zuvor auch den Familienhund als teuflischen Dämon brandmarkten. Lidong wurde angewiesen, das Tier zu töten – was er auch ohne Zögern tat. Später erklärten die Anhänger*innen, dies sei ein wichtiger Schritt im Kampf gegen die Dämonen gewesen.

Dieser Dualismus war etwas ganz Wesentliches im Weltbild der Gemeinschaft. Man wollte die Welt von Dämonen befreien. Und so würde Lü Yingchun später vor Gericht aussagen, es sei „unvermeidbar" gewesen, die Frau in dem Fast-Food-Restaurant zu töten. Sie sei ein besonders gefährlicher Dämon gewesen. Sie erklärte: *„Zhang Hang fragte die Frau nach ihrer Handynummer. Aber sie weigerte sich, sie herauszugeben. Zur selben Zeit habe ich gespürt, dass wir von einem Dämon attackiert und in etwas Böses hineingesogen wurden. Das führte dazu, dass wir schwach und hilflos wurden. Wir identifizierten diese Frau als den fraglichen Dämon und verfluchten sie mit Wörtern. Aber sie hörte nicht. Im Gegenteil, sie attackierte uns noch mehr. Fan und mir wurde zunehmend klarer, dass diese Frau sterben musste. Sonst würde das uns alle verschlingen. Der Zusammenprall zwischen der Frau und uns war ein Kampf* *zwischen zwei Geistern. Die anderen, umherstehenden Menschen konnten das nicht sehen und deshalb auch nicht verstehen. Die Polizei konnte das auch nicht verstehen.“*

Alle Täter*innen waren noch anwesend, als die Polizei nach der Tat in dem McDonald's eintraf. Sie zeigten keinerlei Reue – schließlich waren sie felsenfest davon überzeugt, das einzig Richtige getan zu haben.

Viele internationale Medien griffen die Geschichte auf und verbreiteten weiter, dass die „Kirche des Allmächtigen Gottes“ für das Verbrechen verantwortlich sei – sie folgten also dem Narrativ der chinesischen Regierung. Diesen Umstand nutzte die Kommunistische Partei, um ein härteres Vorgehen gegen die Kirche in China durchzusetzen und zu rechtfertigen. In der Folge wurden Tausende Gläubige der Kirche verhaftet. Die Church of Almighty God selbst hingegen distanzierte sich von dem Verbrechen. Sie verurteilte offiziell den Mord und behauptete, dass es „Psychopathen“ gebe, die die Kirche für sich beanspruchten, aber nichts mit ihr zu tun hätten. Sie drehte den Spieß vielmehr um und behauptete, die chinesische Regierung hätte den Mord herbeigeführt. Man suggerierte, es dürfte für die Kommunistische Partei nicht allzu schwer gewesen sein, eine Gruppe von Psychopathen zu beeinflussen, ein Verbrechen zu begehen. Kurz gesagt: Man deutete an, dass das Verbrechen bewusst geplant worden sei, um ein härteres Vorgehen gegen die Church of Almighty God zu rechtfertigen.

Was stimmt nun? Für diese Behauptung gibt es keine Belege. Dabei handelt es sich wohl um Polemik. Seriöse Beobachter*innen sind sich aber einig, dass das Narrativ der chinesischen Regierung ebenfalls falsch ist, vor allem weil die Church of Almighty God der Kommunistischen Partei schon lange ein Dorn im Auge war. Eine australische Forscherin namens Emily Dunn hat sich in einem Buch mit der Kirche befasst und kommt im Falle des

McDonald's-Mordes zum Schluss, dass die internationale Presse das Narrativ der chinesischen Regierung weitgehend unhinterfragt übernommen habe. Somit stand die Church of Almighty God als mitverantwortlich für das Verbrechen da. Was dabei unter den Tisch fällt, ist, dass die fanatisierte Mördergruppe zwar ihren Ursprung in dieser Neureligion hatte, sich zum Zeitpunkt der Tat allerdings bereits auf ferne Abwege begeben hatte. Man könnte sie bestenfalls noch als kleine, eigenständige Splittergruppe auffassen, die mit den eigentlichen Lehren der Church of Almighty God kaum noch etwas zu tun hatte. Es hatte sich um Lü und Fan eine Mikro-Sekte gegründet, die ihre eigene Führung und ihre eigenen Dogmen entwickelt hatte.

Entsprechend wird auch zum Beispiel im Projekt „World Religions and Spirituality", einer Art Online-Lexikon über Weltanschauungen der Virgina Commonwealth University, von der Gruppe als ganz eigenständige Gruppe geredet: der „Lü Yingchun – Zhang Fan Group", über die man verhältnismäßig wenig weiß, weil sie nur kurz existierte und sehr klein war. Einige wichtige Dogmen kann man aber aufgrund der auf den Mord folgenden Gerichtsprozesse festhalten. Darin betonen Lü und Fan selbst die Eigenständigkeit ihrer Gruppe und grenzen sich von Eastern Lightning ab. So erklärten sie zum Beispiel, dass sie zwar den Namen „Allmächtiger Gott" benutzten, ihre Gruppe und die „Kirche des Allmächtigen Gottes" aber zwei verschiedene Organisationen seien. Lü Yingchun erklärte: *„Der chinesische Staat bezeichnete Zhao Weishans Fälschung ‚Kirche des Allmächtigen Gottes' als eine böse Sekte. Wir bezeichnen sie als ‚böse Geister'. Nur Fan und ich [...] konnten den echten ‚Allmächtigen Gott' repräsentieren. Fan und ich sind die wahren Sprecherinnen des wahren ‚Allmächtigen Gottes'."* Daraus wird deutlich, dass man sich nicht nur deutlich von Eastern Lightning distanzierte, sondern die Neureligion auch als Fälschung bezeichnete und sie dämonisierte.

Interessant wird es bei dieser Dämonisierung, die in der „Lü Yingchun – Zhang Fan Group" offensichtlich eine große Rolle spielt. Sie entspringt einem dualistischen Weltbild, in dem sich Gott und Satan auf einer geistigen Ebene in einem ständigen Kampf befinden. Auch in der Theologie von „Eastern Lightning" spielt dieser Gedanke eine große Rolle. In der Auffassung der Kirche werden allerdings langwierige Tests benötigt, um die vermeintliche Präsenz eines bösen Geistes festzustellen. Lü und Fan hingegen sahen sich als absolute Autoritäten: Wenn sie Widerstand bekamen, scheuten sie nicht davor zurück, kritische Personen sofort als Dämonen zu identifizieren, die beseitigt werden mussten. So identifizierten sie dann auch das Mordopfer Wu Shuoyan innerhalb weniger Augenblicke als „bösen Geist".

Die Verfahren

Nach der Tat wurden alle „Missionare", die in dem McDonald's anwesend waren, verhaftet. Reue zeigten sie keine. Der Mann, der Wu hauptsächlich attackiert hatte, sagte der Polizei gegenüber: *„Wir kümmern uns nicht um das Gesetz. Wir glauben nur an Gott. Ich habe mich gut gefühlt, als ich es getan habe."* Wie fanatisiert die Gruppe war, zeigt sich auch im Verhalten von Duo Zhang, einem der Brüder Fans. Er war zur Zeit der Tat 14 Jahre alt. Ein Zeuge berichtete später: *„Der Junge war so ruhig. Selbst als die Polizei eintraf, trat er dem Opfer noch gegen den Kopf und schrie: ‚Das Böse fährt zur Hölle!'"*

Das Gerichtsverfahren fand wenige Monate später, im August 2014, statt. Duo war noch nicht strafmündig und wurde deshalb nicht angeklagt. Die anderen fünf bekamen harte Strafen – denn Reue zeigten sie auch Monate nach der Tat nicht. Zwei der Angeklagten, Lidong Zhang und seine Tochter Fan, wurden zum Tode verurteilt. Sie wurden ein halbes Jahr später, am 2. Februar 2015, hingerichtet. Lü Yingchun wurde zu lebenslanger Haft verurteilt, die anderen Beteiligten bekamen Haftstrafen zwischen sieben und zehn Jahren.

Gegenüber der Polizei sagte Fan in Verhören über die Mordnacht aus: *„Ich bin ein Mensch, der mit mächtigen Fähigkeiten geboren wurde. Es ist der allmächtige Gott, der mir die Aufgabe gegeben hat, die bösen Geister in der Welt zu zerstören. [...] Für das Glück der Welt will ich sie zu Tode schlagen, und ich will das Böse für die Menschen loswerden.“*

Was war da los?

Es gibt klare ideologische Marker, die unschwer zu erkennen sind. Insbesondere die Dämonisierung anderer Menschen (oder Lebewesen) hat hier zu dieser drastischen Tat geführt. Das Weltbild, dass die Gruppe potenziell überall satanischen Mächten gegenübersteht, war ein wesentlicher Auslöser dafür, dass man nun auch in der völlig unbeteiligten Wu einen Dämon sah. Hinzu kommen aber noch zwei weitere wichtige Faktoren: Zum einen die Autorität, die von Lü und Fan ausging. Sie galten als diejenigen, die die absolute Macht hatten, über Gut und Böse – und damit im Zweifel über Leben und Tod – zu entscheiden.

Auch ihre Ankündigung der Endzeit trug sicherlich erheblich zu dem Gewaltausbruch bei. Denn eine nahe Endzeit-Erwartung in dieser Intensität geht immer mit dem Gedanken einher, dass weltliche Maßstäbe keine Rolle mehr spielen. Die Welt, wie sie momentan existiert, wird bald nicht mehr sein. Der Kampf gegen vermeintliche Dämonen gewinnt dadurch eine ganz andere Relevanz und Dringlichkeit.

Die Geschichte zeigt auch, wie wichtig es ist, genau hinzuschauen. Politische Interessen spielen im Framing des Mordes eine Rolle, sowohl seitens der chinesischen Regierung als auch seitens der „Church of Almighty God“. Es ist am Ende schwer zu sagen, welche Faktoren genau zu der Radikalisierung der kleinen Splittergruppe beigetragen haben. Es war anfangs ein schleichender Prozess, angegliedert an die Neureligion „Church of Almighty God“. Und sicher gibt es auch dort Dogmen und ein Weltbild, das nicht unproblematisch ist. Insbesondere die Vorstellung davon, dass man Dämonen identifizieren könne und sich in einem geistigen Kampf mit ihnen befinde, halte ich für problematisch. In der Mikro-Sekte um Lü und Fan allerdings hat sich das derart gesteigert und mit einem Machtgefühl verbunden, dass es am Ende in einer Explosion der Gewalt endete.

TEIL 3:

WENN FANATISMUS TÖDLICH ENDET

Die dunkle Faszination, die von den True-Crime-Fällen ausgeht, die wir gerade angeschaut haben, offenbart mehr als nur die Abgründe menschlichen Verhaltens innerhalb von sogenannten Sekten. Die Geschichte jedes einzelnen der beispielhaft behandelten Verbrechen ist tief verwurzelt in einer Dynamik von Macht, Kontrolle und einer gefährlichen Form des Glaubens, die über das Wohl des Individuums hinausgeht. Weit über das, was man als eine „gesunde Religiosität" bezeichnen könnte, ein Glaube also, der lebensdienlich und lebensbejahend ist, der Menschen Halt und Trost geben kann. Diese Erzählungen sind also weit mehr als nur Chroniken menschlicher Tragödien. Sie sind Lehrgeschichten darüber, wie die

Grenzen zwischen tiefem Glauben und extremem Fanatismus verschwimmen können.

DIE NATUR DES FANATISMUS

„Von einer Gottheit in Raserei versetzt“ – das ist die Bedeutung des lateinischen Ursprungswortes *„fanaticus“*. Auch wenn Fanatismus in seinem Wortursprung in einem religiösen Kontext verhaftet ist, so wissen wir alle, dass er im heutigen Kontext nicht darauf beschränkt ist. Es gibt fanatische Fans eines bestimmten Fußballvereins, fanatische Tierschützer*innen, fanatische Fleischessende oder fanatische (Anti-)Klima-Aktivist*innen. Fanatisches Denken definiert sich nicht über den Gegenstand oder Inhalt, um den es geht, sondern über die Art und Weise des Denkens. Es gibt mehrere Eigenschaften, die für Fanatismus charakteristisch sind. Der Psychoanalytiker Günther Hole nennt hier vor allem zwei (Hole 2004). Zum einen zeichnet sich Fanatismus ihm zufolge in einem starken Verlangen danach aus, *Dinge zu vereinfachen und eindeutig einzuordnen*. Dem liegt ein Verlangen nach Sicherheit zugrunde – wenn ich die Welt um mich herum eindeutig in „gut“ und „böse“, „richtig“ und „falsch“ einordnen kann, dann weiß ich doch genau, wo der richtige Weg liegt. Und diesen Weg verfolgen Fanatiker*innen mit einer *Kompromisslosigkeit*, die ihresgleichen sucht. Das führt dazu, dass fanatische Menschen unfähig sind, in einen konstruktiven Dialog mit Andersdenkenden zu treten. In der Theorie sind sie aus ihrer Sicht bereits auf dem einzig richtigen Weg. Jede Anpassung, jede Abänderung würde eine Abweichung von diesem Weg bedeuten. Interessant sind die Implikationen, die diese Beschreibung auf die Persönlichkeit der Fanatikerin oder des Fanatikers haben: Sie entwickeln sehr starke Emotionen im Hinblick auf ihre

Prinzipien – in zwischenmenschlichen Beziehungen treten sie aber oft gleichgültig oder gefühlskalt auf.

Vereinfachung, Eindeutigkeit, Kompromisslosigkeit – das sind also drei wesentliche Aspekte, die fanatisches Denken ausmachen. Wenn wir im engeren Sinne an Fanatismus denken, dann haben wir – zumindest häufig – vor allem diejenigen Menschen vor Augen, die öffentlich auftreten, gewalttätig und vielleicht sogar militante Führungspersonen bestimmter Gruppen oder Bewegungen sind. Oder eine jener Gurus oder Prediger*innen, von denen wir gerade in den Sekten-Verbrechen erfahren haben. Doch Fanatismus ist nicht gleich Fanatismus. Es gibt verschiedene Spielarten und Systematisierungen. Im Hinblick auf sogenannte Sekten ist vor allem die des Biologen und Religionspsychologen Hansjörg Hemminger (1948–2022) spannend. Er spricht von einem *aggressiven und expansiven Ideen-Fanatismus*, wenn sich der Fanatismus auf eine bestimmte Ideologie oder Dogmen bezieht, für die er sich vehement (aggressiv) einsetzt und für die er einen missionarischen Anspruch hat (expansiv). Unter diesen Typus fallen diejenigen, die öffentlich auftreten und offensiv-fanatisch versuchen, andere von ihren Glaubenssätzen zu überzeugen .

Ein weiterer Typus wäre der *aggressive Interessen-Fanatismus*. Er gleicht in vielerlei Hinsicht den Verhaltensstrukturen des ersten Typus, weist allerdings einen entscheidenden Unterschied auf: Der Gegenstand des Fanatismus ist nicht ein bestimmtes Dogma oder eine Ideologie, sondern es sind persönliche Interessen oder Motive. Nach Hemminger beruht diese Spielart des Fanatismus häufig auf einer vorhergegangen Kränkung, einem übersteigerten Geltungsbedürfnis oder einem verletzten Selbstwertgefühl. Der politische Extremist Lyndon LaRouche (1922–2019) wäre ein Beispiel für einen solchen Typ, der im Laufe seiner Karriere mehrmals zwischen dem linken und rechtsextremen Spektrum wechselte. Ihm ging es also nicht um eine bestimmte politische Idee; vielmehr lautete seine zentrale Botschaft: „Hört auf mich."

Während insbesondere diese ersten beiden Typen häufig in der Führungsebene problematischer Gemeinschaften anzutreffen sind – sie treten extrovertiert nach außen auf –, sind die folgenden Typen eher im Stillen zu finden. Der *introvertierte Überzeugungs-Fanatismus* beispielsweise könnte man als „blasse" Version des aggressiven und expansiven Ideen-Fanatismus verstehen. Fanatiker*innen dieses Typus sind an öffentlichen Auftritten oder Führungsrollen nicht interessiert. Von außen wirken sie unauffällig und häufig mit sich selbst beschäftigt. Konflikte entstehen mit diesen Personen nur dann, wenn von außen Anforderungen an sie herangetragen werden, die sie aufgrund ihrer Überzeugungen nicht erfüllen können. Wenn man nach Beispielen für diesen Typ suchen würde, findet man sie vermutlich im Spektrum von Impf-Gegner*innen oder Verschwörungsgläubigen. Dort gibt es zahlreiche Menschen, die zwar in ihrem Denken fanatisch von etwas überzeugt sind, aber Konflikte treten erst dann auf, wenn sie in konkrete Situationen kommen, in denen von ihnen verlangt wird, gegen diese Überzeugungen zu handeln.

Insbesondere in autoritär geprägten Gruppen findet man den Typus des Fanatismus, der sich *an Autoritäten und Normen orientiert.* Hier geht es weniger um konkrete Überzeugungen – die können sich ändern. Der Bezugspunkt ist vielmehr entweder eine konkrete Autorität (etwa ein Guru oder eine Führungsperson, der der Status einer Gottheit zugeschrieben wird) oder es gelten feste Regeln, die nicht hinterfragt werden. Beides gibt der betreffenden Person Sicherheit. Hier besteht die große Gefahr einer psychischen Abhängigkeit, in die die Personen geraten können.

Schließlich bezieht sich die letzte Spielart des Fanatismus weniger auf Ideen, Autoritäten oder Normen, sondern auf einen Fanatismus, der sich *am Kollektiv orientiert*. Die (oft in ihren Ansichten oder ihrem Verhalten extreme) Bezugsgruppe und ihre Ziele und Grundsätze werden nicht hinterfragt oder kritisiert. Besonders deutlich wird bei diesem Typ das „Elite-Denken“: Alles, was außerhalb der eigenen, klar abgrenzbaren Gruppe steht, gehört auf die böse Seite. Fanatiker*innen, die sich am Kollektiv orientieren, treten oft in Einzelbegegnungen „blass“ auf: Sie können kaum klare Ideen oder Lehren formulieren. Auch Ziele können oft nicht deutlich verbalisiert werden. Ein Beispiel wären hier die Anhänger*innen rechtsextremer Gruppierungen: Ein solcher Fanatismus funktioniert nur im Kollektiv, weil er sich explizit darauf bezieht.

Wie jedes Modell ist auch diese Typologisierung natürlich weder erschöpfend noch in jedem Detail zutreffend. Selbstverständlich gibt es Mischformen und Überschneidungen dieser Typen. Und natürlich kann sich die Art des Fanatismus im Laufe der Zeit ändern. Was zu Beginn ein Ideen-Fanatismus war, kann später zu einem Interessen-Fanatismus werden, wenn die vielleicht utopischen Ursprungs-Ideen mehr und mehr unerreichbar werden und zunehmend die eigenen Interessen in den Vordergrund treten. Ich denke da vor allem an die Geschichte von Peoples Temple. Auch wenn natürlich Ferndiagnosen immer schwierig sind, zumal mit so viel zeitlichem Abstand, liegt doch Folgendes nahe: Jim Jones könnte man zunächst als Ideen-Fanatiker charakterisieren, der für Gerechtigkeit und Gleichheit aller Menschen eingetreten ist. Mit zunehmender Macht und Expansion entwickelte er sich jedoch in einen Interessen-Fanatiker, der sich selbst als die absolute Autorität betrachtete und dem letztlich das Schicksal anderer Menschen egal war.

Was das Modell aber sehr eindrücklich zeigt, ist, dass es nicht nur diejenigen Fanatiker gibt, die wir sofort vor Augen haben. Die, die öffentlich auftreten und nicht zu übersehen sind. Der größte Teil fällt in den Bereich des Fanatismus, der nach außen hin gar nicht so offensichtlich ist. Das gilt auch für mehrere der Fälle in diesem Buch. Vor der Tragödie, mit der sie endeten, waren sie oft nicht bekannt. Fanatisches Denken kann sich im Privaten bilden, ohne dass es nach außen hin sofort wahrgenommen wird.

Religion, die Wurzel allen Übels?

Die Frage, woher Fanatismus überhaupt kommt, ist nicht so einfach zu beantworten. Der Kriminologe und Radikalisierungsforscher Michael Gerland betont, Fanatismus sei als *„Symptom eines gestörten sozialen Systems"* zu verstehen (Gerland 2016). Die Radikalisierungs-Expertin Dana Buchzik schreibt in ihrem Buch „Warum wir Familie und Freunde an radikale Ideologien verlieren", dass ein wichtiger Faktor in der Frage nach Auslösern für eine Radikalisierung die Furcht vor Bedeutungslosigkeit sei (Buchzik, S.32 ff.). Man könnte sagen: Personen, die sich einer fanatischen Ideologie hingeben, verspüren so etwas wie eine ins Extrem gesteigerte Selbstwirksamkeit, sie bekommen eine Aufgabe, nach der sie streben und für die sie sich einsetzen können. Wo Menschen abgehängt werden, wo sie das Gefühl haben, nicht gehört zu werden und keine Perspektive zu haben, wo sie besonders unter (gesellschaftlichen) Krisen leiden oder zu leiden glauben, da steigt die Chance, dass sie für radikale und fanatische Ideologien ansprechbar sind. Denn solche Ideologien suggerieren eine vermeintlich einfache Lösung. Aber: Nicht jede und jeder mit solchen Erfahrungen wird gleich radikal oder fanatisch. Der Radikalisierungsforscher Daniel Köhler betont, dass es für eine Radikalisierung sowohl negative als auch positive Faktoren braucht. Zu den negativen Faktoren zählen Frustration, Ärger, (persönliche) Krisen, soziale Ablehnung, mangelnde Selbstwirksamkeit, Perspektivlosigkeit. Die positiven können zum Beispiel die Suche nach Gerechtigkeit, Freiheit, Ehre, Würde, Stolz, Solidarität oder das Streben nach einer besseren Welt sein. Radikale Ideologien bringen diese Faktoren nun zusammen, indem sie eine Komplexitätsreduktion auf mehreren Ebenen vollziehen: Sie definieren ein vermeintlich einfaches Problem, geben dafür eine ebenso vermeintlich einfache Lösung und formulieren eine einfache Vision für die Zukunft. Der entscheidende Faktor, so Köhler, ist Vertrauen, also eine durchweg positive Emotion gegenüber dem Angebot einer bestimmten radikalen Gruppe (Köhler 2017). In gewisser Weise kehren wir hier zu der Frage nach der Kult-Bedürfnis-Passung zurück, die ich im ersten Teil ausgeführt habe: Wenn ein solches Vertrauen hergestellt ist, dann scheint die jeweilige Gruppe ein perfektes Angebot für das zu haben, wonach die entsprechende Person gerade sucht. Es ist auch das, was die manipulativen Anwerbe-Methoden, die man in vielen sogenannten Sekten findet, zum Ziel haben. Sie wollen ein Vertrauensverhältnis etablieren, sei es durch Love-Bombing, behutsames und stufenweises Offenbaren einer Lehre oder durch das Anbieten vermeintlicher Lösungen.

Interessanterweise spielt die individuelle Bildung keine entscheidende Rolle bei der Anfälligkeit für fanatische Ideologien. Selbst Menschen mit hoher formaler Bildung sind nicht immun gegen die Verführung durch extremistische oder fanatische Glaubenssysteme. Es gibt formal hochgebildete Menschen, die dennoch einer fanatischen Ideologie folgen (Füssler 2015). Und auch die spezifische Ideologie, auf die sich Fanatismus ausrichtet, ist kein entscheidender Faktor. Mir begegnet in Gesprächen häufig die Ansicht, dass die Welt doch eine bessere wäre, gäbe es keine Religionen . Denn, so lautet dann das Argument: Religionen brächten so viele Fanatiker*innen hervor. Diese Denkweise macht es sich sehr einfach und offenbart, wie Komplexitätsreduktion funktioniert und zu falschen Schlüssen führen kann. Sie erkennt nicht an, dass es eben nicht die Weltanschauung, Religion oder Ideologie ist, die Fanatiker*innen hervorbringt, sondern dass die Ursachen vielschichtiger sind. Die jeweilige Ideologie ist ein Symptom, keine Ursache (vgl. z. B. Buchzik 2022, S. 32 ff.; Ebner 2023, S. 294; Gerland 2016; Stein 2022). Wer behauptet, die Lösung gegen religiösen Fanatismus wäre die Abschaffung von Religionen, der würde nur Symptombehandlung betreiben – der Fanatismus bräche sich anders Bahn. Ganz abgesehen davon, dass eine „Abschaffung von Religionen" ohnehin eher eine populistische Forderung als ein irgendwie realisierbares Ziel ist.

Es gehört aber auch zur Wahrheit, dass religiös aufgeladene Ideologien häufig sehr dankbare Anknüpfungspunkte für Fanatismus bieten, der zu einer Gefahr für Leib und Leben wird. Das soll auch im Folgenden mein Fokus sein: *„Wenn Fanatismus tödlich endet."* Angesichts der in diesem Buch behandelten Tragödien und Verbrechen lassen sich Glaubenssätze verdeutlichen, die, wenn sich darauf ein fanatischer Glaube ausrichtet, besonders gefährlich werden können. Und zwar sowohl für das Individuum als auch für eine Gesellschaft.

Vier Zutaten für einen gefährlichen Ideologie-Cocktail

Im Folgenden möchte ich diejenigen, die ich als besonders problematisch erachte, etwas weiter ausführen. Es sind Dogmen und Glaubensmuster, die mir in meiner Beschäftigung mit Religionsgemeinschaften und sogenannten Sekten aller Facetten immer wieder begegnen. Sie sind nicht unbedingt grundsätzlich problematisch. Sie werden es aber dann, wenn sie sehr stark betont werden oder ein wie auch immer ausgeprägter Fanatismus sie zum Gegenstand hat. Ich werde mich auf einige wenige Punkte konzentrieren. Es gibt zahlreiche Dogmen und Glaubenssätze, die, wenn sie extrem ausgelegt werden, problematisch sein und negative Einflüsse auf ein Individuum ausüben können; einige Beispiele wurden bereits im ersten Teil erörtert. Es lohnt sich aber, den Blick vor allem auf vier Glaubenssätze zu werfen, die ein tödliches Potenzial entfalten können. Das heißt nicht, dass sie das in jedem Fall auch tun, das wäre viel zu einfach gedacht. Wie die Fallbeispiele gezeigt haben, sind es letztlich zahlreiche Faktoren, die eine Rolle spielen in der Frage danach, wohin sich eine Gruppe (oder ein Individuum) entwickelt.

1. Der dualistische Kampf zwischen Gut und Böse

Der erste Glaubenssatz, den ich hervorheben möchte, ist ein starker Dualismus. Insbesondere problematisch wird er dann, wenn er mit der Vorstellung verbunden wird, dass in der geistigen Welt ein Kampf zwischen Gott und Satan tobt, zwischen Gut und Böse. Im religiösen Sinne bezeichnet Dualismus die Glaubensvorstellung, dass zwei grundlegende und entgegengesetzte Mächte existieren, die die Weltordnung prägen. Häufig wird das verstanden als Kampf zwischen dem Guten, oft repräsentiert durch einen Gott oder göttliche Kräfte, und dem Bösen, dargestellt durch eine gegnerische Entität wie Satan oder dämonische Kräfte. Diese zwei Mächte sind in einem ständigen Konflikt miteinander, der das menschliche Leben und die kosmische Ordnung beeinflusst. Diese binäre Weltanschauung teilt das Universum und alles, was es enthält, in zwei gegensätzliche und konkurrierende Reiche. Die Komplexität der Realität wird in diesem Bild stark reduziert, es gibt keine Grautöne, nur Schwarz oder Weiß. Das kann manchen Menschen Halt und Orientierung geben, ist aber, wie ich finde, hochproblematisch. In einem solchen Weltbild gibt es wenig Raum für Nuancen oder Mittelwege;

jede Handlung, jede Person, jedes Ereignis wird als entweder absolut gut oder zutiefst böse kategorisiert.

Diese rigide Sichtweise birgt das Risiko, dass Individuen und Gruppen, die ihr fanatisch folgen, nicht „nur" intolerant gegenüber Andersdenkenden werden. Wer überzeugt ist, auf der Seite des Guten zu stehen, wird das „andere" oft nicht nur als andersartig, sondern als feindlich und böse ansehen. Es war dieser Faktor, der zum Beispiel bei den Belcher Island Murders, im Fall Jan H., beim McDonald's-Mord oder auch bei Adolfo Constanzo eine entscheidende Rolle gespielt hat: Der imaginierte Kampf zwischen Gut und Böse fand hier plötzlich nicht mehr nur in einer geistigen Welt statt. Die Gewalt explodierte in der Realität, weil sich die Fanatiker*innen geradezu gezwungen sahen, für eine vermeintlich gute Sache den „Satan" zu besiegen. Ich glaube, das Gewaltpotenzial gegen andere Menschen ist in diesem Fall offensichtlich.

Außerdem kann der Dualismus in seiner extremen Form zu einem sogenannten Manichäismus führen. Damit meine ich: Der eben beschriebene geistige Kampf wird auch in das Wesen jeder Person selbst hineingetragen. Dieser Glaubenssatz war Teil der Lehre eines persischen Mannes namens Mani, der mit dem Manichäismus in der Spätantike eine nach ihm benannte Religion begründete. In dieser Weltsicht ist jedes Individuum nicht nur in den Weltenkampf zwischen Gut und Böse verstrickt, sondern zusätzlich in einen inneren Kampf, bei dem jede moralische Unvollkommenheit als Zeichen einer satanischen Beeinflussung wahrgenommen wird. Der Körper wird im Manichäismus als vollkommen böse verstanden, während nur die Seele Quelle des Guten sein kann. Eine solche Selbstwahrnehmung kann nicht nur zu innerer Zerrissenheit führen, sondern auch zu einem schädlichen Zyklus von Schuld, Selbstverachtung und extremem, auch selbstverletzendem Verhalten, da das Individuum ständig versucht, sich selbst als würdig zu erweisen oder das innere Böse auszutreiben.

In jedem der in diesem Buch erzählten Verbrechensfälle hat ein streng dualistisches Weltbild in irgendeiner Weise eine Rolle gespielt. Es begegnet mir sehr häufig in meiner Auseinandersetzung mit sogenannten Sekten; in gewissen Abstufungen scheint es eine Art Grundzutat zu sein, wenn man sich mit problematischen Ideologien beschäftigt. Denn in der Tat gilt das, was ich eben geschrieben habe, weit über problematische religiöse Gruppierungen hinaus: Auch im rechtsextremen Spektrum, im Bereich der Verschwörungsideologien und nicht zuletzt im Antisemitismus sind solche dualistischen Weltbilder (mit jeweils unterschiedlichen Akteuren und Akzenten) sehr präsent.

2. Weltverneinung

Die Ablehnung „der Welt“ kann mehrere Dimensionen haben, die sich nicht allgemein fassen lassen. „Die Welt“ ist in unterschiedlichen Facetten in vielen religiösen Intensivgruppen etwas, was abgelehnt wird. Häufig wird hier pauschalisiert, wenn innerhalb der Gruppen suggeriert wird, es gäbe „weltliche Werte“ oder eine „weltliche Gesellschaft“ – und diese stünden dem, was die Gruppe glaubt und für wichtig hält, diametral entgegen. Häufig ist damit die Vorstellung verbunden, dass „die Welt“ von Gott abgefallen ist, vielleicht sogar unter der Herrschaft des Satans steht – hier schließt sich der Kreis zum gerade genannten Dualismus. Als einzig sicherer Hort wird dabei die eigene Gruppe betrachtet, in der man sich auf dem richtigen Weg wähnt. Die Weltverneinung äußert sich häufig durch ein starkes Exklusivismus- oder Elitedenken. Die Abkehr von allem Weltlichen zeigt sich zum Beispiel sehr stark im Fall von Heaven’s Gate. Wenn die Mitglieder kurz vor ihrem Suizid davon sprechen, dass unsere Körper nur „Vehikel" seien für unsere Seelen, dann betont das: Es hält uns nichts in dieser existierenden Welt, wir sind nur auf der Durchreise.

Aus einer solchen Weltverneinung folgt ein weiterer Gedanke, der sich dann auf eine jenseitige Welt bezieht. Dass das Jenseits als ein Sehnsuchtsort dargestellt wird, findet sich in vielen religiösen Weltanschauungen – an sich ist das auch nicht problematisch. Schwierig wird es dann, wenn es aus einer Weltverneinung hervorgeht und dadurch die Welt, in der wir leben, als völlig unwichtig betrachtet wird. Dann spielt konsequenterweise das Handeln einer einzelnen Person in dieser Welt keine Rolle mehr, sondern es richtet sich alles nur darauf aus, (endlich) in diese jenseitige Welt zu kommen – siehe Heaven's Gate.

Häufig begegnet einem in sogenannten Sekten auch ein Kulturpessimismus. Diese Haltung ist durch eine tiefe Skepsis oder eine negative Sicht auf den Fortschritt oder den Zustand der Kultur und Gesellschaft gekennzeichnet. Das ist oft verbunden mit der Überzeugung, dass kulturelle, soziale und moralische Werte im Niedergang begriffen sind und dass dieser Niedergang unvermeidlich oder sogar unaufhaltsam ist. Und dann sind wir fast immer schon beim nächsten Punkt.

3. Endzeitglaube

Der Glaube an das Ende der Zeiten spielt in vielen Religionsgemeinschaften eine wichtige Rolle. Das ist auch okay, denn schließlich wissen wir alle, dass es kommen wird – nur wann und wie, ist unklar. Problematisch wird es dann, wenn sich der Endzeitglaube sehr stark in den Vordergrund drängt und dann auch vermeintlich eindeutig „präsentisch" gedeutet wird, also auf die aktuelle Zeit bezogen. Damit meine ich: Wenn aktuelle Ereignisse wie Kriege oder Naturkatastrophen darauf hingedeutet werden, dass nun das Ende endgültig und „ganz offensichtlich" nahe sei. Wir haben in mehreren der erzählten Geschichten gesehen, dass dieser Gedanke in einer fanatisch geglaubten Ideologie gefährlich werden kann. Ich verrate nichts Neues, wenn ich sage: Bisher ist das Ende noch nie eingetreten. Die Chancen stehen auch gut, dass sich das so schnell nicht ändern wird und konkrete Endzeit-Prophezeiungen diverser Gurus auch weiterhin danebenliegen werden. Verstreichen diese Daten dann, steht die jeweilige Führung unter Druck. Häufig wird diese Situation dann aufgelöst, indem man die Aussagen über die Endzeit auf ein anderes geistiges Level „verschiebt" – man behauptet etwa, dass sich zu dem vorhergesagten Datum auf einer geistigen Ebene etwas getan hat. Das ist natürlich nicht nachprüfbar. Dieses Muster ist mir bei vielen sektenhaften Gemeinschaften begegnet. Die andere Möglichkeit – und davon erzählen mehrere Geschichten in diesem Buch – ist, dass die Gruppen die Sache selbst in die Hand nehmen. Insbesondere die Manson Family und die Aum-Sekte fallen deutlich in diesen Bereich: Man wollte selbst das Ende provozieren und nachhelfen.

Ein stark betonter Endzeitglaube steht in der Gefahr, dass er in eine Art selbst auferlegte Prophezeiung mündet. Wenn Mitglieder einer Gemeinschaft fest davon überzeugt sind, dass das Ende nahe ist, bedeutet das zugleich, dass sie ihre Handlungen und Entscheidungen auf dieser Basis treffen. Dies kann (!) zu gefährlichen oder destruktiven Verhaltensweisen führen, insbesondere wenn die jeweiligen Führungsfiguren dann ihre Anhänger*innen dazu ermutigen, aktive Maßnahmen zu ergreifen, um das prophezeite Ende zu beschleunigen.

4. Bild eines strafenden Gottes

Je mehr ich mich mit religiösen Gemeinschaften beschäftige, desto wichtiger erscheint mir die Frage nach dem Gottesbild. Ob Religion positive oder negative Auswirkungen hat, hängt ganz entscheidend mit der Frage zusammen: Wie stelle ich mir Gott vor? Man kann auch hier keine pauschalen Aussagen treffen, aber in vielen sogenannten Sekten herrscht – sofern sie an einen Gott glauben – das Bild eines Gottes vor, der die Einhaltung bestimmter Regeln und Gehorsam fordert. Eines Gottes, der denen gegenüber wohlgesonnen ist, die sich an diese Vorgaben halten und an ihn glauben (also in der Regel den Mitgliedern der jeweiligen Gemeinschaft gegenüber). Ungemütlich wird es nur für diejenigen, die entweder außerhalb der Gruppe stehen oder in irgendeiner Weise von diesen Regeln abweichen und dadurch in Ungnade fallen: Sie werden nach dieser Lesart von Gott bestraft. Auf welche Weise, ist dabei unterschiedlich. Verbreitet ist, in dieser vermeintlichen Strafe eine Art Gottesgericht am Ende der Zeiten zu sehen. Mit diesem Bild eines strafenden Gottes kann auch der Gedanke einhergehen, dass man (regelmäßig) bestimmte Leistungen erbringen muss, um ihn gnädig zu stimmen oder zu beweisen, dass es einem selbst ernst ist mit dem Glauben an diesen Gott. Solche Vorstellungen können sowohl die interne Dynamik einer Gemeinschaft als auch ihre Beziehungen zur Außenwelt beeinflussen, oft mit einem starken „Wir gegen die"-Gefühl.

Wenn Gott keine Gnade gegenüber Ungläubigen oder „Abgefallenen" kennt, wenn Gott bestimmte Leistungen, einen bestimmten Glauben oder Opfergaben einfordert, um den Menschen wohlgesonnen zu sein, dann kann das gefährlich werden. Zum einen für das Wohlbefinden eines Individuums, das unter dem ständigen Druck lebt, diesem Gott zu genügen, oder in der Angst, möglicherweise in seine Ungnade zu fallen. Zum anderen aber auch darüber hinaus: Es kann als Legitimation verstanden werden, in Einklang mit Gottes Willen zu handeln, wenn man die Strafe Gottes vorwegnimmt.

Bei den hier behandelten Fällen ist mir die Frage nach dem Gottesbild insbesondere in den brutalen Taten von Adolfo Constanzo deutlich geworden, dessen „Nganga" seiner Ansicht nach Menschenopfer benötigte, um zufriedengestellt zu werden. Auch bei der „Bewegung zur Wiederherstellung der Zehn Gebote" wurde ein Klima der Angst und des Gehorsams dadurch erzeugt, dass ein sehr plastisches Bild eines gewaltvoll strafenden Gottes gezeichnet wurde. Es ist fatal, wenn Menschen so sehr in ein solches Gottesbild gezwungen werden, dass sie alles dafür tun würden, um einer ewigen Strafe Gottes zu entgehen.

Diese vier Punkte sind zusammengenommen ein explosives Gemisch. Ich werde hellhörig, wenn die genannten Faktoren in einer Gruppe oder einem Glauben stark betont werden oder sogar in Kombination auftreten, was nicht selten der Fall ist. Und auch wenn ich diese vorwiegend religiös formuliert habe, so sind mindestens die Punkte 1–3 auch in Weltanschauungen denkbar, die nicht notwendigerweise als religiös definiert werden, etwa in einer atheistischen Weltsicht.

Es ist natürlich nicht zwingend, dass aus diesem Ideologie-Cocktail ein tödlicher Fanatismus entsteht, wie er uns hier in den Geschichten in diesem Buch begegnet. So etwas kann niemand präzise vorhersagen, dazu spielen letztlich zu viele weitere Faktoren eine Rolle, die ich in den einzelnen Geschichten auch ausgeführt habe – zum Beispiel Gruppendynamiken, Machtkonstellationen oder Isolation. Nicht zuletzt gehört zu diesen Faktoren auch die Frage nach konkreten Auslösern. Denn auch das wird in den hier vorgestellten Geschichten deutlich: Solche Auslöser gibt es häufig. Das zeigen beispielhaft die besonders dramatischen Fälle mit vielen Opfern: Bei Peoples Temple war es der Besuch des Kongressabgeordneten Leo Ryan, beim MRTC die zunehmende Kritik der Mitglieder, bei den Branch Davidians die Stürmung des FBI, bei Heaven's Gate der Komet Hale-Bopp. Auch wenn diese Auslöser sicherlich austauschbar sind – es gab sie doch. Der letzte Funke, der zur Katastrophe führt, ist oft ein äußerer Faktor.

WAS KÖNNEN WIR TUN?

Was bei der Beschäftigung mit dem Thema „Sekten“ häufig unter den Tisch fällt, ist die Tatsache, dass vieles unter dem Radar der öffentlichen Wahrnehmung passiert. Oft sind es nicht die ganz großen Verbrechen, unter denen Menschen leiden. Die gibt es natürlich, wie dieses Buch und die darin beschriebenen Fälle beweisen. Aber ein ebenso großes Problem sind die Fälle, die wir gar nicht sehen: weil sie sich in so kleinen Gruppen abspielen, dass sie gar nicht bekannt sind. In kleinen Gruppen, in denen sich ein paar Menschen um einen Prediger oder Guru scharen und zu einer „Sekte“ mit nur wenigen Mitgliedern werden. So wie zum Beispiel im Fall Jan H. Erst wenn es zu einer offensichtlichen Tragödie kommt, werden wir darauf aufmerksam; das oft jahrelange Leiden dahinter sehen wir gar nicht.

Es sollte unser Ziel sein, dass wir in einer Gesellschaft leben, in der fanatische Ideologien auch im Kleinen keinen Raum finden. Natürlich ist das eine Utopie; wir können uns dem nur annähern. Fanatismus wird sich nie gänzlich verhindern lassen, auch nicht jener, der Menschen zerstört und sie dazu zwingt, in missbräuchlichen Strukturen zu leben. Man könnte ein ganzes Buch alleine der Frage widmen, was wir tun können, um Fanatismus und Extremismus vorzubeugen – ich möchte mich hier auf einige wenige Punkte beschränken.

Es ist zuallererst wichtig, dass wir nicht denselben Fehler begehen, den wir in vielen problematischen Ideologien sehen: Wir sollten uns von einer dualistischen Sicht auf Religion verabschieden. Leider begegne ich in Gesprächen häufig der Tendenz, dass alles, was auch nur im Entferntesten mit Religion zu tun hat, sofort verteufelt und für (fast) alles Übel auf dieser Welt verantwortlich gemacht wird. Eine solche Verteufelung hilft nicht weiter, denn sie verweigert sich einem konstruktiven Dialog. Ja, Religion kann ein Katalysator für Fanatismus sein, ein sehr dankbarer sogar – das zeigen die Geschichten in diesem Buch und auch meine Ausführungen in diesem Schlussteil. Religion kann aber auch ein Katalysator für Menschlichkeit, Nächstenliebe und Mitgefühl sein. Sie kann Trost spenden und Menschen Halt sowie Perspektive im Leben geben. Erst wenn man diese Polarität – samt des ganzen Spektrums dazwischen! – anerkennt, kann ein konstruktiver Umgang mit dem Thema erfolgen.

Religiöse Bildung

Ich werde immer wieder gefragt, warum ich mich freiwillig mit einem so abwegigen Thema wie „Sekten" beschäftige und einen Podcast dazu produziere. Ich glaube, dass es wichtig ist, öffentlich über dieses Thema zu reden und darüber aufzuklären. Denn Bildung ist einer der wichtigsten Faktoren, wenn es darum geht, Fanatismus und Radikalismus zu erkennen. Um destruktive, gefährliche Formen oder Ausprägungen von Religion wahrzunehmen, muss ich darüber informiert sein. Genau deshalb war es mir in diesem Buch auch ein großes Anliegen, nicht nur die

Geschichten von Verbrechensfällen zu erzählen, sondern diese in einen Rahmen einzuordnen, der versucht, die dahinterliegenden Mechanismen zumindest ansatzweise mit einzubringen. Und genau deshalb werde ich auch nicht müde, in meinem Podcast immer wieder auf diese soziologischen, psychologischen und theologischen Mechanismen hinzuweisen.

Religiöse Bildung ist auf zwei Ebenen besonders wichtig. Zum einen auf einer gesellschaftlichen Ebene: Jenseits des Engagements einzelner Personen können und sollten wir dafür sorgen, dass religiöse Bildung ihren Platz in der Gesellschaft hat. Es ist wichtig, dass auch Schüler*innen eine Bildung in diesem Bereich erfahren; sei es im Religions-, Ethik- oder Philosophieunterricht. Die Umstände, unter denen Fanatismus entsteht, die Aufklärung über problematische Glaubenssätze und gefährliche oder destruktive Gruppenstrukturen, wie ich sie in Teil 1 aufgezeigt habe, sollten Teil einer allgemeinen Bildung sein. Solche Bildungsangebote sind entscheidend für die Stärkung der Widerstandsfähigkeit gegen extremistische Inhalte. Dabei ist es besonders wichtig, Medienkompetenzen zu fördern, die für die Demokratie relevant sind, und das Verständnis für die Strategien und Methoden, mit denen Extremisten aller Couleur vorgehen, zu fördern (Gruhl/Gerster, 2020, S. 9 ff.). Nur was ich kenne, kann ich erkennen.

Auf einer zweiten Ebene sehe ich die Religionsgemeinschaften selbst in der Pflicht. Religiöse Bildung sollte auch in einer Religion selbst Platz haben. Die Vorbeugung von religiös begründetem Fanatismus kann dann funktionieren, wenn die destruktiven Tendenzen einer Weltanschauung gerade aus ihr heraus entlarvt und offengelegt werden. Vielleicht ist euch aufgefallen , dass ich in diesem Buch vor allem christlich-theologische Glaubenssätze als Beispiel heranziehe, die ich für problematisch halte. Ich tue dies aus der Sicht eines evangelischen Theologen, weil ich hier kompetent darüber sprechen kann. Solche innerreligiösen Bildungsaufgaben können nur schwer aus der jeweiligen Religionsgemeinschaft ausgelagert werden.

Demokratie stärken, in eine soziale Gesellschaft investieren

Eine starke Demokratie beruht auf gut informierten und engagierten Bürger*innen, die fähig sind, konstruktive Diskussionen zu führen und an demokratischen Prozessen teilzunehmen. Dazu gehört auch die Erziehung zu (wissenschaftlich-) kritischem Denken und die Förderung von Medienkompetenz, um eine fundierte Meinungsbildung zu ermöglichen. Es greift aber zu kurz, alles in den Verantwortungsbereich der Bildung zu schieben. Wer zu einer fanatischen Person wird, entscheidet sich nicht am Bildungsstand: Es gibt hochintelligente und gebildete Menschen, die dem Fanatismus verfallen. Bildung hilft dabei, Fanatismus zu erkennen – aber auch, wenn sie ein wichtiger Faktor ist, hilft sie nicht zwangsläufig, Fanatismus vorzubeugen.

Gleichzeitig ist es deshalb wichtig, in soziale Initiativen und Programme zu investieren, die den gesellschaftlichen Zusammenhalt stärken und Ausgrenzung entgegenwirken. Durch die Schaffung von Chancengleichheit und die Förderung von sozialer Gerechtigkeit wird nicht nur die Demokratie gestärkt, sondern auch der Nährboden für extremistische Ideologien verringert. Wir sollten uns nicht auf die offensichtlichen Symptome konzentrieren, sondern auch die zugrunde liegenden strukturellen und psychologischen Ursachen angehen.

Wer sich gehört und gesehen fühlt und die Gewissheit hat, auch in schwierigen Zeiten Unterstützung zu finden, ist weniger geneigt, sein*ihr Bedürfnis nach Sicherheit und Akzeptanz in Angeboten fanatischer Gruppen zu suchen. Es geht auch hier um Vertrauen. Genau deshalb ist es auch wichtig, dieses Vertrauen in Demokratie und eine pluralistische und ambiguitätstolerante Gesellschaft zu stärken. Gelingen kann das nur, wenn viele Player zusammenarbeiten, wenn insbesondere Politiker*innen und Medien sich ihrer Verantwortung in diesem Bereich bewusst sind, nicht auf polarisierende Züge aufspringen, sondern Menschen helfen, die komplexe Realität einzuordnen, und ein „Wir-Gefühl" stärken, ohne ein „Gegen-Die-Gefühl" zu fördern. Beratungs-, Begegnungs- und Aufklärungsangebote auf allen Ebenen müssen gestärkt werden.

Was, wenn ich mich irre?

Hinter einer Gesellschaft, die mit der herausfordernden Viel- und Mehrdeutigkeit unserer Realität umgehen kann, steht ein grundlegendes Mindset, das ich stark machen möchte. Es basiert auf der ständigen Bereitschaft jedes Einzelnen, sich selbst infrage zu stellen und die Möglichkeit in Betracht zu ziehen, dass man selbst falschliegen könnte. Diese Haltung ermöglicht es, eigene Überzeugungen kritisch zu reflektieren und offen für die Perspektiven anderer zu bleiben. Ich bin davon überzeugt, dass ein solches Mindset dem Fanatismus in vielerlei Hinsicht vorbeugt. In den vergangenen Jahren hat sich mir in meiner Auseinandersetzung mit sogenannten Sekten eine Frage aufgedrängt, die ich seither immer mit mir herumtrage – sozusagen als Selbst-Test. Sie hat sich mir aufgedrängt, weil sie in allen Ideologien, mit denen ich mich beschäftigt habe, fehlt. Und weil ich glaube, dass genau diese Frage ein Leitmotiv in unserem Denken und Handeln sein sollte, ein Check, ob wir uns in einem pluralismusfähigen und ambiguitätstoleranten Mindset bewegen. Diese Frage lautet: *„Was, wenn ich mich irre?"*

Diese Frage hat mehrere Ebenen, wenn ich sie mir im Hinblick auf meine eigene Weltanschauung stelle, sei es als gläubiger Mensch oder als Atheist. Die naheliegendste ist die Bereitschaft, anderen zuzuhören. Zu versuchen, die Wirklichkeitsdeutungen anderer auszuhalten, ohne sie unbedingt zu teilen, aber doch zu verstehen und zu akzeptieren. Wenn ich mich dieser Frage stelle, dann erhebe ich für meine Position keinen absoluten Wahrheitsanspruch, sondern räume immer die Möglichkeit ein, dass ich mich am Ende irren könnte.

Es gibt aber noch eine andere Ebene, die mich immer wieder zum Nachdenken anregt und die vielleicht noch wichtiger ist. Sie wird deutlich, wenn ich die Frage rückblickend betrachte und mich auf einen bestimmten Aspekt konzentriere: *„Was, wenn ich mich geirrt habe ... welche Folgen hatte das dann – für die Welt, für andere, für mich?“* Diese Frage lädt zur kontinuierlichen Selbstreflexion ein. Sie klopft meinen (Nicht-)Glauben in verschiedenen Dimensionen daraufhin ab, welche Auswirkungen er hat. Gleichzeitig führt sie mich zu einer bescheidenen Grundhaltung, denn ich werde realisieren, dass ich nicht in jedem Fall immer sagen kann, dass die Auswirkungen positiv sind oder waren. Sie verdeutlicht die Ambivalenz unseres Glaubens und Handelns, gegen die wir nichts machen können.

Das Paradies auf Erden, in dem es keinen Fanatismus geben wird, in dem alle Menschen ungeachtet ihrer Herkunft, ihrer Identität und ihres Glaubens frei und in Sicherheit leben können, wird eine Utopie bleiben. Doch das Streben danach sollte für uns alle eine entscheidende Aufgabe sein, die wir tatkräftig anpacken, indem wir uns dafür engagieren und einsetzen. Und das kann damit beginnen, dass wir die richtigen Fragen stellen.

Zum Weiterlesen

Wer sich zu den einzelnen Teilen oder Fällen dieses Buches weiter informieren möchte, findet hier eine Auswahl an Quellen, die ich für besonders beachtenswert halte.

Zu den theoretischen Hintergründen

Bauer, Thomas (2018): Die Vereindeutigung der Welt. Über den Verlust an Mehrdeutigkeit und Vielfalt. Reclam.

Buchzik, Dana (2022): Warum wir Familie und Freunde an radikale Ideologien verlieren – und wie wir sie zurückholen können. Rowohlt.

Conzen, Peter (2005): Fanatismus: Psychoanalyse eines unheimlichen Phänomens. Kohlhammer.

Ebner, Julia (2023): Massenradikalisierung. Wie die Mitte Extremisten zum Opfer fällt. Suhrkamp Nova.

Enquête-Kommission Sogenannte Sekten und Psychogruppen (1998): Endbericht der Enquete-Kommission „Sogenannte Sekten und Psychogruppen". Deutscher Bundestag, Referat Öffentlichkeitsarbeit. Verfügbar unter https://dserver.bundestag.de/btd/13/109/1310950.pdf. Zuletzt geprüft am 27.12.2023.

Füssler, Claudia (2015): Wie man Fanatiker wird. In: Frankfurter Allgemeine Zeitung, 23. November 2015. Verfügbar unter https://www.faz.net/aktuell/wissen/leben-gene/psychologie-wie-man-fanatiker-wird-13924548.html. Zuletzt geprüft am 27.12.2023.

Gerland, Michael (2016): Auf den Kontext kommt es an: Fanatismus als Symptom eines gestörten sozialen Systems. Verfügbar unter https://www.ufuq.de/aktuelles/fanatismus-als-symptom-eines-gestoerten-sozialen-systems/. Zuletzt geprüft am 27.12.2023.

Grom, Bernhard (2007): Religionspsychologie. Kösel 2007.

Gross, Werner (1996): Was eine alternativ–spirituelle Gruppe zum problematischen Kult macht: Psychologische Kriterien zur Beurteilung von Destruktiven Gruppierungen. Verfügbar unter https://www.bdp-verband.de/fileadmin/user_upload/BDP/verband/Untergliederungen/Sektionen/Gesundheits-und-Umweltpsychologie/Religionspsychologie/religionsps-psychokulte.pdf. Zuletzt geprüft am 27.12.2023.

Guhl, Jakob; Gerster, Lea (2020): Krise und Kontrollverlust: Digitaler Extremismus im Kontext der Corona-Pandemie. Veröffentlicht am 05. November 2020. Verfügbar unter https://www.isdglobal.org/isd-publications/krise-und-kontrollverlust-digitaler-extremismus-im-kontext-der-corona-pandemie/. Zuletzt geprüft am 27.12.2023.

Haller, Reinhard (2022): Die dunkle Leidenschaft. Wie Hass entsteht und was er mit uns macht. Gräfe und Unzer.

Hassan, Steven (2015): Combating Cult Mind Control. Freedom of Mind Press.

Hemminger, Hansjörg (2003): Grundwissen Religionspsychologie. Ein Handbuch für Studium und Praxis. Herder. Zum Thema Fanatismus insbesondere S.201–248.

Hole, Günter (2004): Fanatismus. Der Drang zum Extrem und seine psychischen Wurzeln. Überarbeitete und erweiterte Neuauflage. Psychosozial-Verlag.

Koehler, Daniel (2017): Trust me with your life. TEDxFrankfurt, 11. Januar 2017. Verfügbar unter https://www.youtube.com/watch?v=956GheDoPKY. Zuletzt geprüft am 27.12.2023.
Murken, Sebastian (2000): Art. Fanatismus, in: Religion in Geschichte und Gegenwart, 4. Auflage, Band 3, Mohr-Siebeck, Sp. 32.
Stein, Alexandra (2021): Terror, Love and Brainwashing: Attachment in Cults and Totalitarian Systems. Routledge.
Utsch, Michael (Hrsg.)(2011): Pathologische Religiosität. Genese, Beispiele, Behandlungsansätze. Kohlhammer.
Utsch, Michael (2014): Bewusstseinskontrolle. In: Materialdienst EZW, Zeitschrift für Religions- und Weltanschauungsfragen, 1/14. Verfügbar unter https://www.ezw-berlin.de/publikationen/artikel/bewusstseinskontrolle/. Zuletzt geprüft am 27.12.2023.
Utsch, Michael & Demmrich, Sarah (2023): Psychologie des Glaubens. Einführung in die Religionspsychologie.Vandenhoeck & Ruprecht.

Zu den einzelnen Fällen

Fall 1: Belcher Island Murders

Ferranti, Seth: How Two Men Used the Bible to Unleash Mass Murder in the Arctic, abrufbar unter https://www.vice.com/en_us/article/vvvm44/how-two-men-used-the-bible-to-unleash-mass-murder-in-the-arctic, 17. Januar 2017. Zuletzt geprüft am 27.12.2023.
Millman, Lawrence: At the End of the World. A true story of murder in the Arctic. Dunne/St. Martin's 2017.
Morton, James C.: When „God" and „Satan" battled in a barren land; the Belcher Islands Murders, abrufbar unter http://jmortonmusings.blogspot.com/2014/03/when-god-and-satan-battled-in-barren.html, 30. März 2014. Zuletzt geprüft am 27.12.2023.

Fall 2: Die Manson Family

Altman, Robin: Sympathy for the Devil: Charles Manson's Exploitation of Californias 1960's Counter-Culture, University of Colorado, Boulder 2015.
Bugliosi, Vincent: Helter Skelter, The True Story of the Manson murders, New York, 1974.
Felton, D., & Dalton, D.: Charles Manson: The Incredible Story of the Most Dangerous Man Alive. In: Rolling Stone, 25. Juni 1970. Verfügbar unter https://www.rollingstone.com/culture/culture-news/charles-manson-the-incredible-story-of-the-most-dangerous-man-alive-85235/. Zuletzt geprüft am 27.12.2023.
Fine, Gary Alan: The Manson Family: The Folklore Traditions of a Small Group, in: Journal of the Folklore Institute, Vol. 19, No. 1, 1982, S. 47–60.
Waschkau, Alexa und Alexander: Hoaxilla #208 - Charles Manson - Hoaxilla Crime, im Gespräch mit Lydia Benecke, 20. November 2017. Abrufbar unter https://hoaxilla.com/hoaxilla-208-charles-manson-hoaxilla-crime/. Zuletzt geprüft am 27.12.2023.

Fall 3: Peoples Temple

Beck, Don: The Theology of Peoples Temple: A View from Inside. Ursprünglich veröffentlicht am 25. Juli 2013, zuletzt geändert am 24. Juli 2021. Verfügbar unter https://jonestown.sdsu.edu/?page_id=33195. Zuletzt geprüft am 27.12.2023.
Dittmann, Melissa: Lessons from Jonestown. In: Monitor on Psychology, November 2003, Vol 34, No. 10. Verfügbar unter https://www.apa.org/monitor/nov03/jonestown. Zuletzt geprüft am 27.12.2023.
Layton, Deborah: Selbstmord im Paradies: Mein Leben in der Sekte. Suhrkamp 2008.
San Diego State University: Materialsammlung: „Alternative Considerations of Jonestown & Peoples Temple", abrufbar unter https://jonestown.sdsu.edu/. Zuletzt geprüft am 27.12.2023.

Fall 4: Der Fall Jan H.

Haschnik, Gregor: In Gottes Namen. In: Frankfurter Rundschau, 16. Januar 2019. Verfügbar unter https://www.fr.de/rhein-main/main-kinzig-kreis/gottes-namen-11256414.html. Zuletzt geprüft am 27.12.2023.
Jüttner, Julia: „Vielleicht hatte er Angst vor ihr?". Mordprozess gegen Mutter des vierjährigen Jan H. In: Der Spiegel, 08. November 2021. Verfügbar unter https://www.spiegel.de/panorama/justiz/mordprozess-in-hanau-was-die-angeklagte-mutter-des-toten-vierjaehrigen-jan-h-sagt-a-c1d2540a-4d8e-4805-ad98-84227e073181. Zuletzt geprüft am 27.12.2023.
Schiefenhövel, Jan: Ein Kind ohne Beschützer. In: Frankfurter Allgemeine Zeitung, 16. Dezember 2022. Verfügbar unter https://www.faz.net/-gzl-b1edh. Zuletzt geprüft am 27.12.2023.
Schiefenhövel, Jan: Mutter im Sektenprozess freigesprochen: Junge soll in Sack erstickt sein. In: Frankfurter Allgemeine Zeitung, 23. Oktober 2023. Verfügbar unter https://www.faz.net/aktuell/rhein-main/region-und-hessen/mutter-im-sektenprozess-freigesprochen-junge-soll-in-sack-erstickt-sein-18362338.html. Zuletzt geprüft am 27.12.2023.

Fall 5: Adolfo Constanzo

Fox, J.A.; Levin, J.: The Devil Made Me Do It. In: Overkill. Mass Murder and Serial Killing Exposed. Springer 1994.
Hodges, Chad et al.: Adolfo de Jesus Constanzo „The Witch Doctor". Department of Psychology, Radford University, Radford, VA 24142-6946. Verfügbar unter https://citeseerx.ist.psu.edu/document?repid=rep1&type=pdf&doi=2181d0ee70f8a30a0fd7cf65076667525222d844. Zuletzt geprüft am 27.12.2023.
Humes, Edward: Buried Secrets: A True Story of Drug Running, Black Magic, and Human Sacrifice. Dutton Adult, 1991.

Fall 6: Die Branch Davidians

Cowan, Douglas; Bromley, David: Neureligionen und ihre Kulte. Verlag der Weltreligionen, 2010, S. 162–188.
Lewis, James R.: From the Ashes: Making Sense of Waco. Rowman & Littlefield, 1994.

Melton, J. Gordon: Branch Davidian. In: Britannica. Verfügbar unter https://www.britannica.com/topic/Branch-Davidian. Zuletzt geprüft am 17.11.2023.

Newport, Kenneth: The Branch Davidians of Waco: The History and Beliefs of an Apocalyptic Sect. Oxford University Press 2006.

Wessinger, Catherine: Deaths in the Fire at the Branch Davidians' Mount Carmel: Who Bears Responsibility? In: The Journal of Alternative and Emergent Religions, Vol. 13, No. 2, November 2009.

Wessinger, Catherine: The FBI's „Cult War" against the Branch Davidians. In: The FBI and Religion. University of California Press, 2017.

Fall 7: Aum

Lifton, Robert Jay: Destroying the World to Save It: Aum Shinrikyo, Apocalyptic Violence, and the New Global Terrorism. Picador, 2000.

Murakami, Haruki: Untergrundkrieg: Der Anschlag von Tokio. DuMont, 2011.

Wessinger, Catherine: How the Millennium Comes Violently. Seven Bridges Press, 2000. Verfügbar unter https://jonestown.sdsu.edu/?page_id=16602. Zuletzt geprüft am 27.12.2023.

Wiedemann, Erich: Faszination des Wahnsinns. In: DER SPIEGEL, Nr. 21/1995, 21. Mai 1995. Verfügbar unter https://www.spiegel.de/politik/faszination-des-wahnsinns-a-40e7f792-0002-0001-0000-000009184700. Zuletzt geprüft am 27.12.2023.

Fall 8: Heaven's Gate

Cowan, Douglas; Bromley, David: Neureligionen und ihre Kulte. Verlag der Weltreligionen, 2010, S. 189–212.

CNN: Rio DiAngelo, ehemaliges Heaven's-Gate-Mitglied, im Interview. Abrufbar unter https://www.youtube.com/watch?v=IzWpfq103q4, zuletzt geprüft am 27.12.2023.

Heaven's Gate: Offizielle Homepage. https://www.heavensgate.com/. Zuletzt geprüft am 27.12.2023.

Heavens Gate Database: Youtube-Kanal mit zahlreichen Videos von Heaven's Gate, darunter die „Exit-Videos" und Ansprachen von Marshall Applewhite. Abrufbar unter https://www.youtube.com/channel/UCoImLBqX904QWHFzDqLza-A. Zuletzt geprüft am 27.12.2023.

Zeller, Benjamin E.: Heaven's Gate: America's Ufo-Religion, NYU Press 2014.

Fall 9: MRTC

Kamphausen, Erhard: The Movement for the Restauration of the Ten Commandments of God. Apokalypse und religiöser Massenmord in Afrika. In: Evangelische Theologe, Jhg. 60. (2000). S. 456–472.

Kanyandago, Peter: Religion, Development and Insecurity: Looking for Root Causes in An Ambiguous Relationship. In: Exchange. Journal of Contemporary Christianities in Context, Vol. 40 (2011), S. 235–256.

Venter, Pieter M.: Doomsday movements in Africa: Restauration of the Ten Commandments of God. In: Theological Studies 62, (2009). S. 155–173.

Walls, John: Making Sense of the Movement for the Restoration of the Ten Commandments of God. In: Nova Religio: The Journal of Alternative and Emergent Religions, Vol. 9, Nr. 1 (August 2005), S. 49–66.
Willms, Gerald: Die wunderbare Welt der Sekten. Göttingen 2012. S. 299 ff.

Fall 10: Der Allmächtige Gott

Bromley, David G.: „Dramatic Denouments". In: Cults, Religion and Violence, S. 11–41, hrsg. von David G. Bromley und J. Gordon Melton. Cambridge University Press, 2002.
Dunn, Emily: „Church of Almighty God / Eastern Lightning". In: World Religions and Spirituality Project, 19. Februar 2015. Verfügbar unter https://wrldrels.org/2016/10/08/church-of-almighty-god/. Zuletzt geprüft am 27.12.2023.
Dunn, Emily: Lightning from the East: Heterodoxy and Christianity in Contemporary China. Brill, 2015.
Introvigne, Massimo: Cruel Killing, Brutal Killing, Kill the Beast: Investigating the 2014 McDonald's Cult Murder in Zhaoyuan. In: The Journal of CESNUR, 1, 2017, S. 61–73.
Introvigne, Massimo; Bromley, David G.: Lü Yingchun – Zhang Fan Group. In: World Religions and Spirituality Project. 16. Oktober 2017. Verfügbar unter https://wrldrels.org/2017/10/16/lu-yingchun-zhang-fan-group/. Zuletzt geprüft am 27.12.2023.
Xiao, Hui; Zhang, Yongsheng: History of the Family of Almighty God Group. The Beijing News, 22. August 2014. Verfügbar unter http://www.bjnews.com.cn/inside/2014/08/22/330806.html. Zuletzt geprüft am 27.12.2023.